蒋传光 主编

守法吃亏？

守法视角下中小企业营商法治问题研究

刘睿 著

上海人民出版社

总　序

党的十一届三中全会以来,伴随着改革开放,我国社会主义现代化建设进入新时期,在党的领导下,我们走出了中国特色社会主义法治道路,坚持党的领导、人民当家作主、依法治国的有机统一,坚持依法治国和以德治国相结合,建设社会主义法治国家,形成中国特色社会主义法律体系等,取得了社会主义法治建设的一系列重大成就。

党的十八大以来,中国特色社会主义进入新时代,面对世界百年未有之大变局和国内改革发展稳定的艰巨任务,法治在治国理政中的功能和作用进一步凸显。基于这种认识,针对法治建设领域存在的问题,我们党坚持全面推进依法治国,我国社会主义法治建设方面取得历史性成就、发生历史性变革,"社会主义法治国家建设深入推进,全面依法治国总体格局基本形成,中国特色社会主义法治体系加快建设,司法体制改革取得重大进展,社会公平正义保障更为坚实,法治中国建设开创新局面"。①这些成就的取得,离不开成熟法学理论的引领和支撑。

这些事实也表明,在法治建设理论和实践探索的过程中,无论是中国特色社会主义法学理论体系的构建,还是全面依法治国实践的深化;无论是社会主义法治国家建设的顶层设计,还是操作层面的具

---

① 习近平:《高举中国特色社会主义伟大旗帜　为全面建设社会主义现代化国家而团结奋斗——在中国共产党第二十次全国代表大会上的报告(2022年10月16日)》,人民出版社2022年版,第9—10页。

体法治;无论是良法善治理念的确立,还是以宪法为核心的中国特色社会主义法律体系的完善,这些目标的实现,是与深入系统的法学理论研究分不开的。"上海师大法学文库"的出版,就寄希望于能够为我国法治建设的理论和实践添砖加瓦,为我国法学研究的繁荣贡献绵薄力量。

上海师范大学法学学科经过建设和发展,在法学理论、法律史学、宪法与行政法学、民商法学、国际法学、诉讼法学等领域形成了自己的研究特色,产出了一批有一定影响力的学术成果。希望"上海师大法学文库"的出版,对进一步推动法学学科建设,促进学术研究和交流,提升学科内涵和扩大学术影响,培养学术新人等,能够起到促进作用。

蒋传光

目　　录

案 例 分 析

法 理 反 思

绪　　论

近几年来,优化企业营商环境一直是我国经济治理、市场改革的重要政策方针与目标之一。既然需要"优化",就意味着营商环境仍然存在不足与问题。这些"不足与问题"对于企业而言,就意味着营商过程中存在相应的困境或环境优化需求;二者是一体两面的关系。不过,已有研究更多关注前者,而较少立足于企业经验视角的调查与分析。借助法学与社会学的交叉理论视角、研究方法,本书将聚焦于后者,关注中小企业在营商过程中的主观感受与问题困境。

"守法吃亏"是笔者对中小企业营商状况进行调研时,受访中小企业所提到的自己的一种营商感受或营商现象。它只是一个中小企业用来总结一类现象特征的日常用语,并不是一个精确的理论概念。因此,对本研究来说,主要把握的是这个表达背后,表达者所要反映给我们的现象,并通过分析这一现象,了解和揭示背后实际存在的营商法律或法治问题,并对这些法律或法治问题进行理论上的解释与反思。

一、研究问题:基于中小企业守法经验的营商法治

自党的十八大以来,进一步深化改革、推动经济转型、激发市

场主体活力成为社会各界的共识。2017 年 7 月，习近平总书记在重要会议上就强调："要营造稳定公开透明、可预期的营商环境。"①李克强总理也指出，地方政府在推动经济发展的过程中要由"抓项目"转型为"造环境"，打造公平营商环境。②这足以看出近几年来我国对优化营商环境建设的重视。国务院也明确提出要加快构建我国的营商环境评价体系。③2020 年 1 月，我国《优化营商环境条例》正式实施，其中将营商环境界定为"企业等市场主体在市场经济活动中所涉及的体制机制性因素和条件"。除了国内深化改革、积极转型的背景，全球性的经济竞争压力与竞争形态转变也推动了我国对优化营商环境的重视。从 20 世纪 80 年代起，很多国际机构或国际组织如世界经济论坛、联合国贸易和发展会议、世界银行等都先后关注到了地区营商环境的重要性，并各自发布了内容侧重不同的评估指标体系；其中，世界银行以影响中小企业经营活动为评估对象的报告日益受到各国的重视。④我国也于 2018 年提出了"国际可比、对标世行、中国特色"的营商环境评估开展原则。⑤

实际上，企业及其环境（特别是制度环境）之间的关系，一直也是近几十年来经济学、社会学关注的经典主题。随着新制度经济学的兴起，作为社会组织的企业与社会制度之间的关系引发了经

①《习近平主持召开中央财经领导小组第十六次会议》，载 http://www.gov.cn/xinwen/2017-07/17/Content_5211349.htm，2022 年 10 月 15 日访问。

② 参见李克强：《营商环境就是生产力！》，载 http://www.gov.cn/guowuyuan/2017-06/13/content_5202207.htm，2022 年 10 月 15 日访问；储思琮：《李克强为什么提出"营商环境就是生产力"？》，载 http://www.gov.cn/xinwen/2017-06/18/content_5203524.htm?cid=303，2022 年 10 月 15 日访问。

③ 参见《全国深化"放管服"改革转变政府职能电视电话会议重点任务分工方案的通知》，载 http://www.gov.cn/gongbao/content/2018/content_5317102.htm，2022 年 10 月 15 日访问。

④ 参见王美舒：《世界银行〈营商环境报告〉述评》，载《师大法学》2018 年第 1 期。

⑤ 赵文君：《中国将开展营商环境评价》，载 http://www.gov.cn/zhengce/2018-11/28/content_5344277.htm，2022 年 10 月 15 日访问。

济学研究的转向。①同样,在对包括企业在内的各类社会组织的分析中,组织社会学也非常重视组织与其外在环境的关系,因为组织环境是"组织之外所有影响组织生存和实现其目标的能力的重要因素";②他们对组织环境的分析,也经历了由"技术环境"到"制度环境"的转向。③由此可见,当前实践中对企业营商环境问题的关注,不仅具有重要的现实意义,而且也具有深厚的理论渊源。

　　另外,从企业的角度来说,不同规模的企业所具备的经济资本、社会资本是不同的,对于营商环境的感受与需求也是不同的。中小企业与大型企业在面对地方关系网络与政治生态时所遭受的"待遇"也是完全不同的。④因此,中小企业在有些方面面临的营商困境也会与大型企业有所不同。就我国的实际情况而言,自改革开放以来,随着民营经济的发展,在我国经济总量中中小企业日益占据越来越高的比重,也在经济与社会发展的各个方面发挥着日益重要的作用。尤其是在当下国际经济局势整体下行、国内经济发展放缓的背景下,助力中小企业的发展更有利于恢复市场活力、保障社会民生。于 2002 年出台、2017 年修改的《中小企业促进法》⑤,

---

　　① "制度,与经济理论中那些标准的约束一起,决定了存在于一个社会中的机会。组织乃是为了利用这些机会而被创造出来的。"[美]道格拉斯·C.诺思:《制度、制度变迁与经济绩效》,杭行、韦森译,上海人民出版社 2016 年版,第 8 页。

　　② [美]W.理查德·斯科特、杰拉尔德·F.戴维斯:《组织理论:理性、自然与开放系统的视角》,高俊山译,中国人民大学出版社 2011 年版,第 22 页。

　　③ See Meyer J. W., Rowan B. "Institutionalized Organizations: Formal Structure as Myth and Ceremony". *American Journal of Sociology*, 1977, 83(2):340—363.

　　④ 翟学伟:《从社会资本向"关系"的转化——中国中小企业成长的个案研究》,载《开放时代》2009 年第 6 期。

　　⑤ 《中小企业促进法》第二条规定,中小企业是指"在中华人民共和国境内依法设立的,人员规模、经营规模相对较小的企业,包括中型企业、小型企业和微型企业"。本文是在一般意义上讨论"中小企业"的守法问题,因而没必要对"中小企业"的概念进行专门的讨论与探究,下文对"中小企业"概念的使用就采用《中小企业促进法》第二条所规定的一般性定义。另外,我国还专门制定了《中小企业划型标准规定》,对不同行业中型企业、小型企业和微型企业的具体划分标准进行了规定。

以及 2019 年出台的《关于促进中小企业健康发展的指导意见》,都提出要激发中小企业发展活力和动力,并且都表明其立法/政策目标之一就是"为了改善中小企业经营环境""打造公平便捷营商环境"。可见,专门针对中小企业研究其营商环境问题,具有重要的、独特的现实意义。

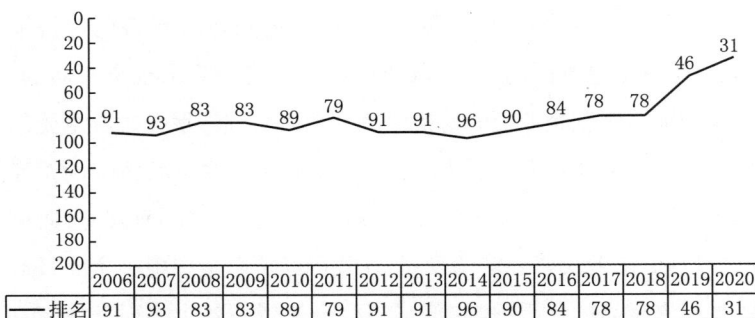

	2006	2007	2008	2009	2010	2011	2012	2013	2014	2015	2016	2017	2018	2019	2020
——排名	91	93	83	83	89	79	91	91	96	90	84	78	78	46	31

图 1　2006—2020 年中国(大陆地区)营商环境评估排名

(数据来源:2006—2020 年世界银行《营商环境评估报告》)

世界银行的《营商环境评估报告》以中小企业的营商环境作为评估对象是当前世界最具权威,也是最被我国政府所重视的营商环境评估报告之一。如图 1 所示,我国的排名在 2006—2018 年一直在 70 名至 90 名之间波动,这在一百九十多个国家或地区中处于中等偏上的水平,而到了 2018 年之后,我国的营商环境水平有了明显的提升,位列第 31 名。这种变化显然与我国近几年明确提出的优化营商环境建设有关。但是,当前取得的成绩并不是我们的最终目标,我国营商环境仍然还有很多需要优化、完善的地方,党和政府的相关政策、法规也还在不断推进我国的营商环境水平达到一个与我国经济总量相匹配的地位。这自然需要理论上的持续关注与回应。

　　"营商环境"是指企业的营商环境,因而,对于营商环境的研究既可以从环境本身的角度入手,也可以从企业的角度出发。当前我国的营商环境研究主要集中于经济学、法学领域,它们更多侧重于从"环境"的各种要素来讨论环境对企业营商、经济发展的影响,或者是从制度本身的角度谈"环境"的优化完善,而基于企业自身经验的研究视角则相对较少。实际上,企业在营商过程中所产生的需求、所面临的困境,同样能够反映出营商环境存在的问题与可优化的方向。因此,我们需要在经验上对企业的营商感受、营商困境进行调查与掌握。

　　笔者通过对中小企业营商状况的调研、访谈发现,很多企业都反映了在不同营商情境中或多或少所感受、经历的"守法吃亏"问题。①因而,本书试图将"守法吃亏"作为一个可观察、研究的对象。"守法吃亏"是被访者基于日常话语、道德话语而进行的表述,本书将他们所反映的不同案例作为一种具有共性的现象而进行统一把握,自然就需要作出一个可在论文中操作使用、可"自圆其说"的界定。对此,笔者从法律上关于"利益"的讨论出发,将作出一个守法行为时应当获得的守法效果作为应得利益是否实现的标准,从而对"守法吃亏"进行界定。显然,"守法吃亏"并不是说因为守法导

---

　　① 　实际上,这种"守法吃亏"的经历在个人生活中也并不陌生,回顾日常生活与新闻评论,这种表达也并不鲜见:欠自己钱的"老赖"生活潇洒,自己反而资金困顿;他人插队导致自己迟到;高铁被人占座却无可奈何;高速公路上不规范行驶导致正常驾驶者发生车祸,等等;此外,还包括"谁弱谁有理""谁闹谁有理"等打破守法平衡的现象,以及"老实人吃亏"等这种相似、相关的情形。新闻报道与时事评论中也对"守法吃亏"这种现象有过许多探讨。(参见:陈军华:《"守法吃亏"是环保陷于困境的根源》,载《环境经济杂志》2006年第10期;胡印斌:《让守法企业不吃亏要严查监管》,载《法制日报》2013年7月18日,第7版;廖海金:《治理医闹不能让守法者吃亏》,载《天津政法报》2015年6月8日,第6版;傅达林:《别让守法者吃亏》,载《检察日报》2015年12月16日,第7版;仇慎齐:《守法吃亏吗》,载《中国法治文化》2015年第5期。)

致了吃亏,而是在社会交往的一个事件或情境中,己方的守法行为没有得到他方相应的守法回应,他方的行为打破了自己守法所预期的应然效果,这种守法预期效果落差、落空的背后就包含着法律性利益的损失。比如,在一个交易中,自己按照双方依法订立的合同支付报酬,对方却没有提供约定质量的服务或产品,自己就存在一种利益损失(既包括直接的合同损失,还可能包括事后维权所需的各类成本负担);又比如,一辆在高速公路上正常行驶的汽车,因为其他车辆违规变道而错过出口导致自己迟到或者导致自己避让不及而发生车祸,此时,依法依规驾驶的自己就遭受了利益损失(也许对方在将来会被处罚,但在此时此刻,利益的损失仍然是实际发生了的)。可以看出,本书的界定强调了守法者的(法律性)利益损失,因而,日常生活中其他人钻法律空子占到了便宜,自己守法没有占到便宜(但也没有利益损失,只是正常取得应有法律效果)的"吃亏"心理,是被排除在外的。

但不可否认的是,对于受访企业所反映的案例的真实性与全面性,笔者是没办法完全保证的,也许一些受访企业确实只是提供了自己的一面之词,只是表达了自己一种"吃亏"的心理感受。因此,笔者调研所获取的经验材料中可能存在两类事实:其一,确实存在"守法吃亏"的案例事实;其二,仅仅是存在一种"守法吃亏"的感受,但这种感受的存在本身也是一种事实。本书的研究并不是像法官一样对受访者所提供的个案判断是非曲直,而是要探究"守法吃亏"现象背后的客观法律问题、制度环境问题。客观存在的"守法吃亏"事实固然可以反映相关法律问题,但如果守法企业普遍表达出一种"守法吃亏"的感受,或者是针对某一类案例、某一项政策存在一种"守法吃亏"的感受,那么,即使这种感受是很主观的,但是这种"牢骚"表达的普遍性,仍然值得关注,背后也可能存在需要分析的客观法律问题。因此,本书虽然对"守法吃亏"给出了一个具有操作性的定义,但是具体案例是否真的是"守法吃亏"并不是研究的重点,我们的问题关键在于:"守法吃亏"主观感受或现象背后实际存在哪些理论研究中的法律问题? 从营商制度环境的角度,我们怎样认识、分析这些法律问题? 进而如何理解、反思当下我国中小企业的营商法治研究。

二、文献回顾:国内外营商环境问题研究

在本部分,笔者将对几个国内外营商环境问题研究的主题进行文献上的梳理,然后做出一个总体上的评价。笔者将由此指出,在这一问题上已经形成了怎样的研究共识,具有怎样的研究特色,以及存在哪些可能的不足。第一,已有的研究主要是将营商环境界定为一种制度环境,或者说重点关注其制度性内容;第二,当前营商环境研究的主流方法是量化评估的方法,但也需要质性研究方法的补充与扩展;第三,近年来国内关于营商环境问题的研究,很多是从治理角度展开,这反映出我国对于该问题的现实关切与理论语境;第四,对于如何进一步优化我国营商环境,相关研究已经在营商环境市场化方面取得了一定的成果,而在营商环境法治化方面还需要进一步的强化;这一点在笔者后面要介绍的经验材料分析中也得到了印证。

1. 营商环境对经济发展影响的研究

营商环境与经济发展之间的关系,可谓营商环境研究的"初衷"。对此,学者们一方面探讨哪些营商环境内容会影响企业或地区经济的发展,另一方面还会分析营商环境是通过影响哪些具体的经济变量从而促进了经济发展的。

　　关于营商环境对经济发展的影响的研究，最早可以追溯到20世纪五六十年代国外学者关于比较成本分析的讨论：起初，一个国家或地区的税收负担、劳动力成本、劳动力质量、能源供给等是比较分析时重点关注的要素；到了70年代，学者们又进一步关注到了激励和促进经济发展的产业政策要素，从而进一步扩充了营商环境的内涵。①但同时，国外也有学者指出，虽然营商环境要素显示出一定程度的正相关性，但是，最直接的市场因素仍然是解释跨国产业扩张的最显著变量。②在之后的研究中，国外学者越来越关注到现代法治化的营商制度环境对促进经济增长的重要性，认为一个国家（地区）具有更好的制度水平、更好的产权保护水平以及更加明确实施的政策，将能够促进该国家或地区的企业成长③，同时也能够促进该国家或地区的经济发展。④对于企业来说，即使负有银行贷款，如果一国的法治对产权保护得更好，企业会更加倾向于将自己的利润进行再投资，反之，企业家则倾向于留存更多的收益。⑤近年来，受到世界银行营商环境评估排名的影响，国内学者也越来越关注到营商环境问题。对此，根据对"世行报告"中数据的分析，有学者指出，财产登记、电力获得、跨境贸易

　　① 马冉：《政务营商环境研究——基于企业需求的视角》，对外经济贸易大学2019年博士学位论文，第28—29页。

　　② Thomas R. Plaut and Joseph E. Pluta, "Business Climate, Taxes and Expenditures, and State Industrial Growth in the United States." *Southern Economic Journal*, 1983, 50(1):99—119.

　　③ Davidsson P. and Henrekson M. "Determinants of the Prevalance of Start-ups and High-Growth Firms." *Small Business Economics*, 2002, 19(2):81—104.

　　④ Fabro G. and Aixalá J., "Economic Growth and Institutional Quality: Global and Income-Level Analyses." *Journal of Economic Issues*, 2009, 43(4):997—1023.

　　⑤ Johnson, Simon, John McMillan, and Christopher Woodruff, "Property Rights and Finance." *The American Economic Review*, 2002, 92(5):1335—1356.

和破产办理等政策措施的改进,在促进经济增长方面表现出更加显著的作用。①还有学者基于我国的评估表现与制度现状,重点关注到了税收、税务政策对经济发展的影响。②另外,法制环境的改善与金融市场化改革,也被发现能够有效缓解民营企业外部融资难的问题,从而促进民营经济增长。③整体而言,当今以世界银行为代表的各类营商环境评估报告都偏重于各类与企业营商相关的市场制度、行政制度、法律制度等,我国有学者将之概括为一种"制度软环境"(与气候资源、地理条件等自然环境相对应),并指出了制度环境对城市经济发展的重要作用。④

很多学者对于营商环境与经济增长问题的研究,往往会选取一个中间变量进行更为具体的展现。例如,国内有学者研究营商环境对提升城市创业活跃度的影响⑤,还有些学者专门分析了营商环境对特定行业发展的影响。⑥但是,在这种思路之下,学者们最主要的落脚点还是在于对企业经济绩效的关注。对此,有学者关注到营商环境改善(包括行政环境、法制环境、金融环境等)能够

① 参见赖先进:《哪些优化营商环境政策对经济增长影响更有效?——基于全球 162 个经济体的证据》,载《中国行政管理》2020 年第 4 期。

② 参见王绍乐、刘中虎:《中国税务营商环境测度研究》,载《广东财经大学学报》2014 年第 3 期;庞凤喜、杨雪:《优化我国税收营商环境研究——基于世界银行 2008—2018 年版营商环境报告中国得分情况分析》,载《东岳论丛》2018 年第 12 期。

③ 参见佟明亮:《法制环境、金融市场化程度与民营企业贷款——来自 2012 年世界银行中国营商环境企业调查的证据》,载《技术经济与管理研究》2015 年第 10 期。

④ 参见董志强、魏下海、汤灿晴:《制度软环境与经济发展——基于 30 个大城市营商环境的经验研究》,载《管理世界》2012 年第 4 期。

⑤ 参见杜运周等:《什么样的营商环境生态产生城市高创业活跃度?——基于制度组态的分析》,载《管理世界》2020 年第 9 期。

⑥ 参见江静:《制度、营商环境与服务业发展——来自世界银行〈全球营商环境报告〉的证据》,载《学海》2017 年第 1 期;张季平等:《营商环境对制造业与物流业联动发展影响研究》,载《管理学刊》2017 年第 5 期。

改变企业信贷方式①、促进企业研发投入增加②,同时也能降低企业成本③,从而有助于提升企业技术创新水平,进而提高企业经济绩效。国外还有研究者以企业家行为及企业家精神作为中介变量,研究指出制度环境及其质量会对企业家营商决策与活动产生重要的影响④;国内也有学者指出,在营商环境日益完善的背景下,企业家精神的培育对企业业绩有显著的提升作用。⑤此外,国内还有研究分析了营商环境与企业产能利用率、生产要素产出效率之间的关系,并指出,前者的优化(主要体现在行政效率的提高与政企关系的改善)对于后者的提高有着积极作用。⑥

2. 营商环境研究的技术路线、理论范式的讨论、反思

营商环境研究的主要目的在于对环境要素的评估,进而分析

---

① 参见张美莎等:《营商环境、关系型借贷与中小企业技术创新》,载《山西财经大学学报》2019 年第 2 期。

② 参见许志端、阮舟一龙:《营商环境、技术创新和企业绩效——基于我国省级层面的经验证据》,载《厦门大学学报(哲学社会科学版)》2019 年第 5 期;罗天正、关皓:《政治关联、营商环境与企业创新投入——基于模糊集定性比较分析》,载《云南财经大学学报》2020 年第 1 期。

③ 参见卢万青、陈万灵:《营商环境、技术创新与比较优势的动态变化》,载《国际经贸探索》2018 年第 11 期。

④ See Murphy Kevin M. et al, "The Allocation of Talent: Implications for Growth." *The Quarterly Journal of Economics*, 1991, 106(2):503—530; Tan J. Justin and Robert J. Litschert, "Environment-Strategy Relationship and Its Performance Implications: An Empirical Study of the Chinese Electronics Industry." *Strategic Management Journal*, 1994, 15(1):1—20; Halvor Mehlum, Karl Moene, and Ragnar Torvik, "Predator or Prey? Parasitic Enterprises in Economic Development." *European Economic Review*, 2003, 47(2):275—294; Sambharya R. and Musteen, M., "Institutional Environment and Entrepreneurship: An Empirical Study across Countries." *Journal of International Entrepreneurship*, 2014, 12(4):314—330.

⑤ 参见谢众、张杰:《营商环境、企业家精神与实体企业绩效——基于上市公司数据的经验证据》,载《工业技术经济》2019 年第 5 期。

⑥ 参见刘军、付建栋:《营商环境优化、双重关系与企业产能利用率》,载《上海财经大学学报》2019 年第 4 期;刘军、关琳琳:《营商环境优化、政府职能与企业 TEP 增长新动力——"窗口亮化"抑或"亲上加清"》,载《软科学》2020 年第 4 期。

其与经济发展、营商状况之间的关系,发现其中的问题与可能的改善路径。因此,构建指标进行评估性研究,同时进行数据上的分析,就成为主要理论范式。当前,受到各国政府关注的《世界银行营商环境报告》,就是这一研究范式下的代表性成果。然而,对于这种研究范式及其成果,也有学者进行了不少的讨论、反思与发展。

第一,对营商环境评估方法的反思。国外有学者对营商环境评估中各个指标设计的科学性、有效性提出质疑①;还有学者对评估结果的客观性进行质疑,认为不同的评估标准与指标设计会得出完全不同的评估结果与排名,而且营商环境评估的结果也往往与该地区实际的经济发展表现不一致②;而这种营商环境评估与排名工作,似乎也无法预测未来经济的发展,并无法体现出其所宣称的实践意义。③国内学者结合东亚的区域性发展状况指出,《世界银行营商环境报告》没有重视监管的重要性,也没有注意到不同经济体在不同发展阶段的监管实施的差异性。④此外,国内学者在介绍世界银行评估方法的同时,也对其方法论进行了探讨与反思⑤,同时也将其与国际上其他主流的营商环境评估报告的技术

---

①　See Fisher, P., *Grading places: What Do the Business Climate Rankings Really Tell Us?* Economic Policy Institute, 2005.

②　See Kolko, J., Neumark, D. and Mejia, M. C., "What Do Business Climate Indexes Teach Us about State Policy and Economic Growth?" *Journal of Regional Science*, 2013, 53(2):220—225.

③　See Georgeanne M. Artz, Kevin Duncan, Arthur Hall, Peter Orazem, "Do State Business Climate Indicators Explain Relative Economic Growth at State Borders?" *Journal of Regional Science*, 2016, 56(3):395—419.

④　参见钟飞腾、凡帅帅:《投资环境评估、东亚发展与新自由主义的大衰退——以世界银行营商环境报告为例》,载《当代亚太》2016年第6期。

⑤　参见罗培新:《世界银行营商环境评估方法论:以"开办企业"指标为视角》,载《东方法学》2018年第6期。

方法进行了优缺点比较,具体体现在法律法规文本信息、标准情境案例、大型城市、正式领域、专业人士问卷等几个方面。①

　　第二,中国语境下营商环境评估方法的本土化建构。随着营商环境问题以及《世界银行营商环境报告》在国内越来越受到重视,国内有学者也开始在反思方法论的基础上尝试进行本土化建构。对此,有学者提出要重视影响本国或本土企业经营活动的直接影响因素,而非只关注投资环境问题,并且建构出精细、合理、有效的评估指标与方法。②在对比了俄罗斯、印度、新加坡、中国香港等国家或地区与国际评价体系进行衔接、改进的经验后,有学者提出建构适合中国国情的评价指标体系的必要性,同时指出,作为一种治理技术的运用,我国一些地方政府已经开始进行相关的尝试与实践。③也有学者对比法国的本土化建构,提出了"对标世行、推进排名"与"符合国情、自主研发"并重的进路策略,并认为我国的营商环境建设在关注经济利益的同时,还要注重当地的社会利益、可持续发展利益等价值取向。④从具体层面来说,有学者主张将世界银行的营商环境方法应用到我国的"放管服"改革中,从而为实现增强"公众获得感"这一目标提供操作方法与制度供给。⑤还有

　　① 参见王美舒:《世界银行〈营商环境报告〉述评》,载《师大法学》2018年第1期。
　　② 参见王美舒:《营商环境评估:国际实践及其中国启示》,载《师大法学》2018年第1期。
　　③ 参见李清池:《营商环境评价指标构建与运用研究》,载《行政管理改革》2018年第9期。
　　④ 参见李颖轶:《中国营商环境评估的进路策略与价值选择——以法国应对世行〈营商环境报告〉为例》,载《华东师范大学学报(哲学社会科学版)》2020年第1期。
　　⑤ 参见宋林霖、何成祥:《优化营商环境视阈下放管服改革的逻辑与推进路径——基于世界银行营商环境指标体系的分析》,载《中国行政管理》2018年第4期。

学者构建出我国省份营商环境的评价指标体系并进行了相应的评价分析。①

　　第三,其他理论维度下营商环境研究的探索。首先,有学者关注到营商环境评估中对制度性要素的强调,从而提出从制度"嵌入性"视角审视营商环境优化问题。②同时,营商环境的评估不能只将目光聚焦于环境要素,市场主体主观感知③、企业需求④等要素同样需要重视。其次,评估方法意味着评估主体的重要性,对此,有学者认为优化营商环境要重视第三方视角,并且对国内第三方营商环境评估进行了综合分析。⑤再次,结合我国现实语境与民营企业发展状况,还有学者提出,优化民营企业营商环境的根本措施与基础制度条件就是保障平等竞争。⑥最后,还有学者从性别视角对《世界银行营商环境报告》数据与《全球性别差距报告》数据进行对比分析,发现前者对后者的显著正向影响。⑦可以看出,除了基于"指标体系—量化评估"的研究范式,国内学者也尝试挖掘营商环境问题中的其他理论维度,一方面这些研究往往也是建立在主流的评估研究基础之上的,另一方面,它们主要是

　　① 参见张三保等:《中国省份营商环境评价:指标体系与量化分析》,载《经济管理》2020 年第 4 期。
　　② 参见张国勇、娄成武:《基于制度嵌入性的营商环境优化研究——以辽宁省为例》,载《东北大学学报(社会科学版)》2018 年第 3 期。
　　③ 参见娄成武、张国勇:《基于市场主体主观感知的营商环境评估框架构建——兼评世界银行营商环境评估模式》,载《当代经济管理》2018 年第 6 期。
　　④ 参见刘刚、梁晗:《外部性视角下营商环境的优化——基于企业需求导向的研究》,载《中国行政管理》2019 年第 11 期。
　　⑤ 参见阳军、刘鹏:《营商环境制度完善与路径优化:基于第三方视角》,载《重庆社会科学》2019 年第 2 期。
　　⑥ 参见刘志彪:《平等竞争:中国民营企业营商环境优化之本》,载《社会科学战线》2019 年第 4 期。
　　⑦ 参见周婷、沈开艳:《性别平等对营商环境的影响研究——基于跨国数据的实证分析》,载《复旦学报(社会科学版)》2021 年第 3 期。

对既有研究中一些不被重视的方面的强调或者是来自交叉视角的关注。

3. 治理视阈下的优化营商环境问题研究

营商环境建设也是国家经济治理的一个方面；一个地区的营商环境水平会反映该地区的综合竞争力，也一定程度上反映着该地区的治理状况与治理水平。①另外，从"招商引资"到"优化营商环境"，这在整体上也反映出我国经济治理理念、地方政府经济职能履行方式的重大转变。②因此，国内外不乏基于治理视角的营商环境问题研究，尤其是国内相关研究有着更为贴近我国治理语境的问题关切，这种关切有时也是借助于对营商环境的观察而回应相关的治理问题。

第一，治理能力与营商环境。基于整体性治理理论和交易成本理论，有学者通过跨国营商数据的对比，指出政府效能与腐败规制的提升，可以提高政府行政与制度供给的质量，从而有利于我国营商环境的改善。③也有学者通过对《优化营商环境条例》的文本分析，建构出一种"制度—能力"治理框架体系，从而能够有效地解释我国优化营商环境的问题，评价其治理绩效。④另外，还有学者通过经验个案的分析，发现一些地方在优化营商环境的治理过程中会搭乘"运动式治理便车"（例如"创建全国文明城市"工作），从

①　"作为一种具有制度特征的公共产品，营商环境的建设过程也是一个公共治理过程。"娄成武、张国勇：《治理视阈下的营商环境：内在逻辑与构建思路》，载《辽宁大学学报（哲学社会科学版）》2018年第2期。

②　参见宋林霖、何成祥：《从招商引资至优化营商环境：地方政府经济职能履行方式的重大转向》，载《上海行政学院学报》2019年第11期。

③　参见徐换歌、蒋硕亮：《政府效能、腐败规制对营商环境的优化效应研究——来自跨国面板数据的经验证据》，载《公共管理与政策评论》2020年第1期。

④　参见程波辉：《制度—能力：优化营商环境的治理框架及其检验》，载《行政论坛》2020年第2期。

而为优化营商环境这一常规治理目标赋能,这是一种"'常规'嵌入'运动'治理模式"在营商治理中的体现。①

　　第二,营商环境治理的参与主体。这一主体的研究存在两个相互补充的视角:一方面,从治理的视角看,国家(政府)是对营商环境进行优化的责任主体,有学者认为,政府责任履行的越位、缺位和偏差造成了营商环境中的问题,而政府责任的有效履行则是保障营商环境建设的主要途径。这种政府责任可以从历史、理论和实践三重逻辑进行证成与说明。②也有学者指出,从公共治理的角度看,优化营商环境的关键就在于政府改革的全面性、彻底性,从而保证各级政府的责任落实与职能履行。③对此,国外相关文献也强调了政府,特别是地方政府的创新性工作在营商环境建设中的作用。④另一方面,我国全面深化改革的系统性特征也要求营商环境建设需要多元主体的协同共治。⑤还有学者指出,法治化营商环境建设,需要厘清政府、市场与社会之间的复杂关系,基于合作治理促进三方的多元主体合作。⑥

　　第三,优化营商环境治理与政府—市场/企业关系。当前治理语境下,建构政府与市场之间的良性互动,被学者认为是优化营商环境

---

　　① 参见文宏、杜菲菲:《借势赋能:"常规"嵌入"运动"的一个解释性框架——基于A市"创文"与营商环境优化工作的考察》,载《中国行政管理》2021年第3期。

　　② 参见郭燕芬、柏维春:《营商环境建设中的政府责任:历史逻辑、理论逻辑与实践逻辑》,载《重庆社会科学》2019年第2期。

　　③ 参见任恒:《优化营商环境的政府责任探讨:现实价值与推进路径》,载《北京工业大学学报(社会科学版)》2020年第4期。

　　④ See Othman M. Yunus et al, "Conducive Business Environment: Local Government Innovative Work Behavior." *Procedia-Social and Behavioral Sciences*, 2014, 129:214—220.

　　⑤ 参见郭燕芬:《营商环境协同治理的结构要素、运行机理与实现机制研究》,载《当代经济管理》2019年第12期。

　　⑥ 参见石佑启、陈可翔:《合作治理语境下的法治化营商环境建设》,载《法学研究》2021年第2期。

的内在要求、应有之义与必然选择。①国外有学者就指出，在优化营商环境、吸引投资的过程中，政治环境中的腐败及寻租问题会影响到企业家的精神与行动②，同时也会扭曲政企或政商之间的关系。③国内也有学者通过经验数据的分析发现，优化营商环境对消除企业寻租、促进市场创新有着显著影响。④如果想要构建良好的营商环境，"有为政府"与"有效市场"需要共同作用，平衡发展，缺一不可。⑤

第四，营商环境治理的地方性。优化营商环境离不开顶层制度设计与制度供给，但更需要各地方的具体实施，由此便形成了营商环境治理的地方性视角。例如，有学者关注到我国营商法治环境存在区域发展不平衡的问题。整体而言，东部沿海地区较好，中西部地区、东北地区较差。这既与各区域的经济发展水平有关，也与地方政府的执政理念等因素有关。⑥这种营商环境的地方差异性同时也伴随着地方之间的竞争性。有学者就指出，我国地方之间的营商环境竞争主要围绕产权保护规则与市场规则等方面展开，是一种以"规则型治理"为核心的法治竞争，而不同于过去的政策性让利、税费补贴等模式。⑦基于经验数据的分析可以发现，发

---

① 参见黄新华、曾昭腾：《建构政府与市场关系良性互动的营商环境》，载《中国高校社会科学》2020 年第 4 期。

② Murphy Kevin M. et al, "The Allocation of Talent：Implications for Growth." *The Quarterly Journal of Economics*，1991，106(2)：503—530.

③ Zhiqiang Dong, Xiahai Wei and Yongjing Zhang, "The allocation of entrepreneurial efforts in a rent-seeking society：Evidence from China." *Journal of Comparative Economics*，2016，44(2)：353—371.

④ 参见夏后学等：《营商环境、企业寻租与市场创新——来自中国企业营商环境调查的经验证据》，载《经济研究》2019 年第 4 期。

⑤ 参见倪外：《有为政府、有效市场与营商环境优化研究——以上海为例》，载《上海经济研究》2019 年第 10 期。

⑥ 参见韩业斌：《我国法治化营商环境的区域差异及其影响因素》，载《领导科学》2019 年第 8 期。

⑦ 参见苟学珍：《地方法治竞争：营商环境法治化的地方经验》，载《甘肃行政学院学报》2020 年第 4 期。

生在县域之间的营商环境治理竞争会产生一种"空间溢出效应"，即官员会因为其他地区的营商环境优化而调整本地区的政策。①此外，营商环境的地方差异性也会产生不同的地方性经验，这也被学者所关注②；同时，一些地方所产生的治理问题，对营商环境建设产生了不利影响，也引起一些学者的讨论与反思。③

4. 我国优化营商环境改革的方向、内容研究

从深化"放改服"改革开始，市场化（便利化）、法治化、国际化就被作为我国优化营商环境的主要方向与内容④，相关法律也明确了其是我国优化营商环境建设所应当遵循的原则。⑤相应地，关于我国优化营商环境建设的问题分析与内容讨论也主要从便利化、法治化与国际化三个方面展开。

第一，关于营商环境便利化的研究。我国的营商环境改革首先开始于"放管服"改革，即推进政府行政上简政放权、放管结合，从而提升行政效率、优化行政服务，进而改善企业的营商环境；基于数据分析发现，这一改革的实施，显著促进了区域营商环境的改善。⑥并且，提升政府效率与优化营商环境能够互相促进，二者在

---

① 参见阮舟一龙、许志端：《县域营商环境竞争的空间溢出效应研究——来自贵州省的经验证据》，载《经济管理》2020年第7期。

② 参见曾宪聚等：《深圳优化营商环境的实践经验和理论启示：制度逻辑与制度融贯性的视角》，载《经济体制改革》2019年第2期；钱玉文：《我国法治化营商环境建构路径探析——以江苏省经验为研究样本》，载《上海财经大学学报》2020年第3期。

③ 参见于文超、梁平汉：《不确定性、营商环境与民营企业经营活力》，载《中国工业经济》2019年第11期；后小仙等：《地方官员任期与营商环境优化》，载《经济与管理评论》2020年第6期；刘俊生：《少数地方政府失信行为及其治理策略——兼论优化民营企业营商环境》，载《人民论坛》2020年第29期。

④ 参见李军鹏：《十九大后深化放管服改革的目标、任务与对策》，载《行政论坛》2018年第2期。

⑤ 参见《优化营商环境条例》，第四条。

⑥ 参见郑烨等：《"放管服"改革、政府透明度与区域营商环境——基于国内城市面板数据的实证研究》，载《软科学》2020年第9期。

内涵、属性、测定方法、指标内容、面临问题等多方面具有趋同性。①以行政效率改革提升市场效率的营商环境市场化(便利化)改革包括多个方面,学界也有多项针对不同的具体改革内容的研究,包括:行政审批改革对优化营商环境的效果②;互联网技术、线上服务改革对企业营商环境的影响③;政务公开在优化营商环境改革中的地位与作用④,等等。

第二,关于营商环境法治化的研究。国内对于营商环境法治化问题的研究主要包括三个方面:其一,从优化营商环境的背景及目的出发,特别是基于《世界银行营商环境报告》的评估结果,具体讨论某部法律的制定修改问题。这其中涉及《公司法》⑤、《担保法》⑥《企业破产法》等⑦与企业营商密切相关的法律。其二,基于优化营商环境建设、营商环境法治化建设的反思而提出的相关法律制度的构建与改革。这其中包括:(1)对具体的、微观法律制度

---

① 参见唐天伟:《我国政府效率与营商环境的趋同性及作用机理》,载《中国高校社会科学》2021年第1期。

② 参见廖福崇:《"放管服"改革、行政审批与营商环境——来自企业调查的经验证据》,载《公共管理与政策评论》2019年第6期;廖福崇:《审批制度改革优化了城市营商环境吗?——基于民营企业家"忙里又忙外"的实证分析》,载《公共管理学报》2020年第1期。

③ 参见廖福崇:《"互联网+政务服务"优化了营商环境吗?——基于31省的模糊集定性比较分析》,载《电子政务》2020年第12期;张邦辉等:《在线政务服务的营商环境优化效应探析——"数字红利"与"数字鸿沟"》,载《中国行政管理》2021年第4期。

④ 参见后向东:《论营商环境中政务公开的地位和作用》,载《中国行政管理》2019年第2期。

⑤ 参见罗培新:《世行营商环境评估之"保护少数投资者"指标解析——兼论我国公司法的修订》,载《清华法学》2019年第1期。

⑥ 参见纪海龙:《世行营商环境调查背景下的中国动产担保交易法》,载《法学杂志》2020年第2期。

⑦ 参见张钦昱:《我国破产法的系统性反思与重构——以世界银行〈营商环境报告〉之"办理破产"指标为视角》,载《法商研究》2020年第6期。

（机制）的讨论，例如粤港澳大湾区建设中的知识产权协调机制①、非正常经营企业强制性市场退出机制②、企业合规机制③、行政执法与刑事司法衔接机制④，等等；（2）对宏观层面的立法、司法、执法监管等法制问题的整体性反思，例如对地方营商环境立法过程中体现出的反思进行理性的分析，⑤对营商环境优化过程中的市场监管与行政执法问题的讨论，⑥以及法治化营商环境建设的司法进路的探究。⑦其三，还有学者对"营商环境法治化"这一命题本身进行了理论和实证上的分析与反思。对此，有学者认为制度环境是营商环境的主要内容，而法治建设正是当下制度建设的"高级形态"；⑧还有学者提出了企业的"制度性成本"概念，认为这不同于经济学中的"交易成本"，而是指企业经营过程中在执行政府的一系列规章制度时所需付出的成本，其指向的正是政府的依法行政、营商环境法治化问题⑨；当然，还是有学者从传统"交易成本"

---

① 参见卢纯昕：《粤港澳大湾区法治化营商环境建设中的知识产权协调机制》，载《学术研究》2018 年第 7 期。

② 参见王伟：《非正常经营企业强制性市场退出机制研究——优化营商环境背景下的行政规制路径》，载《行政法学研究》2020 年第 5 期。

③ 参见李本灿：《法治化营商环境建设的合规机制——以刑事合规为中心》，载《法学研究》2021 年第 1 期。

④ 参见周刚志、李琴英：《"两法衔接"的制度法理——基于"优化营商环境"的视角》，载《法学评论》2021 年第 2 期。

⑤ 参见李明哲：《地方立法中的反思理性——以 G 省〈优化营商环境条例〉为例》，载《辽宁大学学报（哲学社会科学版）》2019 年第 6 期。

⑥ 参见李洪雷：《营商环境优化的行政法治保障》，载《重庆社会科学》2019 年第 2 期；杨志壮：《营商环境优化的"监管"与"去监管"权衡》，载《政法论丛》2020 年第 4 期。

⑦ 参见石佑启、陈可翔：《法治化营商环境建设的司法进路》，载《中外法学》2020 年第 3 期。

⑧ 参见谢红星：《法治化营商环境的证成、评价与进路——从理论逻辑到制度展开》，载《学习与实践》2019 年第 11 期。

⑨ 参见解洪涛等：《法治政府建设降低了企业制度性成本吗——基于世界银行营商环境调查数据的实证研究》，载《财经科学》2018 年第 10 期。

的角度来说明营商环境法治化建设的重要意义①；也有学者从政企关系的角度，指出"政企关系法治化、规范化是营商环境法治化的本质与核心"。②

第三，关于营商环境国际化的研究。这方面的研究主要聚焦于营商环境建设如何更好地促进对外贸易、外商投资等方面，包括：(1)粤港澳大湾区营商环境建设过程中实现高水平自由贸易、投资合作的问题探究；③(2)在营商环境国际化背景下更好地推进我国自贸区建设的讨论；④(3)"一带一路"战略下营商环境国际化问题；⑤(4)国内营商环境改善对于外商直接投资的促进作用，⑥以及他国营商环境对于中国对外直接投资的影响。⑦

5.简评

从以上综述中，我们可以发现以下几点需要重视的研究共识以及需要进一步探究的研究方向：

第一，对营商制度环境内容的关注。虽然从广义上来说，企业的营商环境可以包括自然资源环境、人文社会环境等多个方

---

① 参见顾艳辉等：《交易成本视角下的法治化营商环境分析——一个动态博弈的解释》，载《技术经济与管理研究》2019年第3期。

② 参见彭向刚、马冉：《政企关系视域下的营商环境法治化》，载《行政论坛》2020年第2期。

③ 参见李猛：《营建粤港澳大湾区良好法治营商环境——以对接国际高标准投资贸易规则为视角》，载《当代经济管理》2018年第4期。

④ 参见朱福林：《中国特色自由贸易港建设问题与探究》，载《当代经济管理》2020年第1期。

⑤ 参见黄振饶：《"一带一路"国家战略视野下的广西营商环境建设》，载《社会科学家》2015年第10期；张莉：《"一带一路"战略下中国与东盟营商环境差异与协同构建研究》，载《经济与管理》2017年第2期。

⑥ 参见张应武、刘凌博：《营商环境改善能否促进外商直接投资》，载《国际商务——对外经济贸易大学学报》2020年第1期。

⑦ 参见周超等：《营商环境与中国对外直接投资——基于投资动机的视角》，载《国际贸易问题》2017年第10期。

面,但自 20 世纪 80 年代以后,营商环境问题主要关注的就是包括政治、社会、市场中影响企业经营、绩效增长的制度性、政策性环境因素,并且强调了这些制度环境因素对经济发展的重要作用。

第二,当前营商环境研究的主要视角是评估方法与量化分析,但也需要其他理论视角的补充与扩展:(1)评估方法主要是对相关环境指标的评估,是一种以制度环境为本位的视角,实际上,讨论营商环境问题最终还要落实到对企业营商行为的影响上,因而,也需要关注企业的需求,而这方面的研究却是比较少的。(2)主流的量化研究方法从计量统计层面有力地证明了良好的营商环境对企业经营绩效的积极影响,而这也是本书问题意识的来源与研究前提;不过,量化研究能够在整体层面上说明问题,但是却不能对具体视角或者具体案例的内在机理进行解释和说明,也往往会限制问题的研究视角(只关注营商环境因素对经济发展、企业绩效的影响问题——虽然这是核心的、基础性问题)。因而,通过质性研究的方法,对访谈与案例的材料信息进行解释性分析,对于扩展研究的深度与广度也很有必要和价值。

第三,近年来,国内关于营商环境问题的研究,大多是从治理角度展开,这反映了我国关于该问题的现实关切与理论语境,也是本研究需要关注的。不同于国外评估—量化的主流研究方式,这一视角往往会通过营商环境评估结果或营商环境问题而聚焦到相关的治理问题,讨论与此相关的政治制度、法律制度、治理理念等因素。这样可以对某个(某些)指标相关的治理问题展开具体、深入的分析,也能够在现实语境下更好地提出“怎么做”的建议与思路;此外,这一研究立场也能够与质性研究中对具体问题的解释、分析相结合。

第四,国内关于进一步优化我国营商环境的研究,已经在营商环境市场化/便利化方向取得了一定的成果与成就,而在营商环境法治化方面还需要进一步的加强。实际上,这一现状的直接原因与营商环境改革实践的现状密切相关,由于营商环境便利化的改革是以提高政府办事效率为主要内容,只涉及政府行为方式的改变,并且能够直接地展现出改革成果,因而已经取得了相当大的成效;但是营商环境法治化改革涉及理念、制度、行为实施等多方面内容,既需要顶层设计与制度变革,也需要利益平衡与观念转变,需要伴随着我国整体的法治水平发展而推进,需要时间的积累与重点问题的攻坚,因而,还存在一些现实问题与理论难题。但是,这也意味着这方面仍需要我们进行理论上的研究,也表明了该方向的研究具有重要的理论价值与现实意义。

综上所述,本书的研究将仍以营商制度环境作为主要的关注点,以企业为视角、以质性研究为方法,关注我国营商环境法治化过程中存在的问题;我们的研究将选取一个相对具体、中观的理论视角为切入点,进行相对具体深入的分析与问题解释,同时还会回应由此反映出的我国治理过程中的相关问题。

三、研究路径:主体经验—法律问题—法理分析

准确地说,本书的研究对象包括表里两个层次:表层的研究对象即通过调查访谈所获得的中小企业"守法吃亏"的感受、现象与案例;而里层的研究对象则是中小企业所反映的"守法吃亏"现象背后的客观的法律问题。不同于纯粹社会学经验研究重点关注、解释一般性的社会事实及其问题,法律社会学更加关注(关于)规范的事实或制度的事实,即作为特殊社会事实的法律规范/制度及其问题。因此,本书对研究对象(事实)客观性、明确性、全面性的

强调并不在于作为一般性社会事件的"守法吃亏"案例本身,而是在于各种"守法吃亏"主观感受中反映出的各类法律(制度)现象、问题。对于后者的客观性、普遍性存在,一方面来自笔者对"守法吃亏"相关案例事实进行解释、分析,另一方面则来自其他文献资料、学者研究的印证。当明确各类"守法吃亏"案例所反映出的典型法律问题后,笔者将进一步对这些问题展开学理上的分析、反思,从而最终得出本研究的结论,形成从"守法吃亏"主体感受到相关营商法律制度问题,再到法理分析、反思的研究思路。

在这个过程中,主体经验的获取是该研究思路实现的基础和源头。对此,笔者主要以访谈法作为获取经验的方法。

本书进行的访谈主要通过一对一访谈与座谈的形式展开。访谈对象包括中小企业的经营者、中小企业的法务人员、政府相关部门的官员等;具体信息及编码见附录。本书调研主要集中在京沪鲁三地的中小企业。其中北京和上海是最主要的调研地点,选取这两个城市的原因之一是它们也是世界银行营商环境评估报告在我国大陆地区选择的两个城市;它们在我国比较早地开始了针对性、专门性的优化(中小企业)营商环境建设,因而也能比较多地反映出与营商环境优化相关的问题。两个城市的经济发展水平、社会经济治理水平、营商环境优化水平都在我国排名前列。就此,本书有一个隐含的假设:我国治理水平最好之二的城市的中小企业所遇到的一般性的营商问题,在其他治理水平相对较低的城市中也可能存在,而且会相对更突出,从而可以通过对上海、北京两市的问题发现作出"举轻以明重"的推断。况且,即使当前营商发展水平较低的城市还没有类似问题的突出表现,但在未来,其营商环境优化水平发展到这一阶段后,也可能会逐步显现。此外,笔者还在山东省进行了一些补充性调研,这种对于其他调研地点的补充也可以让我们的研究具有一种在不同地域之间进行比较的视角，也在一定程度上印证了前面的推断。

调研中的访谈主要是一种相对开放的半结构式访谈。针对企业，主要围绕的问题包括：经营过程中遇到过哪些法律方面的问题与纠纷？企业自身经营管理中有哪些法律问题与法律需求？对于国家经济治理、优化营商环境政策有哪些一般性看法与感受？针对政府，主要访谈的问题包括：本部门推动与落实国家优化营商环境政策的基本情况是怎样的？本部门在营商治理过程中遇到了哪些治理问题？有哪些针对中小企业的专门性政策或者关于中小企业的典型案例？（完整访谈目录见附录二。）结合这些主要问题，由访谈对象自由回答，并适时进行追问，从而实现广泛发现、深入调查的目标。在具体的材料利用过程中，则会根据本文的问题意识，梳理相关的材料与案例，进行组织与分析。

访谈对象的联络主要是通过政府部门召集与经由熟人以"滚雪球"的方式进行介绍。在上海市 M 区的三次调研以及 SH 商会的调研，都是通过本校"王老师"联络相关政府负责人，由他们召集了本区与营商环境建设相关的各部门代表以及辖区内部分中小企业代表，以座谈的形式展开。在访谈过程中，笔者提前将问题大纲发送给各个代表，然后当天各个代表针对其中与自己相关的问题进行回答。在这个过程中，笔者会进行补充问询，同时各代表之间也会针对某个问题展开讨论。除此之外，在上海市 P 区以及北京市、山东省 T 市的调研都是通过前一阶段调研中访谈的"熟人"进行介绍，取得联系后，根据访谈提纲进行一对一的深度访谈。

通过访谈获取相关主体经验后，本书主要通过案例分析来分别对其中几类"守法吃亏"现象进行批判、分析，并挖掘、解释其中相关的法律制度性问题,第二至第五章每一章涉及一种类型的案例与营商法律问题。最后,在第六至第九章,笔者将从理论出发对上述案例反映出的问题进行整体性、统一性地思考,探究、反思中小企业营商法治问题。

第一章

作为一种中小企业
营商现象的"守法吃亏"

"守法吃亏"只是对受访中小企业一种日常表达的总结,而非一个可以精确化的理论概念。但这不意味着我们要完全放弃对它的概括说明,分析清楚"守法吃亏"这一词语的语义、语用和语境,才能够更容易理解其背后想要表达的各种各样的营商案例。此外,因为这一表述是对某些中小企业营商中出现的现象的概括,所以首先我们有必要对我国中小企业整体的营商状况作一个概览,从而对我们所要研究的经验对象有一个整体性的定位。

一、"守法吃亏"的概念分析

(一)"守法吃亏"中的"吃亏":日常话语、道德话语与法律话语

对于"守法吃亏"的理论内涵,首先需要明确"吃亏"的界定。"吃亏"原本是一个日常话语、道德话语,本书将其借用到法学研究中就需要把它转化为一种法律话语,并且廓清其在法学理论中的内涵。

在日常生活中,"吃亏"有两个常用含义:第一,受损失,例如

"不听老人言,吃亏在眼前"中的吃亏;第二,指在某方面条件不利,例如"这个厂吃亏的就是缺乏人才"。①其中第一种含义最为常见,这也是本书所使用的基础内涵。对于第一种含义的使用,日常生活中有不同的语境。第一,一个人因为没搞清状况、考虑清楚或没控制好个人情绪,从而因自己不够聪明甚至是傻,让自己白费功夫或蒙受不必要的损失,例如歇后语"拳头砸核桃——吃亏是自己""拳头打跳蚤——吃亏是自己""生气踢石头——吃亏是自己""瞎子付了灯油钱——明吃亏"。可以看出,这种情况吃亏的原因是自己,与他人无关,而吃亏的表现不仅仅是利益上的,更多还包括自己身体上的(情绪影响、疼痛、力气损耗等)。第二种情境与人际交往有关,强调人际交换中的公平性,往往与"占便宜""沾光"等相对,例如"半斤换八两——谁也不沾谁的光""肉烂在汤里——谁也不吃亏""买了相因(便宜)柴,烧了夹生饭——想占便宜反吃亏"等。可以看出,日常话语中的公平性强调的是一种最朴素的平等观念,即谁都不要让对方吃亏,同时谁也不要沾别人的光,占别人的便宜。这也可以看出,作为与吃亏相对概念的沾光、占便宜,指的就是一种在公平交往原则实效之外获得的额外利益、本不应属于自己的益处。

实际上,当日常话语涉及人与人之间的交往时,就已经过渡到了道德话语层面,混合着人情伦理与道德观念。例如对于生活中公平交往、不占便宜观念的强调。但除此之外,还发展出其他的道德内涵。其一,是将肯吃亏与一个人宽容的道德品质联系在一起,例如"吃得亏的是好人",就是说一个人在生活中宽宏大度而不斤斤计较是"好人"的品质;"吃得亏,做(坐)一堆",是指人要能吃得

---

① 商务国际辞书编辑部主编:《现代汉语词典:实用版》,商务印书馆 2018 年版,第 102 页。

起亏,才能和他人长期相处。①其二,是发展出了"吃亏是福"的处世智慧,并形成一种传统文化观。例如谚语"吃一分亏无量福,失便宜处是便宜"就强调,与人交往过程中吃亏、让别人占便宜,自己往往能够得到更多更好的回报。②这种处世态度的形成首先有一定的文化心理因素,包括:中国人"福祸相依"、福祸相互转化的文化认知,对"福"的偏爱所形成的生活中无论积极、消极的各种事情都用"福"来解释的话语偏好(类似于打碎东西时的"岁岁/碎碎平安"的解释),在"差序格局"的乡土社会中让利给关系亲近的人的利他主义心理与人情面子因素(在关系疏远的关系中,大家并不认为"吃亏是福")。③其次,这里面还包含一种个人的心理平衡机制(尤其是在应对关系疏远、自己不情愿被占便宜的关系中),因为生活中难免会有被占便宜的情况,"吃亏是福"从做人的理性、人格的道德力量、社会舆论评价等方面提出吃亏的"好处",平息怒火,防止人们好勇斗狠。④再次,这种心理平衡机制同时还有现实的补偿机制的支撑,尤其是在熟人社会,此时吃亏彼时就会得到相应的回报,而且一时的宽容、谦让,也会收获"好人"的名声,获得道德上的同情与认可。⑤最后,"吃亏是福"还是一种对占便宜、让他人吃亏者的反向伦理,

---

① 参见温端政等主编:《谚海》,语文出版社1999年版,第69页。

② 参见温端政主编:《中国谚语大辞典》,上海辞书出版社2018年版,第85页。

③ 参见徐晓波、汪凤炎:《"吃亏是福"现象的心理学分析》,载《社会心理科学》2010年第6期。

④ 参见顾冰清:《吃亏是福》,载《探索与争鸣》1994年第12期。

⑤ 有学者对甘愿吃亏、认为有福的决策理性进行了心理学上的分析,指出决策者有时并不会遵从个人利益最大化原则,基于"价"(value)作选择,去挑选能直接给自己带来最大获益的选项,而是会基于"值"(worth)作选择,挑选令自己当下吃亏或损失的选项,并认为"值得"。"吃亏是福"中人们所选择的是"后福",即潜在维度上的延迟获益。(参见唐辉等:《吃亏是福:择"值"选项而获真利》,载《心理学报》2014年第10期。)

其潜台词就意味着一时的贪图便宜会有长期的损失。

现代性的法律话语与日常话语、道德话语有诸多不同,这是将"吃亏"概念法律化时必须要澄清的。

第一,如果限定于法律所关注的对象,日常生活与道德伦理中的有些"吃亏"就不会被纳入法律的视野,法律所关注的是法律行为,是法律规范调整的、个人意志所控制的社会行为。吃亏必须首先是发生在人与人交往关系中的,因此前文提到的因个人原因自作自受而吃亏,自己出于自愿、利他或理性决策需要而甘愿吃亏,就不受法律的关注。其次,吃亏的具体损失也在法律上有要求,只有法律上所规定的权益遭到损失,才会算作是法律上的"吃亏",一些不受法律关注和保护的个人权利或利益,如人情、感情伤害,毒品枪支等非法财物,则不受法律的保护。最后,对于造成法律上吃亏的相对方(即侵害吃亏者权益的主体)的主观状态也有法律上的要求,对于一些侵害行为,法律要求对方必须有过错行为,并且是故意,才能构成法律上的侵害,从而才被认定是法律上的吃亏,当然,还有一些行为即使不是故意、不存在过错,也会被认定为侵害了他人权益,从而让他人在法律上吃亏。

第二,同样是调整、指引人与人之间的社会关系,但是一些关于吃亏的道德伦理原则可能与法律上关于吃亏的规范不一致或相冲突。例如,传统伦理中关于"吃亏是福"的表述,在法律上并不得到认可。日常生活或道德话语中对于吃亏的评判与指引往往是实质非理性或实质理性的,前者是不依据普遍规范,而根据特定事例中的具体因素,从道德、情感或政治视角予以评价;后者则是从道德规范、功利原则或其他权宜性原则进行的实质性考量。而现代法律则是一种典型的形式理性的体现,以高度抽象的规则形式明确确定法律命题体系,并根据与法律有关的案件事实特征(而排除非法律性的事实特征)进行系统性、程序化的应用。①因此,法律规范是依据一般性的权利、义务判断具体案件中当事人的法律权益的受损情况,不会考虑案件之外的事实(如长期的福报),也不会考虑与该法律无关的事实特性(如人情、道德与舆论等),也不会考虑当事人各方非法律的个人特质(如性格老实、道德口碑好等)。这些就与"吃亏是福"等伦理规范产生了不一致或冲突。

第三,法律自身的话语体系也会赋予吃亏不同的内涵表述,正如我们指出的,法律上的吃亏关注的是法定效果、法律权益,这往往是与侵权、犯罪等相关法律概念、法律规范联系在一起的,与日常话语、道德话语有所区别。对此我们接下来将在"守法吃亏"的语境中具体展开论述。

(二)"守法吃亏"的内涵解释

"守法吃亏"是守法主体依照法律的规定完成了守法行为却没有实现法定的守法效果,而这种"没有实现法定的守法效果"就是指守法者法定的权利或利益没有获得或受到损失。实际上,法律规范虽然不能等同于利益,但它是利益的载体。利益是人们"寻求满足的需求、欲望或期望"②,是生活主体在生活世界中各种各样的生活要求。③法律范围内的利益被学者划分为个人利益、公共利益与社会利益,其中个人利益又被划分为人格利益、家庭利益与物质利益三类。④"守法吃亏"首要关注的是守法者的个人利益,这是

---

① 参见[德]马克斯·韦伯:《经济与社会》(第二卷),阎克文译,上海人民出版社 2010 年版,第 799 页。

② 参见[美]罗斯科·庞德:《法理学》(第三卷),廖德宇译,法律出版社 2007 年版,第 14 页。

③ 参见[德]菲利普·黑克:《利益法学》,傅广宇译,商务印书馆 2016 年版,第 13 页。

④ 参见[美]罗斯科·庞德:《法理学》(第三卷),廖德宇译,法律出版社 2007 年版,第 18—22 页。

本书分析视角的立足点。

　　法律权利虽也不能等同于利益,但是权利人可以通过对法律权利的行使实现某些法律规范所承载的自己的利益(权利人也可以通过行使权利帮助实现他人的利益,本书在此不作具体讨论),包括:(1)追求利益,指利益还没有被权利人所现实地获得、持有,但权利人可以通过主动地行使权利追求到利益,而失去这一权利则会失去获得该利益的机会,例如股票持有人对股票增值的利益;(2)接受利益,符合条件的权利主体通过受动的方式就可获得一定的利益,例如领养老金的权利;(3)支配他人行为,对他人提出作出某种行为的要求并且他人必须服从,这实际上也是一种利益,例如债主对债务人的债权要求、雇主对雇员的工作要求等;(4)保有利益,即权利人已经现实地具有、持有某种利益,通过权利行使对既有利益加以保持和维护,例如自己对财产的拥有、占有;(5)免于责任,指不用付出自己的利益来承担某种责任,它虽然没有直接增加自身的利益,但不用支付代价本身就是一种利益,这也可以理解为是一种豁免利益,例如正当防卫、免除税务等。①

　　在"守法吃亏"问题中,要对被损害、被侵害的守法者权益进行具体化分析,就是要关注到其中所包含的当事人的相关法律利益。而且,从法律利益的角度看,"守法吃亏"者不仅会面临法律权利的实际侵害,还包括当本应实现的法定效果没有实现时期待利益与潜在利益的损失,以及由此导致的守法成本的增加。此外,利益概念所指代的生活要求意味着,虽然某种生活上的利益要求由于立法的疏漏或滞后,还没有被正式表述进制定法中,但是它依据相关法律价值或法律原则,或类比已有的法律规定,被认为应当属于法

---

　　①　参见张恒山:《法理要论》(第三版),北京大学出版社 2009 年版,第 369—370 页。

律上的利益,那么这种情况也是属于"守法吃亏"概念所应涵盖的,它也是守法者应然层面的法定利益。因此,法律利益这一概念要比法定守法效果的未实现、法律权利的受侵害等表达更为具体化,外延也更广。对于"守法吃亏"者"吃亏"的各种形式,其核心就表现为一种法律利益的受损,这是在对"守法吃亏"中的各类"吃亏"进行法律性分析时的"最大公约数"。

综上所述,本书将给出一个便于后文使用的"守法吃亏"的操作性界定:守法者在实践中完成了守法行为,却没有得到应有的守法效果,法律利益受到损失或增加了额外的守法负担,从而被迫处在法律上不利地位的情形。

这一概念与法律规范、法律权利等概念密切相关,但却不是传统法学中纯粹的规范话语或权利话语,它是从实际的守法状态出发,反观守法者法律利益实际的实现状况,从而间接地分析制定法律规范、法律权益的内容与实效。而并不是反过来依据现代法学的形式理性从一般性的法律规范、法律权益内容分析具体事件或案例中法律行为的法律后果。因此,"守法吃亏"视角更像是一种"反身性"观察,它成为实践与法律之间的桥梁,把重心落在了法律实效上,并从法律实效反观法律规范、法律制度。笔者反对法经济学分析中将法律规范或法律权利直接还原为利益的做法,这实际上是对守法实践与法律规范的双重误读。一方面,法律规范虽然承载、体现着利益,但是并不能等同于利益;另一方面,"守法吃亏"虽然可以通过利益去具体化分析"吃亏"的内涵,但是守法行为本身在更多时候表现为一种基于惯习的实践,而不是利益取向的策略性行动。利益在这里只是一个分析视角,是观察守法与法律规范的"中介"。

守法反而吃亏,这里存在一个依法行为却没有得到法定效果的"落差"。这种"落差"发生在人与人之间的相对关系中,这意味着总是存在一个"占便宜"的相对方,并且这个相对方存在法律上的过错与责任,或者他利用法律制度的漏洞、对法律制度的完善有潜在的破坏,从而能够从法律角度(如法律原则、法律价值的角度)将其评价为不合理、不正当。这同时也意味着,"吃亏"方不是基于自身过错,或不是自愿的,而是被迫处在了这种法律上的不利地位(受损或负担增加)。

最后,"吃亏"是一种实际的法律利益上的损失。虽然不限于物质利益,但是这种损失必须被法律所认可或能够从法律原则、法律价值的角度视同为法律利益。即使是一种期待利益或潜在利益,也必须是实际增加了守法者额外的守法成本或负担,否则也不算一种吃亏。如果对方"占了便宜",自己没有实际损失,而只是有一种"吃亏感",那也不能算作是"守法吃亏";或者生活中与自己并没有实际发生法律关系的主体,但与自己处在同一情境或条件中,因为违法或钻了法律空子,自己由此感到不平衡,有一种没占到便宜的"吃亏感",例如,大家一起过马路,有人闯了红灯没被罚,自己遵守规则多花了时间,内心不平衡;或同行偷税漏税没有被抓,自己遵纪守法增加了企业负担,由此感到不公平;这些也都不算作"守法吃亏"。

(三)"守法吃亏"的衡量维度

虽然同样可以在概念上认定为"守法吃亏",但实践中,在不同的"守法吃亏"情形中,"吃亏"的程度是有所区别的,对"守法吃亏"的衡量需要结合受损的强度与被救济的时间两个维度展开。

如下图 1-1 所示,x 轴代表守法者吃亏受损后,得到救济的时间,也可以理解为损害持续的时间,y 轴表示守法者受损的强度。

■ 守法吃亏?

被救济的时间可以看作是受损强度的系数,同一受损强度下,被救济的时间拖得越长,"守法吃亏"的程度就越高,即"守法吃亏的程度 = 受损强度 × 获得救济的时间(受损时间)"。显然,如果损害强度越大、获得救济的时间越长,那么"守法吃亏"的程度就越高。

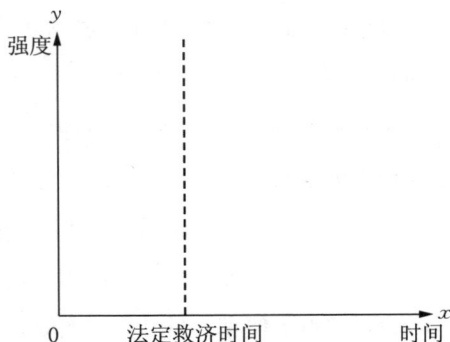

图 1-1 "守法吃亏"的衡量维度

对于"守法吃亏"的受损强度,一般根据法律对相关利益的评价和排序,例如刑法所认定的法益往往重于民法所保护的法益,通过金钱可以进行补偿或赔偿的利益损失,则可以直接依据法定的金额予以衡量。另外,从个体情况来说,具体个体实际受损的程度也和其自身对损害的承受能力,即守法能力有关。形式理性的法律会排除个体守法能力的判断,把它们当作是非法律的事实特征,而只是基于同类型主体、同类型情况作出一个普遍性的认定或"平均性"的认定,这样,对于一些守法能力弱的个体,虽然法律上认定的损害性质与其他个体相同,但其自身实际受到的损害其实是更大的。这是法律规范缺乏弹性的弱点所致。本书所关注的中小企业,比起大型企业、国有企业来说,守法能力更弱,但是很多法律都没有考虑到这一点,导致某些中小企业即使依法获得了救济,仍然有一种"吃亏"的感受,这在某种程度上似乎说明相关法律制度的规定是不合理的。

从时间维度来说,对于守法者法律利益的损害,法律自身有相应的救济途径,当事者自己也可能会采取私力救济,如果救济能够及时发生,那么守法者受损持续时间很短,程度也就相对较轻。但是,除了当场的自力救济,现实中获得救济的时间都不可能为 0,获得救济的成本也不可能为 0,因此,在获得救济的过程中,即使损害不具有持续性,守法者所负担的获得救济的时间与金钱成本,也就构成了守法成本的额外增加,从而也构成"守法吃亏"。对于"守法吃亏"被救济的合理时间,每个主体(个人或组织)都有自己的承受界限,这与个体的主观认知与守法能力相关。另外,作为最主要的救济途径,法律也有自己的法定时间,一般来说,如果在这个法定时间内获得救济的"守法吃亏",那么是法治所能承受的,对个体来说也是应当面对的守法风险。但是,法定救济的时间本身也需要受到合理性的评价,一方面,在法定救济的具体实施中,可能出现文本与实践的割裂,导致制度实施出现诸多问题,法律救济难以发挥应有的效果,甚至没有发挥效果;另一方面,法定救济的法律规定本身可能就有不合理的地方,如果一个社会的某类群体或在某一类情形中出现"守法吃亏"现象,并且"吃亏者"普遍认为没有获得及时的、应得的救济,那么就应当反思相应的法律规定是否有疏漏之处。

(四)"守法吃亏"与相关守法实践

守法/违法行为是一个具有法律性的被法律所评价的行为。因此,从守法/违法行为的结果进行区分,所依据的是一个法律性行为在实施后是否实现或获得了法律所规定实际效果,具体包括实现法定效果、没有实现法定效果与超出法定效果三类。

据此,我们可以将实践中的守法行为划分为以下九种类型:

表 1-1　守法行为的不同类型

	实现法定效果	没有获得法定效果	超出法定的额外效果
相信法律	信法且实现法定效果	信法守法却吃亏	信法获利
利用法律	用法实现法定效果	用法守法却吃亏	用法获利
违反法律	违法而承担法定责任	违法承担责任过重	违法得利

　　信法且实现法律效果,是守法最为单纯、理想与和谐的状态。人们所遵守的法律是自己相信、认可甚至敬畏的法律,而对法律的遵守也会得到应有的评价,实现法律规定的、自己所预期的守法效果,从而会更加认可和信任法律,促进对法律的遵守,形成一种良性循环。当然,这种良好守法状态的再生产要具有可持续性,前提还是真正意义上的"良法善治",即法律是制定完备、体现社会价值追求的,法律的实施也是良好、科学的,这样,人们对法律的信任才是出于对法律内在的、实质内容的认可,守法者预期的守法效果的实现也才能够得到制度性的保证。

　　出于利用法律而守法,在外观上仍然是一个"合格"的守法行为,因此与信法而守法相比,在法律评价上没有区别。如果理想中的法律是公平对待每一个人,能够保证每个人都在这个法律框架下公平竞争,那么也是有效发挥了法律在社会中的功能。实际上,在生活中很难分清楚一个人在守法时是抱持哪种心态,更多的时候可能是混合性的;对于不同的群体或不同的情境,人们的心态也会不同。例如,从事法律工作的职业人群,如律师、公司法务、法官等,其中一些人可能精通法律,只是在工作中技术性、策略性地使用法律,但有些人却始终对法治事业抱有持续的信心与热忱,而更多人可能是在不同情境中兼而有之;即使是一个在生活中对法律保持信仰和敬畏的人,在自己遇到案件聘请律师、运用法律程序

时,也可能或多或少带有功利的目的。生活中还有一种有意思的
利用法律的情况,是将守法当作对抗其他社会规范的借口,例如我
国很多地方有很浓的喝酒文化,一个人在聚会中如果不想喝酒,只
是提出不能喝、身体不适等个人性理由,是很难说服他人的,有时
反而会被认为是逃避、怯懦、不够意思,但是提出是因为法律明确
规定了不能酒驾,自己开了车害怕被查因而必须要遵守法律,因此
不能喝,别人也就只能接受。在这种情境中,行为人在外观上就鲜
明地表现出是在以法律作为自己不能喝酒的理由,但这是法律所
允许的,并且是法律有意为之,因为这样使得拒绝饮酒行为在社会
语境中的涵义发生了变化,"从而帮助个体摆脱了社会规范的束
缚,使其无需被迫做出不符合本人和他人福利的行为"。[①]

　　即使是因为守法而获得额外的守法收益,这也是守法激励效
应的体现,这一行为后果也不属于法律所关注的要素,法律也是能
够接受的。甚至政府也会在某些领域(例如治理企业环保领域)出
台相应的激励政策(如守法奖励、补贴、减免等),使得企业通过守
法获得额外的收益,从而促进其守法。[②]但是,如果因为法律制度
的漏洞而使得守法者获利的同时让他人、社会受损,那就超出了这
一边界。其中,利用法律获利并使得他人、社会受损是尤其值得关
注的,因为信法守者出现这种情形,往往是无意为之,不会形成
"规模效应"与"破窗效应",不会对法律制度或法治信任产生根本
性的危害。利用法律者出于有意谋取自身额外利益、策略性地利
用法律漏洞,侵害他人合法权益或社会利益,破坏法律制度与法治

<hr>

　　① 戴昕:《"守法作为借口":通过社会规范的法律干预》,载《法制与社会发展
研究》2017 年第 6 期。
　　② 参见丁启明、赵静:《论企业环境守法激励机制的建构》,载《学术交流》
2011 年第 3 期。

信心，就有持续性的危害。①因此，利用法律本身并不会受到否定的评价，但这不意味着它是不受限制的；对于自我额外利益的追逐，很容易让自己处在法治的灰色地带，或者直接转换为违法行为，例如在利用法律的过程中出现腐败、渎职等行为。

违法与守法是法制实施的一体两面，如果守法者承担了法定的责任，那么一方面是对守法者的公平对待，既可以让被违法者侵害的权益得到法律上的赔偿、补偿或补救，恢复其所破坏的法律制度与社会秩序，也可以让社会公众更加相信法律，从而促进之后对法律的遵守。另一方面，违法者自身也应当被公平对待，对他的惩罚不能过重，也不能过轻，从而彰显法律的公平性，也能够让违法者今后能够更加认可、信奉法律。如果对于违法行为惩罚过轻或者没有惩罚，甚至还让其额外获益，那么就是违法获利，这样首先使得被违法侵害的权益得不到保护和救济，也破坏了法律制度与法治公平，其次还会进一步激励违法，减损公民对法律、社会法治的信任。

最后，因为无论守法者动机是相信法律还是利用法律，都会因其行为外观而被统一评价为"守法"，所以，信法守法而吃亏与用法守法而吃亏都在一般意义上属于"守法吃亏"，笔者在之后的论述中将不再对它们进行区分，而统一概括为"守法吃亏"。

二、当前中小企业营商环境优化的整体状况

我国的优化营商环境建设主要涉及市场化（便利化）、法治化、国际化三个着力点。其中"国际化"主要涉及对外贸易、投资等涉外领域的机制、制度完善，就国内的相关制度环境问题而言，主要

---

① 参见［美］帕特丽夏·尤伊克、苏珊·S. 西尔贝：《日常生活与法律》，陆益龙译，商务印书馆2015年版，第206—209页。

涉及的是市场化（便利化）、法治化两个方面。依据笔者在调研中
所获取的数据资料可以发现,我国中小企业营商环境的便利化改
革已经取得了相当大的成效,但是营商环境法治化仍然面临着一
些难点与问题,这两点就构成了本书对于我国当前中小企业营商
环境建设发展的整体性把握。而本书所要探讨的"守法吃亏"现象
正是对营商环境法治化的一种观察。

（一）中小企业营商环境市场化的改革成效

营商环境市场化改革的首要目标在于提高企业参与市场的效
率,减轻企业经济活动的负担;其所针对的改革对象主要是相关行
政制度与行政标准,所采取的方式往往是减少行政环节、减轻行政
费用、降低行政门槛等。可以看出,这实际上是通过提升行政效
率、降低行政成本来促进经济市场化运作、提高企业参与市场的便
利度与效率性。因此,营商环境市场化建设往往与营商便利化画
上等号,重点与当前的行政审批制度改革或者"放管服"改革密切
相关、相辅相成。

因为这方面的营商环境建设关键在于既有行政措施的优化,
如行政环节的减少、行政时间的压缩、行政费用的降低等,所以当
中央自上而下进行推动、具体行政部门切实予以落实时,这方面的
改革往往会比较快地取得"看得见"的成效,取得"立竿见影"的效
果。①我们在S市M区、P区等地搜集的相关数据资料以及针对中
小企业的访谈也都可以发现这一点。②具体来说,当前营商环境便

---

① 例如,在第三方机构对S市P区的营商环境调查中,有62.82%的受访者
表示"简化、优化行政审批流程"在提升营商环境方面做得最好,是占比最高的一个
项目。(参见2018年P区法治化营商环境评估报告。)

② 需要说明的是,企业进行营商环境改革时,一般并没有明确区分不同规模
类型的企业,因而我们获取到的资料数据中,有一些是关于全部企业类型的营商状
况统计,这其中自然也包括了中小企业,因而,在一般意义上也是可以反映中小企
业整体的营商状况的。而我们的访谈资料,则都是针对中小企业所获取的。

利化取得的改革成效可以概括为三个方面:第一,优化办事流程、精简办事环节;第二,缩短办事时间、提升办事效率;第三,减轻企业负担、压缩营商成本。

1. 优化办事流程、精简办事环节

前文已经提到,我们的调研地点选取了世界银行在我国进行营商环境评估的两个城市中。因而,这些城市也都很重视营商环境优化工作,都提出了"对标世行"的原则,即主要针对世界银行营商环境评估的指标(以下简称"世行指标")开展优化建设工作。其中,"世行指标"涉及营商环境便利化的要素包括:财产登记、开办企业、办理施工许可、获取电力等。这也是我们在S市各区所发现的重点工作内容。政府行政部门通过自我"革新",通过改变办事模式、精简办事流程、减少不必要环节等方式,优化了相关行政流程。一方面,这是对政府行政管理程序的一种合理化,既提升了行政效率,方便了企业,同时也减轻了政府自身的行政负担;另一方面,这也伴随着相关行政部门一些"微观权力"的放弃,即主要是通过削减一些办事环节而裁剪掉了相关办事人员的办事权力。这在压缩政府权力空间的同时,也意味着市场的自主空间有了一定的扩张。因而,营商环境的便利化最终促进的是营商环境的效率化、市场化。

2. 缩短办事时间、提升办事效率

办事环节精简带来的直接后果就是办事时间缩短,正是因为办事时间缩短才会在最直观上体现出办事效率的提升。如图1-2所示,从S市M区对开办企业流程的优化可以看出,不同的环节就对应着耗费不同的办事时间,对环节的优化,自然就意味着对时间的压缩。不过,办事时间的缩短不仅仅依靠办事环节的压缩,同时还需要办事技术的改进,两者之间是相互促进、相辅相成的。

　　技术改进总体上可以分为办公技术改进与行政技术改进两类,前者如利用互联网、"无纸化"操作等办公方式的改变,后者则涉及综合窗口搭建、服务平台建设、流程优化等行政程序上的改进。①办公技术的改进与整个社会技术的发展以及政府部门对技术的引进密切相关,这其中自然有一个成本衡量的问题,即引进新技术本身的成本要低于因采用新技术而节约的行政成本,至少两者要大致平衡,否则也不会起到优化效率的目的。行政技术的改进与上面提到的行政环节的改革密切相关,即这本质上是一种对政府内部管理程序、管理流程的合理化、科学化、精简化过程,而这个过程必然需要相应的机制、平台的支持,这些机制、平台的建立实际上就是一种行政技术的体现。

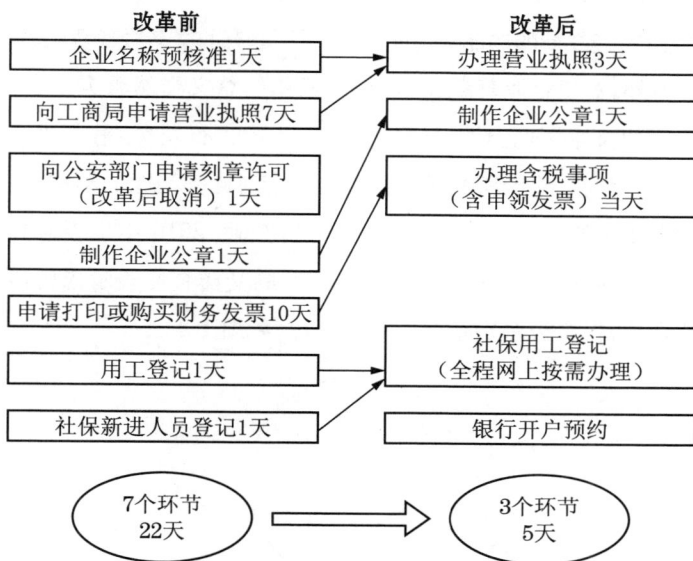

图 1-2　S 市 M 区改革前后企业注册流程对比图

(数据来源:2018 年 M 区营商法治环境评估报告)

---

① 参见 2018 年 M 区营商法治环境评估报告。

3.减轻企业负担、压缩营商成本

在营商环境便利化改革中,减轻企业负担首先表现为对企业行政负担的减轻,这主要包括两方面:其一,通过办事环节精简、办事流程优化,而间接减少了企业遵循行政管理的制度成本;其二,针对企业的相关税费的直接减免。对于第一种情形,实际上与上述两点内容密切相关,或者说是上面提到的优化办事原则、缩短办事时间的自然结果,制度优化、时间减少与成本降低是一体三面的关系。而税费减免,则是更为直接的减轻企业负担的措施。例如,M区在减免行政费用方面使用的方式包括:(1)直接取消或降低相关费用,如在办理施工许可证、跨境贸易项目中的改革;(2)费用负担的再分配,即在获取电力方面,将相关的成本费用重新分配给电网公司承担,从而间接取消了企业的负担;(3)费用的优化替代,如在政府招投标事项中,建立新的保证金制度,而取消了原有的交易服务费用。[①]

另外,对于企业营商成本而言,减免的意义当然重大,但是不乱收、不增收同样是不能忽视的,不能一边进行减免,另一边又不断加码。对此,笔者所调研的城市中没有对此类问题的集中反映,在我们获取的数据资料中,对S市P区企业"2018年是否遇到过乱摊派、乱收费现象"的调查中,98.03%的受访企业表示未曾碰到过此现象,仅有极个别企业反映遇到过(如图1-3)。

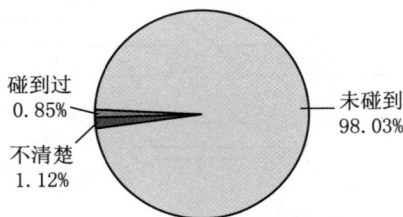

图1-3 S市P区2018年内遇到过乱摊派、乱收费的企业比例(N=355)
(数据来源:2018年P区法治化营商环境评估报告)

---

① 参见2018年M区营商法治环境评估报告。

4. 营商环境便利化改革与行政风气转变

上述列举的营商环境市场化改革给包括中小企业在内的各个企业的营商活动开展带来了直接的效率提升与成本降低,而与此相伴随的,还包括企业对政府行政活动评价以及政府行政风气感受的转变:

> 现在办事情比以前方便多了,你现在去咨询个什么事,政府工作人员会态度比较好地给你说,以前就感觉像欠他们的一样。而且该说的都会给你说,不像以前一样需要跑几趟……当然,有时候你打电话咨询一些事,人比较多,有时候得等或打不通,这个也能理解,但是接通了以后都会给你好好说。(BMS190823A2)

> 这方面确实好多了,最近的一些审批环节精简、一窗受理等改革还是有效的。提交材料也比以前容易了……政府新建的一些线上平台也有一些用,也在慢慢推广,效果还是有的……我接触到的政府公务员的态度绝大部分都挺好的,一直都还不错,可能也是因为在 S 市吧。(SMZ181224D1)

企业感受的这种转变,一方面与政府实际的营商环境便利化(市场化)改革有关,另一方面还在于在"服务型政府"转型过程中,行政观念的转变与服务意识的建立。正如前面提到的,营商环境市场化建设与"放管服"改革密切相关、相辅相成,而后者的核心目标之一就是"优化服务""服出便利、服出实惠,增强服务意识,体现服务理念"。①在中央这一改革理念的持续推动下,地方政府也逐

---

① 李克强:《在全国深化"放管服"改革优化营商环境电视电话会议上的讲话》,载 http://www.gov.cn/Premier/2020-09/29/content_5548388.htm,访问时间 2022 年 10 月 15 日。

渐在行政工作中有所转变,并且被企业所感受到。例如,在对 S 市 P 区的 345 家企业进行问卷调查时,关于政府在促进营商环境方便做得好的方面,有 35.45% 的受访者提到了"主动服务意识增强",有 25.07% 的受访企业选择了"建立重点企业联络点、服务站等制度",有 24.21% 的企业选择了"企业反映问题能够快速、切实解决好"。①这三项内容实际上都能不同程度地体现出政府服务型行政理念的转变。虽然这些方面的比例还不算很高,但是由于这一问题是专门列举政府做得好的方面,因而,这些内容能够被受访者提到,就说明已经有一部分企业明确感受到了这种"好"的转变。

当然,企业这种营商感受的转变,不仅在于营商环境便利化或"放管服"等专门性、针对性行政改革的成效,而且也离不开整体政治风气、治理水平的提升。例如,在访谈中,受访者就专门提到,随着近几年反腐败斗争的深入,明显感受到了政商关系、营商环境的改善,事情也比以前好办了:

> 这几年反腐败斗争的效果还是很明显的,"吃拿卡要"的情况明显好多了,基本上没有了。少了这种互相要好处、给好处的环节,办事效率自然就上去了嘛……他们现在也怕,毕竟抓得紧,主动给都不敢要。(STA190824A1)

综上可以看出,我国的营商环境市场化(便利化)改革已经取得了一定的成效,并且让企业感受到了相应的变化,而这种便利化改革也提升了企业对整体行政风气、行政能力的感受度;同时,依托于整体治理理念、政治风气的行政观念、行政风气,也会反过来

---

① 参见 2018 年 P 区法治化营商环境评估报告。

进一步促进营商环境市场化改革与企业营商感受度的提升。

（二）中小企业营商环境法治化的不足与难点

上文总结介绍了企业营商环境市场化改革所取得的成效，本部分将根据调研材料对企业营商环境法治化建设作一个整体性的分析。营商环境法治化建设中仍然存在的不足与难点就是本书经验现象的发现来源。在此先作一个概括性介绍，也有助于在现实实践中对本书所要研究的问题进行一个经验上的初步定位。

实际上，营商环境市场化（便利化）与法治化并不是完全分离的，在现代法治国家，所有行政制度、治理机制的改革都需要最终落实到法律制度层面，由法律进行确认、保障。上文已经指出，营商环境便利化改革本质在于行政效率提升与行政成本降低，这离不开相关机制、制度的建立与优化，而这些制度的建立与优化既要通过法律程序依法展开，还要通过法律规定稳定实施，否则，就会"朝令夕改"，难以形成稳定的制度预期与长期的改革成效。

总体而言，伴随着我国全面依法治国战略的推进实施，营商环境法治化已经在整体上有所改善，并持续发展。以 S 市 P 区的相关数据为例，有 65.63% 的企业认为近一年来 P 区法治化营商环境有明显改善，23.94% 的企业认为略有改善。这表明，P 区政府在 2018 年优化法治化营商环境方面所作的努力已获得接近 90% 企业主体的认可（如图 1-4 所示）。而从企业性质来说，个体工商户对 P 区的法治化营商环境的改善的感受度最高，达到 93.94%（包括"明显改善"与"略有改善"），民营企业的感受度也比较高，达到了 89.76%。①

但是，在营商环境法治化建设整体向好的情况下，也仍然存在

---

① 参见 2018 年 P 区法治化营商环境评估报告。

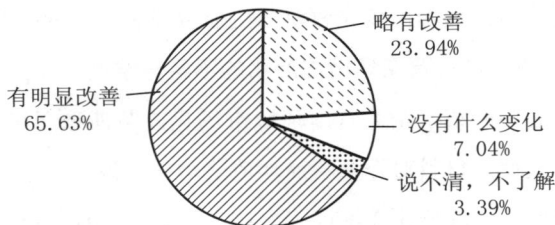

略有改善
23.94%

有明显改善
65.63%

没有什么变化
7.04%

说不清，不了解
3.39%

图 1-4　S 市 P 区 2018 年法治化营商环境的变化趋势(N＝355)

(数据来源:2018 年 P 区法治化营商环境评估报告)

局部的法治化不足与难点。这当然也与我国法治化整体发展水平、发展特征相一致。我国法治体系已经初步建成,营商环境法治化也取得了相应的发展水平,但这也意味着,我国全面推进法治化过程中所面对的难题、"顽疾",也同样制约着营商环境法治化的发展。另外,营商环境法治化在具体推行过程中,还会遇到特有的个别性、典型性法律问题、法律制度问题。因此,在"面"上达到了整体性的营商环境法治化后,这些深层次的营商法治难题、个别性的营商法律问题,才是接下来的营商环境法治化需要真正面对、重点关注的,而这些问题的解决恰恰无法一蹴而就,需要与我国整体性的法治发展一起持久推动。本书根据掌握的经验数据,将这些问题概括为四个方面,接下来将进行简要的梳理介绍。

1.中小企业法律服务供给存在不足

营商环境对于企业经营的支持,其中一个重要表现就是要能够满足企业的法律服务需求,只有得到相应法律资源支持的企业,才能够更好地应对经营中出现的法律问题,也才能够更好地遵循法律制度规定。①而对于中小(微)企业来说,在这方面却面临着比

---

①　在对 S 市 P 区的营商环境调研中,对于"P 区在提升法治化营商环境需加强的方面",排名第二的选择是"建设法律服务平台,丰富法律服务资源"。(2018 年 P 区法治化营商环境评估报告)

较大的需求困境:

> 以 S 市 M 区 Z 园区为例,园区内有 80% 是中小微企业,已培养和孵化 600 余家小微科技型企业,但由于单个企业的法律服务需求量少,且中小微企业的法律服务支付能力弱,因此无法与专业性的律师形成一对一的长期稳定合作,有必要探索创新性的政府法律服务支持模式。(2018 年 M 区营商法治环境评估报告)

而从全国性的统计数据来看,中小企业的法律服务缺乏,是一个普遍性的问题,这在 M 区也得到了深刻体现。[1]

但实际上,根据调研信息可以发现,中小型企业在公司实际运营过程中面临着诸多法律风险:

> 例如,民营企业特别是中小微企业对于税务服务(特别是利用税收优惠政策降低赋税服务)有着迫切的需求,但由于税收相关政策繁多、征收程序复杂、涉税服务专业化要求高、涉税专业化服务成本高昂,而中小微企业内部财务水平低、企业支付能力弱,因而面临专业涉税服务获取上的困境。(2018 年 M 区营商法治环境评估报告)

从上述问题可以看出,法律服务不仅有助于中小(微)企业解

---

[1] 中国大数据和信息中心的统计结果显示:2018 年法律服务方面的缺口巨大,各行各业整体对于法律的需求价值是 1 479 亿人民币,但是现有的律师资源提供服务价值是 742 亿,接近 750 亿的需求无法满足,而且主要集中于中小型企业的诉求无法满足。根据国家统计局提供的信息,2015—2017 年间,中小型企业聘请法律团队服务的不足 5%。M 区需要发挥协同经济效应,进一步带动辖区内各街镇的经济发展,中小型企业的法律需求必须得到更多重视。(2018 年 M 区营商法治环境评估报告)

决经营问题、规避商业风险、提高企业绩效,而且也有助于中小(微)企业更好地履行法律要求、遵守法律规则(关于复杂的税务制度的法律服务就是典型)。

当然,中小企业得不到法律服务有效供给的直接原因在于自身购买力不足,但这也意味着,如果仅仅依靠市场机制来分配法律服务资源是不够充分、不够有效的。在供给不平衡的情况下[1],优秀的法律资源也总是会倾向于满足购买力强的企业;低品质的法律服务,有时可能反而会误导、影响企业法律问题的解决、法律程序的遵守。[2]因此,这就需要政府支持、发展公共法律服务体系,培育高质量法律服务市场,扶助中小企业法律服务需求供应。[3]这既是营商环境法治化的内容之一,也是中小企业遵守法律、进入法律制度体系的必要条件。

2. 市场法律纠纷解决面临不足与难点

在企业影响过程中,难免会产生不同类型的经济纠纷,而法律制度的主要功能就是纠纷解决。好的法律纠纷解决制度能够有效地处理交易双方的争议、维护市场公平、促进合约执行、降低营商成本、提升经济效率。因此,企业对法律纠纷的有效解决有着很强的需求,而这也是营商环境法治化的重要内容之一。

总体来说,随着我国法律体系的不断完善、司法制度的不断改

---

[1] 以作为 S 市近郊的 M 区为例,2018 年 M 区律师事务所共有 66 家,相较 2017 年没有增长,专职律师共 754 人,相较 2017 年仅增长了 47 人,但是办理的各类案件则由 2017 年的 10 440 件,增长为 2018 年的 16 985 件,需求量增幅明显大于供给量。(参见 2018 年 M 区营商法治环境评估报告)

[2] 参见 SMF181214I1、SMF181214K1。

[3] 而根据 P 区的调研数据,当前的公共法律服务效用还存在不足,受访企业对区内的公共法律资源的实际运作存在一些意见,认为"未能及时、准确解答"公众的咨询。并且,法律服务资源供给不足,分配不均匀,"相关服务人员构成、法律知识储备等距离企业主体的需求尚有差距"。(参见 2018 年 P 区法治化营商环境评估报告)

革,法律纠纷的解决已经有了明显的改善,但是,相比企业的高要
求,还是存在差距,以 S 市 P 区为例:

> 问及企业对 P 区提升法治化营商环境中最需提升的方面
> 的看法,数据分析结果显示,"民商事纠纷的处理效率"提及率
> 为 35.94%,表明尽管 P 区政法部门在加快案件办理方面已经
> 做了较多工作,但距离公众的期望值仍有差距。不同性质的
> 受访企业对于法治化营商环境需要提升方面的看法也有所不
> 同。(2018 年 P 区法治化营商环境评估报告)

可以看出,企业对于市场法律纠纷解决的需求,不仅看重公平
性,而且还期望效率性。甚至有时,高效率、低成本的纠纷解决要
更加优先于案件结果本身的公正性。实际上,法律纠纷不一定要
通过法律诉讼途径解决,其他多元化的纠纷解决制度也是市场需
要的。因此,诉讼程序与非诉程序一起形成的多元化纠纷解决制
度体系,是良好的营商环境所必须的。在调研中,企业也反映了这
方面的需求,①政府也指出正在积极推动相关制度的建设与实施,
但是,这既需要相配套的制度调整与机制建设,也更需要相应的财
政支出与人才支持,可谓困难重重。②

因此,营商环境中所面临的市场法律纠纷解决问题,既有一般
性的不足之处,还有个别性的深层次困境。这种困境既有上文提
到的制度发展问题,也有个别"难办的"纠纷案件类型。例如,有地
方政府就特别强调了市场中的"涉众型纠纷"案件。调研中发现,
M 区辖区内发生了多起涉众型企业资不抵债案件,包括典型的享

---

① 参见 SMZ181224A1。
② 参见 SMF181214A2。

骑不按约退还押金、寓见公寓资金链断裂不履约等:

> 2018 年,市消保委共计受理 37 653 件"享骑电动车服务
> 公司"的投诉,占全年受理投诉总量的 18.2%,同比增长
> 8.4 倍。
>
> 2018 年,市消保委共计受理 891 件消费者关于寓见公寓
> 的投诉……
>
> 这类案件单个涉案金额不大但总量多,法律问题不复杂
> 但处理程序琐碎、涉及消费者人数多,社会影响大,容易引起
> 集体维权事件,诱发社会不稳定因素。(2018 年 M 区营商法
> 治环境评估报告)

客观来说,这类案件的法律定性还是比较清晰、明确的,但对
其处置的难题并不在于实体认定上,而是在于法律处理的过程需
要漫长的法律程序,对消费者的偿付需要等到程序结束之后,此时
企业的资产已经流失殆尽,不具有偿付能力;或成为僵尸企业,不
具有变现能力。如此,众多普通债权人(消费者)的利益根本得不
到保障,很可能会影响当地的法律信用与秩序稳定,从而破坏整体
性的营商环境。

3. 经济发展过程中相关法律难题不断出现

在市场经济不断发展过程中,一些类型的法律案件可能会集
中出现,并成为法律规制、法治化治理的重点与难点问题。它们可
能是一些对当前经济发展影响重大、意义重大的类型案例,也可能
是在相关法律规制或市场治理中比较"棘手"的类型案例。实际
上,前面提到的"涉众型纠纷"就属于后一种案例类型。总的来说,
这些法律上的难题深刻影响着当地的营商法治环境,对这些问题

的有效解决,就是对营商法治环境的优化;反过来说,这些当下还没有解决的法律难题,对企业也意味着一种营商困境。在对S市、B市的调研中,受访的政府官员、企业也都反映了很多不同的法律类案问题,这里只作简单的举例介绍。

随着我国经济发展和转型,高新技术产业、知识密集型经济也经历着高速的增长。如图1-5所示,S市M区近几年来专利授权量在不断攀升,这在某种程度上反映出了其知识经济、高新技术经济的发展趋势。

图1-5　M区近年来专利授权量变化

(数据来源:2018年M区营商法治环境评估报告)

与此同时,这也意味着知识产权保护对于高新技术转型发展的重要意义,甚至可以说是相关产业能够持续发展的关键。对此,各地方政府也越来越重视,以S市P区为例:

2018年,根据市工商局部署,着力建设商标品牌工作指导站,确定在P区某软件园建立"P区商标品牌服务站"。……指导企业建立健全商标管理制度,为企业商标运用和管理提供指导建议和咨询服务。

通过加强与辖区内重点企业、招商服务点、经济园区等各方的合作，采取走访、会议、座谈等多种方式，多方位收集整理区内企业商标在外省被侵权情况，及时整理汇总，了解、报送区内企业在外省市商标权益被侵犯情况，切实维护了 P 区企业合法权益。（2018 年 P 区法治化营商环境评估报告）

但是，当前的知识产权保护制度与知识经济的发展需求仍然是不匹配的，知识产权保护的力度、效果与受访企业所反映的期待之间仍存在较大的差距。①

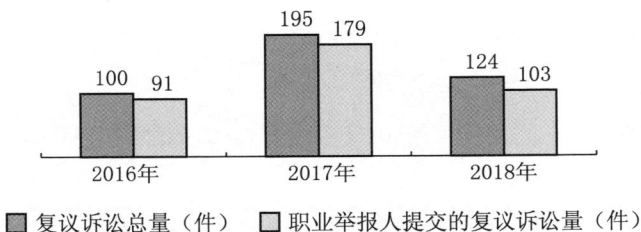

图 1-6 M 区市场监管局收到的投诉举报案件数

（数据来源：2018 年 M 区营商法治环境评估报告）

图 1-7 M 区市场监管局接收的复议诉讼量

（数据来源：2018 年 M 区营商法治环境评估报告）

除了对经济发展影响重大的案件类型，还有一些对于政府执

———————

① 参见 SMF181214J1。

法者来说"棘手难办"的案件类型,例如前面提到的"涉众型经济纠纷"案件,还有在调研中发现的"职业举报人"案件。职业举报人,可以理解为是以举报商家为职业或者主要生活来源的人,这些人并不仅仅为了维权,而是以维权为目的攫取更多的赔偿。他们总是致力于发现企业经营中的一些"小瑕疵",然后以曝光举报为要挟,要求企业支付和解金;而且他们往往具有组织性,根据老乡、朋友关系集合起来,共享信息、交流经验、培训"业务",彼此分享各个企业的经营漏洞。由此,反复纠缠企业,影响企业的正常经营,也浪费法律资源,使相关部门无法集中处理真正的市场监管案件。从图 1-6、1-7 中 S 市 M 区的数据可以看出,大量的案件都是职业举报相关的案件,他们实际上既不能促进企业改正法律问题,也无法有效改善营商法治环境。

对"职业举报人"进行法律规制的难点在于,他们游走于法律的黑色地带:一方面,他们在形式上有相应的法律依据;另一方面,他们的目的以及个别手段却在实质上不具有合理性,也并不能实现法律制度原本的保护消费者、维护市场公平、促进经济发展的目的,相反,可能还具有反作用,破坏营商环境(对此,后文还会具体分析)。

4. 市场法治化治理制度仍需继续完善

营商环境的法治化,同时也意味着国家经济治理的法治化,两者在很多方面都是重合的。而在推动经济不断发展、企业营商环境不断优化的过程中,社会、企业对于市场治理法治化也不断提出越来越高的要求,市场法治化治理制度也需要不断进行完善。

首先,法治化治理制度包括各类具体的法律制度,否则就会产生各类法律问题。例如,上文提到的知识产权问题,就涉及相关知识产权保护制度的建立、完善问题,其中之一便是:长期以来,我国的知识产权管理存在多头管理、各自为政的体制问题,不同的知识产权数据分别由数十个不同的政府部门负责,这使得地方政府在相关营商环境问题的优化过程中面临一定的困境。①

其次,治理法治化还要求政策的制定要科学民主,符合法治精神,对于市场经济的法治化治理而言,就意味着要保障、满足企业多元参与的诉求:

> 对各级党委、政府来说,不断畅通和规范群众诉求表达的渠道是营造法治化营商环境的重要措施。通过与部分企业主体的深度访谈,我们了解到,在实际工作中由于多种原因,企业主体碰到一些事情没法说,一些事情没法办,一些人不想聊,最终导致企业或公众不满意。……应该积极通过线上线下多种方式与企业、公众实现联系:线上与企业键对键,利用两微一端、政务热线等及时回应关切;线下与企业面对面,看实情,听实话,交实心,摸实底,真正了解企业在工作、经营中遇到的问题和困难,将企业反映的热点难点问题,当成今后工作的重点,更好地维护企业的合法权益。(2018 年 P 区法治化营商环境评估报告)

---

① 在各个部门多头分散管理的体制和模式下,每个部门的数据管理的来源渠道各异,再加之各部门的直接利益、数据的选择标准或者管理成本等因素的影响,致使各部门间没有分享相关数据的积极性和动力,这就必然使得各部门间的数据资源严重分割,无法有效实现相关资源的有效整合,也就使得各个部门在实际工作中面临许多冲突。……制约了对知识产权的有效管理,大大降低了行政管理效能;制约了公共服务水平的质量提升,增加了企业的创新成本;不能有力打击知识产权领域的侵权行为,影响了创新者的积极性。(2018 年 M 区营商法治环境评估报告)

最后，市场治理法治化也离不开国家政体治理方式的法治化。因为，国家其他方面的治理事项也可能会涉及一些经济相关的内容，所以，国家整体的治理法治化也有利于促进市场经济法治化治理，进而促进营商环境建设法治化。例如，在笔者调研过程中，我国正开展"扫黑除恶"专项运动。这项关于社会治安、秩序安全的治理运动，也同样进一步保障了法治营商环境的建设。①

对于这一专项斗争的效果，P区的企业也给出了比较高的评价。②但在笔者的访谈中，也有企业担心，专项运动的效果是否可以持续，是否能够通过相应的常规治理制度发挥持续性的治理效果。③这种专项治理、运动式治理的方式在经济治理过程中可能会出现"一刀切"的现象，正常经营的企业有时反而会受损。④由此可见，企业家不仅希望治理效果良好，同时也期望治理方式符合法治框架与法治精神，从而能够对整体性的法治化营商环境有所预期。

综合以上内容，笔者从中小企业法律服务环境、法律纠纷解决、典型法律问题、整体性法治化治理四个方面，列举式、概括性地介绍了当前营商环境法治化建设的发展现状以及存在的问题。这既是本书问题发现的来源，也是问题研究的基础。

---

　　① 扫黑除恶的重点打击工作中，有多项与经济活动密切相关，如"在商贸集市、批发市场、车站码头、旅游景区等场所欺行霸市、强买强卖、收保护费的市霸、行霸等黑恶势力""非法高利放贷、暴力讨债的黑恶势力""插手民间纠纷，充当'地下执法队'的黑恶势力"等。这些方面是影响法治化营商环境的不利因素，也是不同性质企业最为关注的内容（参见2018年P区法治化营商环境评估报告）。

　　② 有87.3%受访者表示"P区扫黑除恶专项斗争的效果好"（参见2018年P区法治化营商环境评估报告）。

　　③ 参见SPG190911L1。

　　④ 参见STA190824A1、STD190825A1、STP190825A2。

三、"守法吃亏":从营商主体
感受到营商法治问题关切

从下图 1-8 可以看出,守法行为的构成性要素及其相互间的关系。守法主体的类型包括个体及各类组织,而本书关注的是作为企业组织的中小企业。从主体出发,包含守法主体的主观状态与守法主体的客观行为两个要素。守法的行为结果是由守法行为直接产生的,而守法主观状态则通过影响守法行为间接地影响守法行为结果。作为一种社会性行为,社会主体的守法行为结果还会"外溢"产生一定的社会效果,社会中普遍性的守法行为所产生的社会效果"汇聚"在一起,就形成了一种整体的守法状态,并且成为了守法环境条件的一部分。而守法环境条件作为这整个过程的外在因素,在整体上也不同程度地影响着守法主体及其主观状态、客观行为及行为结果。

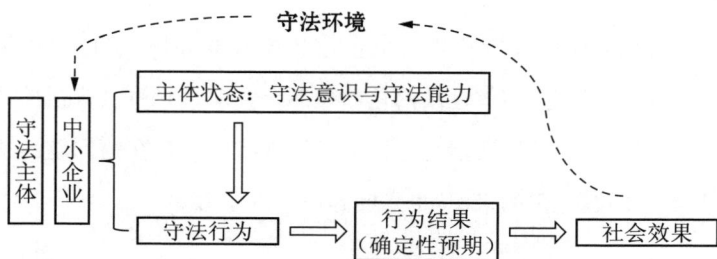

图 1-8　守法的构成性要素及其关系

对法律的遵守,最为直接的行为后果就是产生该法律规范所规定的法律效果,即法律实效与应然效力相一致。但在具体实践中,并不是所有的守法行为都会取得相应的法定效果,此时,守法的后果并不符合守法主体的预期。主体在实施守法行为时,会对相应的行为结果抱有预期,这种预期的首要依据就是普遍适用的法律规范与法律制度,而当守法结果的发生并不确定时,主体的行为就会陷入某种程度的困境。作为最具工具性与计算性的社会行动,企业营商行为的守法预期是至关重要的,"守法吃亏"则会导致其经济行动的不确定性困境。

从整体上看,中小企业是守法的一种主体类型,"守法吃亏"的错误感受所反映出的营商困境是作为守法者的中小企业在展开守法行为时,所遭遇的一种守法状态。就国内来说,周显志等学者比较早地关注到了我国中小企业的守法现状,指出了相关法律制度的不完善以及企业自身的不合规、不合法行为。①也有学者指出,我国可以移植美国的相关制度做法,降低中小企业守法成本过高的问题。②还有学者对企业环境守法问题予以关注,指出"企业的违法成本低是导致企业选择环境违法的主要原因",③企业环境守法要建立相应的"守法激励机制"。④这些研究主要是从规范分析或制度完善的角度对企业守法问题提出的探讨,虽然也指出了一些相关的影响因素(如法律制度、守法成本、激励制度、违法成本等),但是不够系统、全面,缺乏一种系统的理论解释框架;当然,其中法经济学视角的研究是一个例外,但是,秉承经济学经典立场的法经济学范式,只重视单一的利益分析视角,而忽视了企业所处的社会结构环境的多元、复杂因素。

---

① 参见周显志、邹俊:《我国中小企业守法现状与对策研究》,载《华南师范大学学报(社会科学版)》2003年第2期。

② 参见陈恩才:《美国降低小企业守法成本的措施及对我国的启示——基于制度移植的分析》,载《江苏商论》2008年第10期。

③ 齐晔、董红卫:《守法的困境:企业为什么选择环境违法?》,载《清华法治论衡》2010年第1期。

④ 丁启明、赵静:《论企业环境守法激励机制的建构》,载《学术交流》2011年第3期。

■ 守法吃亏？

　　传统法理学中对于"守法"的不同关注点（守法的主体原因或动机、影响守法的因素或条件等）都可以看作是一个完整守法行动的分析性要素，同时也是其构成性要素；它们分别都会在不同情况下、不同程度地影响守法行为的发生与守法状态的实现。其中，法律规定、法律制度本身就是影响守法的重要外在条件。这其实也说明，影响守法的因素是多样的，只不过对于传统法学而言，法律规范与法律制度是最重要的一种因素；传统法学的规范分析视角，更多是站在既有的法律系统之内分析法律与法律制度存在的问题①，是以对法律系统的整体现状及其合法性的承认为前提，而作为主体的守法者自身是缺位的。因此，如果涉及具体的某类守法主体，如中小企业的守法问题，就应当寻找一个能够囊括法律规范、法律制度在内的多维度视角，从而能够发现在法律文本之外，是哪些因素影响了中小企业"守法吃亏"现象的发生？显然，法律只是其中一种环境因素。

　　"守法不只是一个法律事实、一种结果，它也是一种社会行动的逻辑"②，我们需要转向社会学，借鉴、反思其中更有力的研究成果、理论工具与解释框架，从而将法律作为企业的一种环境要素，研究二者之间的关系，这是本书在研究中小企业"守法吃亏"案例

---

　　① 例如，对《中小企业促进法》等法律规范的分析及其探讨、完善。（参见沈木珠：《国际金融危机下我国产业法的作用、问题与完善——以中小企业促进法为例》，载《法学论坛》2010 年第 2 期；冯玉军、方鹏：《〈劳动合同法〉的不足与完善——〈劳动合同法〉在中小企业适用的法经济学分析》，载《法学杂志》2012 年第 2 期；沈伟：《法律可以促进中小企业发展吗？——基于〈上海市促进中小企业发展条例〉立法后评估的实证分析》，载《政法论丛》2018 年第 2 期。）还有对我国一些中小民营企业相关法律制度的分析与反思。（参见袁碧华：《有限责任的扩张与限制——以有限责任向中小企业的扩张为视角》，载《现代法学》2009 年第 1 期；钱丹宁、徐卫东：《论我国中小企业的营业权制度》，载《当代法学》2014 年第 4 期。）

　　② 李娜：《守法社会的建设：内涵、机理与路径探讨》，载《法学家》2018 年第 5 期。

时需要坚持的有益路径。

实际上,从研究视角的交叉性来说,本书从守法视角切入对企业营商、营商环境问题进行探讨,使得"法律"这一要素得到了不一样的理论关注。法学的一般原则指出,法律具有普遍性,要同等情况同等适用,大家遵守同样的法律就应当得到同样的法律效果,但"守法吃亏"却与这种应然原理发生了冲突。此外,一方面,法学、经济学的传统立场,往往假设国家的决策可以自动转化为法律,并且这一法律能够被自动遵守,从而将法律当作是一个固有的、客观的外在条件,这其实是不符合事实的,因为这里面不存在一对一的因果关系;另一方面,社会学相对而言更重视行动者对法律的反应,而不是法律的内容规定本身。[①]所以,本书通过对中小企业案例的分析,可以更为具体地探讨相关法律内容是怎样影响这一现象发生的? 如何更好地理解营商环境中的法律制度以及营商环境法治化问题?

---

① 参见[瑞典]理查德·斯威德伯格:《经济社会学原理》,周长城等译,中国人民大学出版社 2005 年版,第 140—142 页。

案例分析

第二章

"泡病假"与"辞退难":
劳动者的法律博弈

在中小企业主所反馈的案例中,存在一种所谓的劳动者发挥"聪明才智",钻相关劳动法律"空子"的情形,即"泡病假"与"辞退难"。中小企业主认为,自己被法律负担了过重的法律义务与责任,也承担了过多的守法成本,受到了过于严格的法律监管;相反,劳动者则被赋予了过大的法律权益、得到了过多的法律支持。两者之间存在比较严重的失衡,由此让中小企业主感到遵守法律时"吃亏"了。当然,法律并不总是尽善尽美,难免会有一些立法者所意料不到的情况,导致法律不能考虑到所有的现实情形,从而出现法律上的漏洞①;即使法律在文义上不存在漏洞,对各种情形都有全面的考量和规定,但是在具体实施中,总还是有人能够利用法律,在法律实践中"发现""制造"漏洞,各种法律都或多或少出现过存在漏洞而被个别人积极利用或者消极规避的情况。但是,在本章所讨论的案例中,真的是劳动法的相关法律规定存在

---

① 参见[德]卡尔·拉伦茨:《法学方法论》,陈爱娥译,商务印书馆 2003 年版,第 251—256 页。

问题,使得中小企业因为这些法律规定而成为守法上的受损者吗?

实际上,站在劳动者的角度来说,同样也可以认为"泡病假"与"辞退难"是他们对劳动法规弱者保护条款的合理利用,完全是合法的。另外,也许个别"泡病假"与"辞退难"案例中确实存在劳动者不合理、不道德的利用法律的行为,但也不能因此就认为相关的普遍性法律规定存在问题。客观来说,我们无法仅凭中小企业的"一面之词"对具体个案作出评判。正如我们一开始就强调的,本书研究的重点并不在于基于规范性视角评判个案的公正,而是要探究中小企业这种"守法吃亏"的主观感受究竟从何而来? 这种感受的形成是否能够挖掘出一些个案之外的制度性原因?

一、"泡病假"与"辞退难"

(一)"泡病假"

休息权被认为是劳动者的基本权利之一。①我国《宪法》第四十三条明确规定了劳动者对休息权的享有,我国《劳动法》第三条也对劳动者的这一权利进行申明。本质上,"劳动者休息权是通过确立劳动者的平等地位和对劳动者的倾斜性保护来体现其公平价值取向"。②对于劳动者休息权的规定和保障有其必要性与正当性。其中依法、合理主张病假是劳动者基于休息权所享受的权能内容之一,只要劳动者确实具有因患病而需要停工治疗休养的事实,那么其因病休假的权益就应当受到保护。另外,病假与事假不

---

① 参见李磊:《劳动者权利的基本范畴研究——以法律解释学为视角》,载《政治与法律》2008年第4期。
② 蓝寿荣:《休息何以成为权利——劳动者休息权的属性与价值探讨》,载《法学评论》2014年第4期。

同,病假关系到劳动者的生命健康安全,作为公民,因病主张休假
也是保证自身健康的权利。对于劳动者的病休权保护,我国专门
规定了相应的医疗期制度,其主要内容见表 2-1 所总结。可以看
出,作为相对弱势的一方,劳动者的相关权益得到了比较全面的
保障。

但是,这一制度也存在着"合理利用"的空间。如表 2-1 所示,
医疗期的计算是以一个时间段内的连续累积天数计算的。因此,
对于一个劳动者来说,在一个时间段内,原则上就拥有相应的累积
计算的病休假期,只要在这个时间段内请病假的累积天数没有超
过法定要求,那都是劳动者应当享有的范围。但是,如果有员工编
造虚假的生病事实,并想办法开具病例证明材料,或者"小病大
养",由此充分利用自己的"病假",那么原则上就可以在一个时间
段内上更少的班,而休更多的假。这种假生病、骗休病假的行为,
在实践中被称作"泡病假"。

表 2-1　我国医疗期制度的主要内容

制度内容	涉及条文	条文内容
定义	《企业职工患病或非因工负伤医疗期规定》第二条	医疗期是指企业职工因患病或非因工负伤停止工作治病休息不得解除劳动合同的时限。
医疗期时限	《企业职工患病或非因工负伤医疗期规定》第三条	(1) 实际工作年限十年以下的,在本单位工作年限五年以下的为三个月;五年以上的为六个月。 (2) 实际工作年限十年以上的,在本单位工作年限五年以下的为六个月;五年以上十年以下的为九个月;十年以上十五年以下的为十二个月;十五年以上二十年以下的为十八个月;二十年以上的为二十四个月。
	《劳动部关于贯彻〈企业职工患病或非因工负伤医疗期规定〉的通知》第一条	对某些患特殊疾病(如癌症、精神病、瘫痪等)的职工,在二十四个月内尚不能痊愈的,经企业和劳动主管部门批准,可以适当延长医疗期。

（续表）

制度内容	涉及条文	条文内容
医疗期计算	《企业职工患病或非因工负伤医疗期规定》第四条	医疗期三个月的按六个月内累计病休时间计算；六个月的按十二个月内累计病休时间计算；九个月的按十五个月内累计病休时间计算；十二个月的按十八个月内累计病休时间计算；十八个月的按二十四个月内累计病休时间计算；二十四个月的按三十个月内累计病休时间计算。
	《劳动部关于贯彻〈企业职工患病或非因工负伤医疗期规定〉的通知》第二条	（1）医疗期计算应从病休第一天开始，累计计算。如：应享受三个月医疗期的职工，如果从1995年3月5日起第一次病休，那么，该职工的医疗期应在3月5日至9月5日之间确定，在此期间累计病休三个月即视为医疗期满。其他依此类推。 （2）病休期间，公休、假日和法定节日包括在内。
医疗期间工资支付	《劳动部关于贯彻执行〈中华人民共和国劳动法〉若干问题的意见》第五十九条	职工患病或非因工负伤治疗期间，在规定的医疗期内由企业按有关规定支付其病假工资或疾病救济费，病假工资或疾病救济费可以低于当地最低工资标准支付，但不能低于最低工资标准的80%。
	各省相关"企业工资支付规定"	
医疗期满雇佣关系	《劳动合同法》第四十条	劳动者患病或者非因工负伤，在规定的医疗期满后不能从事原工作，也不能从事由用人单位另行安排的工作的，用人单位提前三十日以书面形式通知劳动者本人或者额外支付劳动者一个月工资后，可以解除劳动合同。

对于病假真实性的认定，司法实践中往往是以有资质医院出具的病例、诊断证明等材料为依据。这种证明依据在实践中使用时的效力具有唯一性和不附条件性，不需要满足其他的程序性条件。例如，在"天津大田供应链管理有限公司与李某劳动争议案"中，大田公司认为，李某只是通过手机、微信向主管领导告知病休，

而未按照公司规章制度规定的审批流程办理请假手续,因此其行为实际属于旷工,并据此提出解除双方的劳动关系。法院审理后认为,根据被告提交的诊断证明,医院建议被告休息 3 天,可以证明其确有因病需要休假的事实,并且也履行了向公司告知的义务,公司关于病假的规章制度并不能作为抗辩的理由,因而判决驳回公司的诉讼请求。①相反,如果员工无法提供有效的证明材料原件,无论何种理由,都无法得到支持。例如,"戴某与上海云之富金融信息服务有限公司劳动合同纠纷案"中,公司规章制度中要求员工请病假必须提供相关证明材料的原件,原告戴某在第一次请病假时提供了病例证明等原件,对此,法院予以支持;但第一次病假期满后,戴某仍然没有上班,并只是向单位提供了相关病例的照片,无法提供原件,对此,法院没有支持。②

同时,法院对于相关的病情证明依据只进行形式性审查,而不作实质性审查,即只看病例等证明材料本身的资质与判断,而不论其病情是否真实或是否确实需要相应的假期。相反,如果公司只是从自身角度主张员工是"泡病假",往往无法与医院证明的权威性、有效性相比较。例如,在"上海迅由国际物流有限公司与赵某琳劳动合同纠纷案"中,原告公司提供公司摄像头录像证明被告赵某琳领取报销款时,在公司内行动自如,蹲、走、坐一切正常,并提供同事证明其在半年请假期间,多次发布外出游玩的微信朋友圈,对此,法院都没有予以支持,而只以相关医院病情证明

---

① 参见天津市第一中级人民法院(2016)津 01 民终 5085 号判决书。
② 参见上海市第一中级人民法院(2017)沪 01 民终 14764 号判决书。值得一提的是,原告主张,虽然无法提供证明原件,但是可以依据照片、复印件信息向有关医院核实;对此,法院并没有予以支持。一方面,这是基于"谁主张谁举证"的诉讼原则,另一方面也可以看出相关病情证明材料的证明效力。

材料为准。①在"上海好德便利有限公司与杨某华劳动合同纠纷
案"中,医生开具的病假证明单上均标明"此证明仅供用人单位参
考"的字样,公司据此认为医院对杨某华是否因病需要休息的权利
交由公司自行决定,公司有予以批准或不批准的权利。但一审和
二审审判中,法官都对此予以了反驳:

> 通常,用人单位对病假申请进行审核是以医疗机构开具
> 的病情证明单为参考依据,而医疗机构对外开具的病情证明
> 单系基于对病人实际病情的诊断而作出的专业性建议。因
> 此,除非有证据证明病情诊断及病假单等是虚假的,一般都应
> 认为是合理的休息建议。……杨某华因病治疗并由医院出具
> 证明,虽该病休证明上注明"仅供用人单位参考",但好德公司
> 在无证据能证实杨某华存在无病装病骗取病休单据的情况
> 下,拒绝杨某华行使病假的休息权利,损害了杨某华的合法
> 权益。②

可见,有资质医院的病例证明材料就成为实践中认定病假的
决定性甚至排他性依据。这种真实性标准的设定是建立在医院的

---

① 参见上海市虹口区人民法院(2017)沪0109民初29403号判决书,上海市
第二中级人民法院(2018)沪02民终2373号判决书。实际上,关于员工请病假结
果公司通过朋友圈发现其在游玩或有同事在外恰好遇到其在游玩的案例有很多,
例如在"张某某与某机械公司劳动合同纠纷案"中,法院就指出"张某某在患病期间
已通过快递方式向某机械公司递交了病假申请单及医院为张某某开具的病情证明
单,履行了请假手续,且亦无法律规定劳动者在病假期间外出旅游属违法,故上诉
人某机械公司称张某某系恶意'泡病假',其对张某某作出的除名决定系依法处罚,
依据不足,本院不予采信。"[上海市第一中级人民法院(2010)沪一中民三(民)终字
第3066号判决书]
② 上海市第二中级人民法院(2017)沪02民终11135号判决书。

专业性判断之上的,同时也是出于司法效率的考虑:也许会有医生发错、作假的情况,但是如果在案件中对此进行质疑从而设置更高的证明标准,就会大大增加诉讼成本,降低司法效率。

虽然对作为弱势一方的劳动者的严格保护有其价值正当性,审判时对证据的认定标准也有其程序合理性,但是,这种法律上的规定与实践规范在客观上确实提供了相应的可以被利用的"空间":即使员工没有生病,或生病本不需要长期的休养,但只要员工能够想办法获得正规的病情证明,那么就可以"合理、合法地"主张假期。在调研中,确实遇到企业反映此类问题。例如,一位企业的人事负责人反映自己在上一家企业遇到的一个案例:

> 一名男员工,年纪轻轻,看着生龙活虎,但是入职没干多久,就开始以关节损伤、高血压、咽炎、扁桃体炎、胃炎、腹部不适、眩晕、坐骨神经痛、腰椎间盘突出、荨麻疹等各种病为由休病假,去医院看,又会有相应的就诊记录,但是看他的病例,除了腰的问题,别的都是很小的病,药都没怎么开。但是,没办法,后来我们跟他解除合同打官司,法官还是只认证据,支持他。(SMZ181224B1)

实践中,对女职工"三期"假期的特别保障有时也会被一些"泡病假"的员工所利用。"三期"指女职工的孕期、产期和哺乳期,这是国家保障女性生育权和生育后的职业发展而明确要求公司予以保证的。由于体质的不同,一些女性在"三期"前后仍然会有身体健康上的问题,因此还需要休病假进行调养。但是,调研中就有公司领导反映自己过去的一个员工,在孕假、产假、哺乳假休完后,通过关系在医院开了病例和证明,连着请病假,"一进单位就请假,生完孩子也不来上班,看朋友圈到处吃喝玩乐,街上碰到人也好好的。最后休完假了回来直接说她要辞职,家里不让上班了,还要公司支付相关费用。我这公司员工总共就十多个人,结果白养一个员工一年多"。(SMZ181224C1)①

"但是,她这样不来上班,工资也可以按照最低标准发,自己收入也没有保障啊?"对于调研时笔者提出的这个疑问,在场的各公司代表不约而同地为我进行解答:"这种人根本不在乎工资,家里条件可以,找个单位就是想让单位交社保,看上的就是社保。"(SMZ181224C1)这个回答很好地解释出这种情形中"泡病假"者的行动动机。

国家之所以对劳动者进行这种特别的保护,原因之一是因为相比于企业,员工更处于弱势,即使存在利用法律而让对方受损的情况,让企业承受也比让员工承受要相对合理。但是,正如我们调研中发现的,这种一般性原理在中小企业特别是小微企业身上就会出现某种程度的不公平。一个只有十多人的初创型小微企业,相比于家庭并没有生活压力的个人而言,很难说哪一方的承受能力更强。对于小规模企业来说,最大的负担主要还是在于额外的用工成本:

> 正常来说,其实公司不用承担女职工产假的工资成本,产假的工资是社保给她支付的,医保的补贴就差不多够她的

---

① 这种情况在司法实践中也可以找到相似案例,在"庞某与上海耀璞信息技术有限公司劳动合同纠纷案"中,公司一方就举证称,原告庞某"前去医院检查之前就宣称自己要搞病假单,病假期间在微信朋友圈发布出游的视频、照片,说明不存在不适合工作之情形。被告要求其提供相应病史资料,原告拒不提供。"最后,因为没有相应病史资料,法院认可并支持了公司方的主张[上海市杨浦区人民法院(2017)沪0110民初22147号判决书]。

工资了。①此外请假的话，公司也可以视情况给她一个最低的工资。但更棘手的问题是，这期间公司到底招不招人，工作的连续性问题，比如说是公司的老员工，有什么事公司还得问她。公司找一个新人，可能不懂（还得培训），不招新人吧，过几个月她回来还是不回来，你也不确定。有的人可能生完小孩，家里人说，你别去上班了。如果还要生二胎，那回来没多久可能又要请假了……（如果请假病假）你还没法辞她，她要真能够开出病假条，说我就是不舒服……所以说，看良心，这也导致很多女生特别不好找工作。（BHZ190822A1）

（二）"辞退难"

除了"泡病假"问题，调研中很多企业还都反映到"辞退难"的问题。为了保护相对弱势一方的劳动者的权益，限制相对强势一方的用人单位的合同自由，平衡实现社会公共利益②，我国《劳动合同法》规定了"强制缔约"义务与"解雇保护"义务：前者是指，只要劳动者没有违反企业规章的重大过失或无法胜任工作的伤病，并且劳动者满足已在用人单位连续工作满十年或已连续订立二次固定期限劳动合同等条件，用人单位就应当与其订立无固定期限劳动合同；后者则是明确限定了用人单位可以法定解除劳动合同的情形，除了劳动者主动自愿离职或因重大过失被辞退，其他情形用人单位均需支付相应的经济赔偿。③这样，就很大程度上限制了

---

① 当然，生育保险也需要用人单位预先按法定要求缴纳一定金额。

② 参见沈同仙：《〈劳动合同法〉中劳资利益平衡的再思考——以解雇保护和强制缔约规定为切入点》，载《法学》2017 年第 1 期。

③ 如果用人单位依照法律规定的情形合法解除劳动合同，则需要按照"工作每满一年额外支付一个月工资（超过六个月但不满一年则按照一年计算，不满六个月按照半年计算）"的标准支付补偿金；但是如果是在这些情形之外解除劳动合同，则属于需承担"违反解除或者终止劳动合同的法律责任"，即按照补偿标准的双倍支付赔偿金。

企业用工的自主性。如果一些员工工作能力不达标,但又没有违反公司规定的重大过失,每天消极"混日子"、出工不出力,企业这时要么就是忍受这种工作状态,"购买"不对等的劳动,要么就主动"割肉"、支付经济赔偿将其解雇。无论哪种选择,对于经济实力薄弱、规模比较小的企业来说,都是比较难消化的负担——即使好消化,也是一笔额外支出的用工成本。例如,调研中就有企业指出:

> 有个员工试用期正常干,半年转正后①,就故意不好好干,等着公司辞退她;辞退后专门跟公司打官司,索要赔偿金。法院也往往倾向于调解,促使双方协商解决。还听说她在其他单位也干过,也是打官司;辞退过一次后她就懂了,就开始经常这样干了。……还有公司的保安、保洁等岗位的临时用工,其中一些人本来就是临时出来干活,家里有农忙、有活就不打招呼回去了,这种也不好签合同,但有些人懂了法律,他知道没签合同有赔偿,又会反过来打官司要赔偿。②……有些律师专门指点他们(代理这种案子)。(STA190824A1,STA190824A3)

此外,一些劳动者年纪大了以后,也开始"磨洋工",企业也不好辞退,调研中有企业就指出,这种高龄员工往往存在一种"混社保"的心态——"既不想工作又不想离职,随便的工作岗位、工作薪

---

① 我国《劳动法》和《劳动合同法》规定劳动者试用期最长不超过六个月,而在试用期间,除非存在法律明确列举的劳动者严重违反公司规章或不能胜任工作的情形,否则试用期满即转为正式员工。

② 我国《劳动合同法》第八十二条规定,企业从用工之日起超过一个月不满一年未与劳动者签订书面劳动合同,则应向劳动者每月支付二倍的工资;超过一年后,则默认双方已签订无固定期限合同。

酬都可以接受,主要是想让单位在自己退休前帮自己缴足养老保险。"(STD190825A1)①

可以看出,我国《劳动合同法》对劳动者的倾向性保护,某种程度上造成了企业"辞退难"的状况,客观上让一些劳动者"钻了空子"。在一次调研座谈中,一位企业代表反映说:"企业是强者,员工是弱者;其实应该是反过来。"这一看法一下子就得到现场其他企业代表的附和。接着他以自己遇到的用工问题举例:

> 我碰到过一个员工,他不想做了,就直接跟你说一年补一个月给我,就这样明着说,我们也只能这样了,跟他讨价还价。最近碰到的一个,他工作了十几年了,算过了得有十多万。他打电话给我说他不想干了,把补偿金给我吧;我就问他,到底是你自己想走,还是人事部让你走,他支支吾吾答不上来。(SSH190420G1)

由此可以看出,劳动法对劳动者的倾向性保护本身虽然具有法律上的正当性与合理性,但这种倾斜性保护在客观上确实会"激励"个别不诚信者、"别有用心"者利用该制度获取法外利益。当然,这些个例也许已经被立法者考虑到,并且对此的选择就是将可能的损失和风险分配给企业来承担。因而,严格依照既有法规来看,个别劳动者的这种利用法律行为虽然不道德,但完全合法,也可以说是一种合理利用。不过,正如我们分析的,一些中小企业尤其是小微企业却感受到了一种不公平感,认为自己"守法吃亏"。因为他们认为,这种法律政策考量没有考虑到不同规模的企业的

---

① 我国《社会保险法》第十六条规定,个人达到法定退休年龄时累计缴费满十五年的,退休后按月领取基本养老金;否则需要缴费满十五年。

不同负担能力,对于小规模的企业来说,自己不见得比劳动者更强势,利用法律的个别劳动者给自己造成了过重的守法负担。对此,笔者将接着进行制度方面的分析。

二、劳动关系法规的制度影响与中小企业"守法吃亏"感受

从法律的内在视角分析,处在相对弱势地位的劳动者需要被赋予相应的权利并规定配套的制度保障,从严格意义上说,法律本身并不存在漏洞,这正是立法者在一般意义上的考量与设计。因此,对于客观上出现的不诚信者利用法律规定、中小企业受到额外损失的问题,我们需要从一种社会学的外在视角进行观察和解释,需要探寻是哪些法律规范之外的制度性因素导致了这种法律分析上并没有漏洞,现实却存在个别不合理性或部分主体认为不合理的现象的出现。这正是需要把这种企业行为的发生放置在其所"嵌入"的法律制度环境中进行观察和分析。

(一) 中小企业在制度环境中的守法能力

我国劳动关系相关法律默认了劳动者处在弱势地位,需要倾向性保护;在具体的法律实践场域中,这些法律条款能够成为劳动者可以借用的资源。但是,对于一些发展还不成熟的中小企业而言,它们却反而缺乏相应的法律资源,制度环境中的博弈力量对比由此发生了反转。

> 因为现在法律要求是公司要取证(承担举证责任),如果说这个员工不合格你要证明他怎么不合格,不是公司说他不合格你就可以辞退他,你还要对他进行培训、转岗,培训完不合格、转岗完不合格,你才能辞退他。但是,这期间每一个步

骤都要有员工签字的记录（证明）。如果对方转岗的时候就是跟你置气，就是不签，不同意转岗。不签字，法院又不认，那怎么办？除非公司（法务）这方面做得特别好，你有谈话记录、录音，但是没签字的话，（证明效力）还是得打折扣。另外一个就是，公司分配绩效、考勤等制度，需要向所有员工公示才能被法院认可。比如，你迟到几次，公司根据制度扣你工资，你回头把公司告了；这时，如果公司没法提供全员公告的证明、全员同意的证明，法院还是不认。还有绩效不合格的，你要有通知单，通知单还得让人家签字，你说这通知单你写得再含蓄，人家也不想签字。……法律就是要求完全要符合它（规定）的流程，但这个流程并不是那么好做的。（BHZ190822A1）

有时候感觉公司特别弱势，尤其我们这种中小型的企业，因为大的公司有法务部门，也有一定的资源在支撑，它可能通过一些谈话方式或其他资源，就可以把问题在内部解决掉了；也可以把员工震慑住，就说："你去打官司吧，我们也有专业的法务部门应对。"（SSH190420D1）

可以看出，一方面，法律对劳动者倾向性保护，从而给企业施加了更严格、刚性的举证责任等法律义务；另一方面，小规模的企业制度建设还不成熟，很难通过制度实践达到这种法律标准，因而无法让自己处于法律上更有利的位置。当然，这种高要求对企业的制度完善本身也具有促进作用，最初的制度不完善也与企业初创期的法律意识不足有关，在与员工"斗智斗勇"的过程中，企业会逐渐完善自己的规章制度。但制度完善离不开人力、物质资源的支撑，这并不是一蹴而就的；并且，在企业发展过程中，合法性逻辑永远是在生存逻辑之后的。如果在这个过程中，法律的"一刀切"

标准没有对小微企业给予一定的空间,那么它们的行为选择就会在"守法吃亏"与"选择性守法"之间摇摆。在调研中,就有企业直言不讳地指出:"咱们公司相对来说算是民营企业里面很正规的,但也依然没办法完全按照法律的规定(来做)。有些问题员工只要诉诸法律,那企业就只能认吧。"(BMS190823A1)

(二) 政府监管与中小企业的守法成本

面对严格的法律规定,中小企业也不一定在每个制度实施与管理行为中都完全依照法律设定的标准,有时它们也会出现选择性守法的情况,或者说打折扣执行法律的情况(比如说多家公司普遍反映的社保缴纳不达标的问题)。而且,由于自身法律能力不足,它们虽然能够把握住大的原则性问题与法律底线,但有时也搞不清楚公司是不是存在违反法律法规的"小错误"。这时,它们也会害怕因为与劳动者之间的纠纷而"引来"劳动监管部门的纠察:

人家(劳动者)一旦去投诉,因为对于中小企业不可能说公司一点问题都没有,人家(劳动监管部门)一旦查出来,不管是哪个方面,都很麻烦,就是你不会因为这几千块钱去制造更大的麻烦。所以其实纠结的不是(钱)这个点,更多的是怕衍生的问题。对公司可能造成的麻烦会更大,会需要更多的精力去处理它,都没有那么多时间,就必须得一个人专门去接待他们(政府执法监管人员)。(BHZ190822A2)

执法部门也是接到举报、投诉,然后来正常执法,就是按程序正规来,但是企业也得为了配合检查专门安排人员、投入时间,对于人员很少的小微企业来说,这其实也是一种"负担"。(SMZ181224B1)

因此,守法并不简单的是一个被法律决定的行为或以法律为唯一准绳而实施的行为,而是一种综合性考虑,包括法律规定在内的多种社会因素的行为逻辑,它不仅是一个行为,而是一个过程、一个事件。在这个过程中,国家(政府)也不仅仅是法律制度的建构者,同时也是法律制度的实施者与制度内的行动者,国家(政府)的行动及其行动逻辑也会影响到企业的守法选择。一方面,中小企业自身的守法特性使得其更难承受额外的守法成本;另一方面,在劳动守法案例中,本身还存在隐性的守法成本——监管程序本身的过程性成本,一些所谓的利用法律者恰恰就是通过"触发"相关的监管程序,来让中小企业在自己的法外要求与可能面临的额外守法负担之间进行选择,在这种两难困境下,中小企业似乎怎样选择都会面临一定程度的损失,这自然会让它们感觉好像"吃亏"了。

(三)商业信誉的自我维护与中小企业的守法成本

中小企业守法的隐性负担除了监管程序本身的过程性成本,还包括商业信誉维护的压力。商业信誉被认为是企业"非物质形态的特殊财产"。[1]在市场活动中,企业的良好商誉有利于合作双方信任的产生,一些市场资质的获得(如上市、招投标条件等)也依赖于企业良好的商业信誉。因此,对于有着长远发展目标或者已经具备一定规模的企业来说,从一开始就要时刻注重塑造、保护自己的商誉。

市场相对方对于无形的商业信誉的获知,既可以通过具体的关系以及关系结构(社会网络)而得到[2],也可以通过制度安排而了解。我们可以把与企业信誉相关的制度分为功能性制度与表征性制度两类。功能性制度是指专门评价企业商业信誉的制度设

---

[1] 吴汉东:《论商誉权》,载《中国法学》2001年第3期。

[2] 参见[美]马克·格兰诺维特:《镶嵌:社会网与经济行动》,罗家德译,社会科学文献出版社2007年版,第11—13页。

计,例如征信制度、企业认证制度、企业评优制度等;表征性制度则并不是专门评价商誉的制度设计,而是发挥其他功能的制度,其制度实施结果被认为可以同时用来表征企业的商誉表现。对于前者,企业可以积极地根据要求去维护和实现,但后者发生在其他的制度实践中,企业只能被动地根据具体的实践来应对。例如,企业发起或遭遇的诉讼,其目的是为了解决遇到的各类法律纠纷,但在市场惯例中,作为被告的纠纷的败诉甚至过多的法律纠纷本身,都会作为公开性、文字性记录而不同程度的影响企业商誉。因此,对于企业尤其是初创期的中小企业,无论实质性影响有多大,它们都会尽可能地避免"记录在案"的仲裁、诉讼的发生,即使自己做出相关的让步与让利:

> 员工提出过一些劳动仲裁或劳动诉讼,但是我们都尽可能内部解决掉,因为一旦形成记录,对公司的信誉方面有影响。比如说,前段时间有位员工,本来双方约定的试用期是两个月,但绩效考核一直不达标,延长一个月仍然不达标,就没有给他转正。他走的时候要求第三个月按照转正后的标准发百分之百的工资,而不是试用期百分之八十的工资。然后他就去提起了劳动仲裁。其实各方面都有原因吧,我们自己没有形成很好的一个证据链,包括谈话记录、绩效考核不达标的签字。所以,当时就稍微妥协了一点,互相都让了一点,大概到百分之九十的样子。而我们的要求就是对方撤诉,我们自己私下谈。(BHZ190822A2)

除了政治制度实践所提供的商誉表征,市场也有相关的信息服务中介企业,促进企业之间的信息了解与关系联结。而近几年比较新型的企业是利用大数据汇总企业信息的互联网企业,它们利用"爬虫"和算法技术,将网络上公开的全部企业信息汇总起来,提供市场化的查询服务。它们为企业信息查询提供了便利,但同时也给企业商誉维护提供了压力:

> 其实不只是法院的公示记录,现在市场上很多软件比如"天眼查""企查查"等,它们也会搜集企业的信息。一方面,这些系统对大家来说是很方便的,商业咨询调查,一查就知道了;但是另一方面,它们的信息更新又不是很及时很全面,不管新案子、老案子都列举在上面,很多连最后的审判结果都不显示。比如我代理服务的该企业,我一查,有八个劳动纠纷的案子,但是我代理的这些劳动争议都是胜诉的,商业信息查询软件也不显示①;就算都是胜诉的,有的人(合作方)一看,你案子好多呀,劳动纠纷好多啊,就感觉你这个企业制度各方面都不完善。但事实上并不是这回事情。(SMX181227D1)

因此,商誉信息的公开性与可获取性使得企业更加重视维护自己的企业信誉。对于自己可能会被判输或可能对自己产生其他不利后果的法律纠纷案件,无论自己是否"占理",企业都想尽量避免使用正式的法律纠纷解决途径(如诉讼、仲裁等),避免因此留下公开可查的相关信息,即使通过非正式途径的解决会让自己的利

---

① 由于这类信息服务型企业只能检索汇编网络上公开的数据,因而有时提供、展示的企业信息并不全面和完整,从而被相关企业认为是影响了企业的声誉和信誉,引起法律纠纷,例如"浙江蚂蚁小微金融服务集团股份有限公司、重庆市蚂蚁小微小额贷款有限公司等与苏州朗动网络科技有限公司商业诋毁纠纷案"[(2019)浙8601民初1594号]、"北京逸路信息技术有限公司与苏州朗动网络科技有限公司名誉权纠纷民事裁定书"[(2019)京民申5537号]。

益受到本不应当的损失。尤其对于实力相对较弱、处在初创期、上升期的中小企业,更是如此。因为它们本身并没有积累更多其他的专门评价系统的信誉,在没有绝对市场优势的情况下,法律制度的表征性信誉就会成为合作对象的重要参考依据,这种隐性的守法压力让它们有时不得不进行妥协,而这种无奈的妥协自然就成为了它们"吃亏"感受的来源之一。

三、我国劳动立法的政策理念及其制度模式

除了上述直接因素的影响,我们还要基于守法环境的层次性与"嵌套性",进一步探究更潜在层面的制度逻辑与制度文化的影响因素,即相关劳动法律背后所体现出的政策理念与制度模式。它们能够很好地说明我国劳动立法对于劳动者倾斜保护的制度选择与设计,而这正是本章案例所发生的制度背景与结构语境。

(一)我国劳动立法的政策选择与政策理念

改革开放之后,我国的劳动关系逐渐由国家雇佣模式转向非公雇佣模式。计划经济下的国家雇佣模式建立了统包统配的劳动用工制度,企业不能自主招人,人员指标和人员分配由劳动部门下达和决定,企业只是国家与劳动者之间的中介,只是名义上的雇主,国家才是劳动者真正的雇主;同时,企业经营者和工人都是生产资料的共同主人,在政治上具有"主人翁"的身份。但改革开放以后,1982 年,"统包统配"制度开始向劳动合同制度转变,伴随着社会主义市场经济体制的建立发展,传统就业制度向市场制度转变。①在国家雇佣阶段,我国几乎没有劳动与社会保障相关的法律,基本法律框架尚未形成,调整劳动关系的规范多以一些较低层

---

① 参见唐鑛、刘华:《新中国劳动关系 70 年:发展、变革和迭代》,载《求索》2020 年第 3 期。

次的政策和法规为主。①随着市场经济的建立发展、劳动关系向非公雇佣模式的转变，相关法律制度开始逐渐制定，其重要标志就是1994年《劳动法》的诞生。②《劳动法》明确列明了保护劳动者合法权益、维护发展稳定和谐的劳动关系、促进社会经济发展和社会进步三大立法目的。③而随着所有制结构的变化、产业结构的调整、对外开放水平的提升，中国经济快速发展，劳资矛盾日益突出，劳动者权益受到严重侵害的各类社会事件（如拖欠农民工工资、矿难事故、"黑砖窑"等）也频频引发社会关注，这与当时构建社会主义和谐社会的政治理念相违背，在此背景下，2007年《劳动合同法》在全国人民代表大会上高票通过。④虽然在立法过程中出现了诸多争议，但《劳动合同法》最终还是坚持以较高标准对弱势一方的劳动者予以倾向性保护。⑤

---

① 有学者指出，不同于西方"私法公法化"的劳动法（社会法）演进过程，我国劳动法（社会法）是一个"公法私法化"的过程。参见董保华等：《社会法原论》，中国政法大学出版社2001年版，第22—55页。

② 冯彦君等：《社会公正和谐的六十年求索——中国劳动和社会保障法的发展轨迹》，载《社会科学战线》2009年第11期。

③ 参见黎建飞：《劳动法与社会保障法：原理、材料与案例》，北京大学出版社2019年版，第16—18页。

④ 参见林嘉：《〈劳动合同法〉的立法价值、制度创新及影响评价》，载《法学家》2008年第2期。

⑤ 例如，不同学者和立法者对于立法目的应作"单保护"表述（只明确表达为了保护劳动者权益）还是"双保护"表述（明确表达为了保护劳资双方权益）而发生论争。（参见王全兴：《劳动合同立法争论中需要澄清的几个基本问题》，载《法学》2006年第9期；董保华：《论劳动合同法的立法宗旨》，载《现代法学》2007年第6期。）而在原有《劳动法》基础上，通过提高标准实现锦上添花，还是通过调整适用范围实现雪中送炭，也有不同学者、立法者提出了不同的观点。（参见董保华：《锦上添花抑或雪中送炭——析〈中华人民共和国劳动合同法（草案）〉的基本定位》，载《法商研究》2006年第3期。）此外，对于《劳动合同法》对劳动者的严格保护，也有人认为"过于超期""不切实际"，增加了用工成本、僵化企业用工制度，是"善良的恶法"。（参见林嘉：《〈劳动合同法〉的立法价值、制度创新及影响评价》，载《法学家》2008年第2期。）

由此可见,我国劳动关系相关法律相对高标准地保护劳动者,这一立法宗旨与立法精神的形成主要受到以下因素的影响:(1)社会主义国家政治传统与劳动者"主人翁"地位的话语延续;(2)制度变迁形成的路径依赖:国家雇佣、单位制等制度模式所延续的对企业社会责任的强调;(3)经济社会进一步发展的需要,从而从立法政策上予以回应。

(二)我国劳动关系的制度模式

由我国劳动与社会保障相关立法推动形成的这种雇佣关系系统,我们可以在理论上概括为一种"国家主导的管理主义"模式。"雇佣系统"是指那些支配工人和雇主这两个群体之间的关系规则体系。弗雷格斯坦认为,在工业化起源时期,各个行动者就雇佣关系的结构达成了一种政治性共识,这一认识规范着劳动力市场的具体实践,同时还逐渐形成了一套文化惯例,起着形成世界观的作用,用以帮助行动者理解劳动力市场和职业。他将雇佣系统划分为三种理想类型:职业主义、专业主义和管理主义。职业主义强调职业团体、行业工会的重要性,典型特征是一种职业只为特定的行业服务;专业主义以专业为中心,强调同行专家群体的形成,并且该群体往往会利用协会来维持同僚身份;管理主义则反映出对特定工作组织的忠诚,依靠一般性教育为企业筛选员工,进入企业后员工接受终生的特殊岗位培训,强调员工与企业的长久甚至终生关系。[①]对于不同行业劳动雇佣关系,往往会倾向性地体现为不同的模式(例如医生、律师等群体更倾向于一种专业主义),但我国劳动立法更加关注的是一般性的企业中相对基层、相对弱势的普通

---

① 参见[美]尼尔·弗雷格斯坦:《市场的结构——21世纪资本主义社会的经济社会学》,甄志宏译,上海人民出版社2008年版,第97—98页。

劳动者①，其对劳资关系的规定相对而言更倾向于"管理主义"模式，即意图保障企业与员工之间的长久雇佣关系。

另外，雇佣系统是一种政治和社会性的建构，反映了群体间的相互作用以及不同国家和不同时代中类似地位群体的不同经历。②在这个过程中，国家既是外生变量应当被视为该过程的一部分，同时也是进行讨价还价的参与方之一。③对于不同国家雇佣系统模式的形成，劳动者、企业、社会精英、国家在其中会形成不同的联合、对立关系，并且彼此之间也会形成不同的力量对比与力量博弈。在改革开放之后我国的劳动关系模式发生了剧烈的变革，并且随着经济的快速发展而在短时期内形成了新的雇佣关系模式，推动这个过程的并不是劳动者和企业双方的自然博弈，而是国家通过立法的形式进行的建构，是"国家主导"的。因此，我国的劳动关系模式在理想类型的划分上就体现为一种"国家主导的管理主义模式"，它成为了我们上述案例发生的制度背景。

四、小　结

综上分析，在中小企业所反馈的"泡病假""辞退难"等案例中，劳动者的行为是对劳动法相关规定与司法实践的合理利用，我国的劳动法政策理念与制度逻辑明确了对劳动者相对较高的倾斜保护原则。但不可否认的是，在这种合法框架下，确实也存在着个别

---

① 我国《劳动合同法》立法时就表现出一种"去强扶弱"的特征，其中的"去强"，既包括排除对雇主专门保护的"绝对去强"，也包括不把劳动者中强势劳工作为重点保护对象的"相对去强"。（参见董保华、邱婕：《劳动合同法的适用范围应作去强扶弱的调整》，载《中国劳动》2006 年第 9 期。）

② 参见［美］尼尔·弗雷格斯坦：《市场的结构——21 世纪资本主义社会的经济社会学》，甄志宏译，上海人民出版社 2008 年版，第 104 页。

③ 参见［美］尼尔·弗雷格斯坦：《市场的结构——21 世纪资本主义社会的经济社会学》，甄志宏译，上海人民出版社 2008 年版，第 116 页。

劳动者不诚信与不道德的"钻空子"行为。当然，我们不能根据这些个例就否定面向一般性情形的法律规范与制度逻辑，更何况立法本身就存在一个利益分配的过程，显然，我国的劳动法选择了由相对强势的企业承担这种不合理个例的风险。因此，说中小企业是因为守法而"吃亏"是难以成立的：一方面，不能因为个别人的不道德行为而归咎于对一般性规范的遵守；另一方面，这本身也是我国对劳动者倾斜保护的立法理念、制度逻辑选择所决定的，不能否认它们在抽象意义上的合法性与合理性。

但是，某些中小企业在个案中的妥协以及具有普遍性的"吃亏"感受也是客观存在的。具体分析可以发现，在企业这个统一的标签下，不同企业在制度环境中的守法能力是不同的，大部分中小企业因为自身发展阶段和经营规模的限制，使得自己并没有比劳动者强势多少，相对大型企业、国有企业，普遍化的法律规定对于守法能力处在平均线以下的它们而言，就成为一种更高标准。同时，政府监管带来的纠纷解决成本、履行监管程序时的过程性成本，以及司法公开性所附随的商誉表征功能，都为守法能力不足、商誉资源稀缺的中小企业带来了隐性的守法负担与压力，而这些相对于劳动者和大型企业而言都是不存在的。以上这些中观层面的制度性因素并不能因为一般性法律的正当性与合理性而被忽视或否定，后文我们将结合其他案例中的相关、相似因素共同进行分析。

第三章

职业举报人与"被利用"的执法监管

　　法治化市场秩序不仅需要相应的法律规定,也离不开相关行政部门依照这些法律所进行的监督管理。行政部门监管市场、实施法律的行为,总体上可以分为两类:一是对相关具体行政规章的制定颁布与要求落实,从而参与建构市场秩序;二是对违反法规的市场行为进行监督、处罚与纠正,从而恢复市场秩序。相应地,对于中小企业等市场主体来说,守法行为也可以分为两类:一类是对相关法律规章的自觉、主动遵守,即积极守法行为;另一类是在违反法律法规后因为行政部门的监督处罚而及时纠正自己的行为,从而实现对相关法律的被动遵守,即消极守法行为。如果是主体自觉主动地做出符合法律的行为,因其实施的主动性而被认为是积极的守法;如果规范的适用对象在最初并没有自觉地接受规范的约束,而是由于制裁机关通过强制措施或者惩罚强迫其行为符合规范,那该主体就是消极守法或被动守法。可以看出,消极守法不仅在于行为发生的被动性,还在于其被动的原因来自专门的法律实施机关。①

---

　　① 　有学者将这种划分与法律的有效性联系在一起:因为积极守法(转下页)

　　本章中,笔者所调查、关注的是容易被忽视的消极守法类型,即中小企业在监管处罚中选择依法纠正违法行为的被动守法,具体案例则涉及有组织行动的职业举报人对于企业一些轻微违法行为的大规模举报、投诉。这些举报和投诉往往针对的是广告用语的使用不当问题,职业举报人通过迫使企业与自己达成经济和解而从中获利。他们能够得逞的原因就在于,某些行政部门对该类轻微违法行为的处罚措施过于僵化与严厉,这使得很多中小企业在选择"吃亏"和解与选择(被动)守法之间陷入了两难。在这种两难中,中小企业的"守法吃亏"感受源自两个方面:其一,如果选择(被动)守法而接受处罚,自己需要缴纳自认为过重和不合理的罚款,从而感觉自己"吃亏";其二,接受组织化的职业举报人的"勒索",缴纳以和解为名义的"保护费",吃下"暗亏",同时还可能继续面临其他职业举报人的纠缠。接下来,我们同样会首先分析相关法律以及执行监管行为的合法性、合理性问题,判断中小企业所谓"守法吃亏"是否真的是因为守法而吃亏,然后进一步分析这种吃亏实际发生或者"吃亏"感受存在的制度性影响因素。

一、职业举报人、广告监管与中小企业守法的两难困境

(一)《广告法》修订与针对广告绝对化用语的职业举报人

　　本章所要讨论的"职业举报人"仅指对违法广告进行举报的职业举报人,主要是 2015 年新《广告法》实施之后大规模出现的,专

（接上页）而实现法律的效力被称为"行为有效",如果是消极守法而实现法律的效力则是"制裁有效";行为有效和制裁有效组成了法律体系的整体有效性,当规范不仅不被遵循,而且这种行为也不受惩罚时,法律体系就会失去效力。(参见[德]托马斯·莱塞尔:《法社会学导论》(第 6 版),高旭军等译,上海人民出版社 2014 年版,第 216 页。)可见,虽然积极守法是一种更为理想的守法状态,但是消极守法也是不可避免、必不可少的实践形态。

门针对商家广告宣传中使用《广告法》所禁止的绝对化用语而向市场监督部门进行举报以牟取个人利益的个人与群体。简单来说，这种所谓的"职业性"表现为：一般性的违法广告举报人往往是因为自身切实遇到相关的违法广告宣传，并因此可能自身受到利益损害，从而出于社会监督或维护权益的目的进行举报；职业性违法广告举报人则在全国范围内专门搜集相关广告，长期、有组织地进行举报活动，其真实目的在于赚取政府的举报奖励或与商家的和解费用。

广告中的绝对化用语是指《广告法》第九条所禁止在广告中使用的"国家级""最高级""最佳"等用语。从立法技术上来说，此处的"等"字为不完全列举，在实践中，未被该条明文列举的绝对化表述同样在禁止范围之列。①例如，国家工商总局的相关行政解释中还曾经认定过"顶级""极品""第一品牌"等。②概括而言，绝对化用语是指不符合客观条件或不受时空限制，形容事物达到某种极致状态的夸张性语言；立法上予以禁止的目的在于其表达方式违背了客观规律、容易误导消费者、贬低同行而造成不正当竞争。③

---

① 参见施立栋：《绝对化广告用语的区分处罚》，载《法学》2019 年第 4 期。

② 这些规范性文件包括：《国家工商行政管理局关于"顶级"两字在广告语中是否属于"最高级"等用语问题的答复》《国家工商行政管理局关于"极品"两字在广告语中是否属于"最高级""最佳"等用语问题的答复》《国家工商行政管理局关于立即停止发布含有"第一品牌"等内容广告的通知》。

虽然这些行政解释文件已经被撤销，但学者认为，这些用语仍然属于应当被禁止的绝对化用语，因为国家工商总局的答复具有法律解释性质，"顶级""极品""第一品牌"的含义本身属于绝对化用语，总局才答复予以认可，而不是因为有答复后它们才成为绝对化用语。另外，之所以撤销相关规范性文件，是因为 2015 年修订后的《广告法》已经吸收了这些答复，没必要在新法施行后继续保留这些文件。（参见刘双舟：《〈广告法〉中绝对化用语禁令的理解与适用》，载《中国工商报》2016 年 8 月 9 日，第 7 版。）

③ 参见刘双舟：《〈广告法〉中绝对化用语禁令的理解与适用》，载《中国工商报》2016 年 8 月 9 日，第 7 版。

■ 守法吃亏?

从立法沿革来看,1995 年颁行的《广告法》第七条就已经禁止了广告中绝对化用语的使用,2015 年新修订的《广告法》仍然保留了这一规定,并没有对该条款进行修改(虽然由于新增条文,使得条文序列发生了变化)。但是,一般性举报人与职业举报人的明显出现和增加却是在 2015 年新《广告法》之后,这是为何呢? 其原因在于,2015 年新《广告法》新增了"社会监督机制",第五十三条规定:任何单位或个人有权向市场监督管理等有关部门投诉、举报违反本法的行为,相关部门要向社会公开受理投诉、举报的渠道与方式,并要在自收到投诉之日起七个工作日内对投诉举报进行处理,同时告知投诉、举报人。而对于有关部门不履行该职责的,新《广告法》第五十三条、第七十三条也规定了相应的法律责任与责任追究制度。①

因此,2015 年新《广告法》实施后,相关部门也加强了对广告中绝对化用语的监管和执法。另外,由于新《广告法》第五十七条对相关违法行为的处罚标准也作了明显的提高,其中罚款金额由过去的"广告费用一倍以上五倍以下"提高至"20 万元以上 100 万元以下";②特别对于起罚点来说,提升得非常明显(最轻程度的行为处罚都是 20 万元),从而导致了执法力度明显增强。由此也在"新法"实施不久就出现了既具有典型性又具有争议性,并得到广泛关注的案件:

---

① 《广告法》第五十三条第二款规定,市场监督管理部门和有关部门不依法履行职责的,任何单位或者个人有权向其上级机关或者监察机关举报。第七十三条规定,市场监督管理部门对自己发现或者经投诉、举报发现的违法广告行为,不依法予以查处的,要对负有责任的主管人员和直接责任人员,依法给予处分,构成犯罪的则要依法追究刑事责任。

② 《广告法》第五十七条还规定,情节严重的,同时还可以吊销营业执照,由广告审查机关撤销广告审查批准文件、一年内不受理其广告审查申请。

案例一:北京市××家用电器公司昌平第二分公司发布违法广告案

北京市××家用电器连锁销售有限公司昌平第二分公司于 2015 年 12 月开始在其营业场所内利用条幅、易拉宝、海报以及吊旗进行宣传,均包含"节能补贴首选××"的宣传用语。经查,当事人执行的节能补贴标准和其他中标单位一样;其为制作上述宣传物料共花费 300 元。最终,北京市工商局昌平分局责令当事人停止发布违法广告,并处罚款 20 万元。

案例二:方林富炒货店使用绝对化用语广告案

2015 年 11 月 5 日,浙江省杭州市西湖区市场监督管理局经群众举报,检查发现如下情况:经营场所西侧墙上有两块印有"方林富炒货店杭州最优秀的炒货特色店铺""方林富——杭州最优秀的炒货店"内容的广告;经营场所西侧的柱子上有一块印有"杭州最优炒货店"字样的广告牌;经营场所展示柜内有两块手写的商品介绍板,上面分别写有"中国最好最优品质荔枝干"和"2015 年新鲜出炉的中国最好最香最优品质燕山栗子"内容;在展示柜外侧的下部贴有一块广告,上面写有"本店的栗子,不仅是中国最好吃的,也是世界上最高端的栗子"等内容;对外销售栗子所使用的包装袋上印有"杭州最好吃的栗子"和"杭州最特色炒货店铺"字样。最终,杭州市西湖区市场监督管理局责令当事人停止发布违法广告,并依法对其从轻处罚 20 万元。①

这两个案子能够被当作典型,是因为其发生于新《广告法》正

---

① 胡之群等:《对新〈广告法〉绝对化用语规定条款的理解与适用》,载《中国工商报》2016 年 11 月 16 日,第 6 版。

式实施后不久,并且从法律条文本身理解,两个案例中的行为事实确实构成了处罚条件,而执法机构也通过对"新法"的理解与适用,严格执行了法律。然而,这两个案例尤其是后者也确实在当时引发了舆论的巨大争议。首先,对于处罚金额来说,修法前与修法后的差别跨度太大。在案例一中,商家的广告费用总共为300元,按照"旧法"最高标准(广告费用的四倍)进行处罚,也只有1 200元,而"新法"处罚的最低标准就要20万元;估算案例二中商家的广告费用,应当也存在这种巨大差别。其次,不同人的不同理解也让这一法律禁止性规定需要一个社会接受的过程。商业广告的目的在于推销自己的商品和服务,就是要说自己比别人好、自己最好,这由广告的本性决定,而广告实践中,表达绝对化含义的同义词又是无穷无尽的,不同语境下,人们的理解却又千差万别,因而当相关规定开始严格实施后,就自然成为人们热议的对象。在案例二中,方林富在接到行政处理决定后将违法广告语中的"最"字点涂或者涂画后改为"真"字,但"最"字仍然清晰可辨,可见其对此的态度;之后其又向杭州市市场监管局申请行政复议,但复议机关维持了原决定;而后,其又发起了行政诉讼,一审法院法官依据《行政诉讼法》第77条的规定,认为原20万元罚款明显不当,并将其变更为10万元;方某林提起上诉后,二审法院维持了一审判决;最后,方某林申请了再审,2020年1月,浙江省高级人民法院裁定驳回了其再审申请,该案件才在法律程序上尘埃落定。①

不难看出,对于广告绝对化用语条文的理解与接受,从一开始就存在争议,然而,不久之后,实务界就发现个案争议并不是该条款实施过程中的最大问题,大规模出现的相关投诉、举报案件,以

---

① 参见浙江省高级人民法院(2019)浙行申64号行政裁定书。

及其中大比例的职业性举报案件,才是真正棘手的问题。江苏省盐城市工商局一位执法人员就对此进行了描述:

> 个别职业举报人将其当作"致富捷径",举报信铺天盖地飞向各级工商(市场监管)执法机关,要求对使用国家级、最高级、最佳字样以及类似广告用语的企业、个体工商户实施巨额罚款,并索要相应的举报奖金。如果执法机关作出的决定不顺其意,有的举报人还会向上级机关申请行政复议或向人民法院提起行政诉讼,状告基层行政机关不作为。该执法人员身处地方工商机关法制部门工作一线,负责行政复议案件审理工作。2016年1月至2017年2月,其所在的江苏省盐城市工商局法规处共受理行政复议案件29件,其中涉及职业举报人举报绝对化用语的行政复议案件达20件。①

浙江省工商局广告处的一线执法人员也曾撰文对此问题进行了反思:

> 杭州市某基层工商所统计,2016年该所处理了2 600件投诉举报,其中广告投诉举报占70%,关于"绝对化用语"广告的又占了广告投诉举报的一半以上。又据浙江省工商局12315举报申诉指挥中心统计,今年上半年该中心受理的网络交易投诉举报中,违法广告占比达26.93%,举报问题集中为经营者在网页宣传中使用"国家级""第一""最舒适""顶级""纯天然"等用语。此类违法广告举报投诉的绝对数量和占比

---

① 朱军华:《"送胖老公最好的礼物"广告用语违法吗?——再谈新〈广告法〉对绝对化用语的定性与处罚》,载《中国工商报》2017年2月28日,第6版。

均比新《广告法》实施之前有了大幅度提高。实际上,此类违法广告社会危害性远低于虚假广告,不是普通消费者的关注点,也不应是执法机关的监管重点。职业举报人通过大量举报行为,倒逼执法机关调整执法重心,势必影响执法机关在重点领域的监管效能。……许多职业举报人的动机并非为了净化市场,而是利用惩罚性赔偿为自身牟利或借机对商家进行敲诈勒索。这种以恶惩恶、饮鸩止渴的模式,严重影响了正常的经营秩序。①

由上可知,《广告法》修改后,对广告绝对用语的举报案件大幅增加,同时还产生了大量的职业举报人。而职业举报人的利益驱动主要来自两方面:其一,一些地方市场监督部门为落实政策而设置的举报奖励②;其二,向商家勒索"和解费",逼迫商家"破财免灾"。此外,使用绝对化广告用语的违法行为只是诸多广告违法行为中的一种,而且其行为后果往往并不严重;大量增加的绝对用语广告投诉也占用了相关部门的大量精力和执法成本,挤占了处理其他类型案件的行政资源。

(二) 守法负担与"破财免灾":中小企业的两难困境

对于中小企业来说,上述问题所表现出的不合理性与意外后果,会被成倍地放大,明显提高的起罚点所带来的纠正行为(被动

---

① 许希雳:《"绝对化用语"执法困境及对策思考》,载《工商行政管理》2017 年第 23 期。

② 对于违法广告的举报奖励,《广告法》并没有专门规定,而是一些地方结合自身实践而设立,而且不同地方对于奖励的内容与要求也有所不同,例如公开报道中北京市规定举报药品违法广告最高可获 5 万元奖励。(参见王海亮:《北京规定:举报药品违法广告最高可获 5 万元奖励》,载 http://www.china.com.cn/news/txt/2008-12/16/content_16957065.htm,2022 年 9 月 16 日访问。)

守法)成本与大量出现的职业举报人,使得中小企业面临守法上的两难。一方面,如果严格适用新《广告法》对绝对化用语违法行为所规定的 20 万元起罚点,那么对于一些营收规模本身就比较小的中小企业、个体工商户来说,就会体现出明显的不合理性,对于它们接受处罚、纠正行为而言也成为一种沉重的守法成本,从而带来巨大的社会争议。例如,在"方某林案"中,就有社会舆论认为,对于一家"小本经营"的炒货店,20 万元的处罚太重了;一些一线执法者也意识到 20 万元起罚点"对大量个体户、小微企业而言,确实偏重"。①另一方面,中小企业由于自身法律意识、法律知识相对不足,从而更可能出现一些没有意识到的违法行为,而面对职业举报人的"和解"与勒索,也难以有专业的应对策略。例如,在"方某林案"中,两位举报人具有职业举报的嫌疑,他们是先提出了赔付 1 000 元的要求,而在被拒绝后才进行举报。②

在笔者调研中,很多被访者也都反映了这方面的问题,从对他们的访谈中可以发现更多中小企业所处的守法两难困境的细节:

前两年,新《广告法》出来的时候,政府的要求是比较严格的,所以没办法,等于就是要想办法和职业打假③的人去私了。而且只能跟那些人微信联系,他们都不和你通话,一转完账他微信就注销掉了,你也不知道他是哪路"神仙"。……我

---

① 邹伟明:《新〈广告法〉语境下绝对化用语的执法路径》,载《中国工商报》2016 年 5 月 24 日,第 7 版。

② 鲍亚飞:《听证会后 50 天,方林富被罚 20 万,15 天内须缴清罚款》,载《钱江晚报》2016 年 3 月 23 日,第 11 版。

③ 在访谈中,很多受访对象(包括企业和执法部门)都不会严格区分职业举报人与职业打假人,这一方面是因为职业举报人在我国的出现更早、影响更大、涉及案件更多,另一方面也是因为现实中很多职业举报人就属于职业打假人的一部分,是他们的分支或"兼职"。

们的网站上是有"第一家"这样的词,这样的词汇都不能用的,包括"首家",都不能这么说。……其实大部分内容都改了,但在我们网站的第三层还是第四层,一直点下去,一个角落里面,忘了改,被人家发现了。(SSH190420E1)

因为市场监管部门执法受到条例的限制,企业就总是希望跟打假人和解,摆平就算了。这就助长了打假这个产业。(SSH190420G1)

可以看出在新《广告法》实施的初期,政府采取了较为严格和刚性的执法态度,这使得企业在罚款与"私了"之间更倾向于选择后者,因为后者使企业所要承担的经济"损失"更小。除了利益考量,还有一个潜在的因素在于:企业的违法行为确实很轻微,很多情况下只是一时疏忽而非故意,这使得企业在某种程度上认为自己确实"不值得"被处罚那么高的罚金,不如选择私了然后再改正自己行为。这种守法态度自然也就让职业举报人有了可乘之机。此外,很多中小企业自身也缺乏足够的法律认知能力与法务配备,它们更容易受到职业举报人的"威吓"与"勒索",而尽可能地选择回避法律程序的处理方式。但是,如果选择和解,往往并不意味着企业就可以高枕无忧,反而会被对方缠上或者引来更多的"猎食者",这会严重影响企业的生产经营秩序,尤其对于中小企业会成为一个沉重的负担。一些城市的市场监督部门也注意到了这个问题:

其实对于我们M区来说,我们很久之前也发现这个问题了,也希望能够遏制这一现象。其实一和解,对方拿到钱了,他以后还会来找你,因为他觉得你钱好拿。甚至有些人就是来企业拿"保护费"：你一年给我多少钱，我就不再来骚扰你。
（SMX181227E1）

　　企业觉得是不是一定要被罚个几十万元、上百万元，但从
法律法规来说，可以做从轻或减轻处罚，或者说改正后可以
不予处罚的，那我们就要给企业宣传这样一个政策。当然，
如果企业确实有严重的问题，我们也一定要处罚的；但从大
多数情况来看，几乎都是非常小的问题，可以说是一些瑕疵。
（SMF181214L2）

可以看出，一些地方政府已经考虑到了要区分违法行为的不
同程度，依据比例原则对相关违法行为施以较轻的处罚；但是，还
有一些处罚所带来的额外因素，也往往是中小企业所顾虑的，即前
文我们提到的司法、行政处理结果所具有的企业商誉表征功能：

　　《广告法》修改了以后，对"最大""最好"这些词汇有特别
的要求，他们经常会遇到这方面的举报问题。一方面就是这
些相关案例怎么处罚、处理的问题，另一方面就是对这些问题
处理了以后的问题。比如，我在业务上合作的某企业，它们老
的网站没有去调整，被人举报了以后，就被处罚了。处罚了也
就算了，就几千块钱，罚金也不算大事，但是呢，这个处罚决定
会进入公司的征信系统里面，所以该企业上市的时候就会受
影响，作为一个污点了。按理说，这本身也不是太大的事情，
罚也罚了，那这处罚决定能不能取消掉，或者公示期短一点，
也可以，但不能老放着呀。……其实是很轻微的，罚款以后也
要给企业改正的机会对吧，因为不是恶意的违规行为或者说
故意性的犯罪，要给企业一个通告，让企业能够纠正化解。

（SMX181227D1）

实际上，往往是更有发展愿景的中小企业更倾向于接受法律的"束缚"，因为它们不想在做大做强后，存在不合规、不守信的"历史包袱"，因而，对它们而言，罚款后的公示某种意义上也是一种处罚措施，这种额外的影响同样是企业的一种守法负担：一个基于微小问题的处罚可能会带来更为长久的影响。除了这种隐性的守法负担，还有一种负担则来自中小企业"应付"执法程序时所花费的时间与人力成本：

> 其实大部分都是广告表达、广告数据这类的小问题。有些我们也怀疑是竞争对手投诉，但主要还是职业打假人、举报人投诉的。……出现一个举报或投诉，往往就需要调动多部门应对，那些小问题我们有时候都不知道在哪里，还得在网页、文案中去找，然后还要花很多时间给市场监督部门提交证据和材料。（SMZ181224C1）

可以看出，企业在这个过程中面临着选择花钱私了还是接受处罚的两难选择，这种两难并不是因为它们不想守法，恰恰相反，是因为想要守法时出现了明显不合理的守法负担与成本，无论哪种选择都会面临潜在的额外的权益受损。

当然，政府部门面对越来越多的争议案件和明显增加的案件数量，也逐步在调整自己的执法监督政策。这在我们的调研中也被政府部门所提出：

> 在今年（2018年）十月份，S市发布了一份针对职业索赔、

职业举报等问题的"指导意见"。其实今年我们部门的"六线一平台"接到的各类举报投诉案件总共有 55 000 余件,其中很大一部分是职业索赔案件——职业打假、职业举报,占用了我们非常多的时间;这类案件数量比去年同比增长了 69%。其实在市里这个文件出台之前,针对"职业打假人(职业举报人)"我们区局就是要求企业不要和他们去和解,不要想着第一时间私下解决。因为对于投诉举报,(被投诉/举报的企业)只要是有违法行为,无论是否和解,我们都是要立案处罚的。现在我国的《广告法》《反不当竞争法》等法律对一些最高级表述等问题,最低的起罚点都是 20 万元,对此,不是非常严重的、立即改正的,我们可以根据《行政处罚法》进行减轻或从轻处罚。另外,如果"职业打假/举报"案件过来的话,我们会先通过内部的平台,把他们举报投诉的情况看一下,如果企业的行为明显的不违法或者说非常轻微的违法,并且企业已经改正了的,我们就直接做一个"不予立案"决定。这样做就是为了不给企业带来过多的负担。……我们就是要对"举报投诉人"也提高他们的门槛。……对于案件审查来说,如果是无心之过,或者说是非常轻微的过错,我们基本上都是不予处罚或以减轻处罚为主……包括我们现在也是把一些职业举报人列到"黑名单"里面。(SMF181214L2、SMF181214C1、SMF181214D1)

一些企业在访谈中也承认,确实感受到了相关执法政策的调整:

今年我们又碰到一次,这一次呢,我觉得政府的处理就弹性了很多,不搞一刀切。这次工商部门就建议写份证明材料,证明我们确实是第一家。我们说这个是拿得出来的,证明我们是这个行业的第一家上市公司,所有的同行都在我们之后,这是个客观事实。这次工商就站在我们的立场,把那个职业打假"敲竹杠"的诉求给驳回了。(SSH190420E1)

不过,企业也仍然表示出对相关问题的忧虑。因为这种政策调整,目前只是治标而非治本,例如企业仍然要进入法律程序中提供相应的证据材料;而且在法律规定没有改变的情况下,政府也只能在政策空间内发挥自己的执法裁量权,案件的处理具有不稳定性,并不能完全确保企业的可期待性。另外,我们所调研的 S 市作为国内的一线城市,市场经济法治化程度与自身的治理能力位于全国前列,在这方面的政策调整相较于其他地方也更加快速和灵活。所以,要从全国范围内根本地解决这一问题,还需要一个过程。

二、职业举报人的组织化及其对政府监管执法的利用

在本章分析的案例中,中小企业所谓的"守法吃亏"的发生,与职业举报人对广告绝对化用语的监管处罚制度的利用行为直接相关,那么,具体是监管处罚制度的哪些特性、内容被利用了呢?

首先,某些行政执法技术本身存在需要改进与完善的地方,尤其是政策实施前期的执法缺乏弹性,也没有合理考量不同情形的不同执法尺度。由于某些行政执法所依据的法律规范表达存在不完备与不确定性,行政执法所面对的个案事实具有差异性与复杂性,行政执法的面对面、即时性特征及其对行政效率的要求①,使

---

① 参见杨建顺:《行政裁量的运作及其监督》,载《法学研究》2004 年第 1 期;于丽平、穆丽霞:《探究行政自由裁量权》,载《行政法学研究》2007 年第 2 期。

得立法机关明确授予了相关行政机关相应的裁量、选择空间，即行政执法者的行政自由裁量权。它是指行政主体及其职员根据法律规范所设定的范围、限度乃至标准或者原则，按照自己的理解作出判断和处置的方式、方法或者形态。①自由裁量权的行使具有合法性边界，法律系统从立法、司法以及自我控制三个方面对其进行控制与规制。②然而，在合法范围之内，法律与社会同样也要求执法者能够积极能动地行使执法裁量权，最大限度地整合协同法律规定与政策要求、综合考虑执法依据与案件事实、平衡实现普遍正义与个案正义。行使自由裁量权是经常与公民互动的行政工作人员的许多工作的一个重要方面，这些工作通常不能按照各个领域的最高决策标准来执行，街头的执法者要能够对个案进行适当反应，还需要相应的时间、信息或其他资源。③行政执法者对行政自由裁量权的合理使用直接关系着行政执法的效果。而现实中，行政执法却受到案件负荷、执法资源、相对人谈判能力、行政机关自利倾向等因素的影响④，行政执法者自身的业务素质与工作态度（是否有意愿积极能动地进行个案裁量）也会对行政裁量的发挥产生影响。在本章所分析的案例中，中小企业守法两难的现实困境与"守法吃亏"的主观感受也是因为某些行政执法上的技术性不足，突出表现为对中小企业的行政规制缺乏弹性。

　　其次，某些执法上的不足能够被如此"有效"地利用，与职业举报人的组织化发展有关。在以往的研究中，学者分析组织场域中

---

　　①　参见杨建顺：《行政裁量的运作及其监督》，载《法学研究》2014 年第 1 期。

　　②　参见崔卓兰、刘福元：《论行政自由裁量权的内部控制》，载《中国法学》2009 年第 4 期。

　　③　See Michael Lipsky, *Street-Level Bureaucracy: Dilemmas of the Individual in Public Services*. New York: Russell Sage Foundation, 2010. p.Ⅵ.

　　④　参见宋华琳：《基层行政执法裁量权研究》，载《清华法学》2009 年第 3 期。

的各个行动主体,几乎很少考虑处在法律边缘的组织(除非是专门对违法问题的研究),因而缺乏从法律视角对职业举报人这一特殊群体的观察。实际上,我国长期以来一直存在的组织化的职业举报人、打假人等是本类案件中导致中小企业"守法吃亏"主观感受的无法忽略的因素。

针对广告违法的职业举报人属于长期存在的针对产品质量的职业打假人的"变种"。1994年我国颁布了《消费者权益保护法》,规定了经营者提供商品或者服务有欺诈行为的,应当赔偿消费者购买商品的价款或者接受服务的费用的一倍的金额,即"退一赔一"。由此便很快催生了一大批职业打假人,其中最知名的就是1995年开始在北京各商场知假买假进行索赔的王海。[1]一些职业打假在发展过程中逐渐"呈现出团伙化、专业化、规模化、程式化趋势,具体表现为师徒传帮带、培训产出一条龙、专盯包装宣传瑕疵等"。[2]

> (在专门建立的QQ群中)有大量的开展职业索赔的相关资料,包括各种商品的打假思路、举报话术、差评文本、法律条文、撤诉样本、民事起诉书等,还有人定制假货鉴定书、质检报告、医院证明等。在这些群中,既有熟知相关法律法规的"老手",也有大量刚入行的"小白"。新人既可以学习群里分享的免费基础教程,也可以交"车费"让老手带"上车"。在行话里,"上车"是指与别人一起组团做单;"下车"则是行动成功;"车费"是指跟着别人上车要给别人钱作为好处。[3]

---

① 参见吴晓波:《激荡三十年:中国企业1978—2008》,中信出版社2017年版,第86页。

②③ 张维、罗聪冉:《职业打假灰色产业链调查》,载《法制日报》2019年9月13日,第4版。

　　而在我们的调研中,针对广告违法的职业举报人也呈现出这种专业化的组织规模,相关政府部门在调研中反映:

　　　　职业举报人根本不是为了维护营商环境,而是伤害营商环境。……广州、深圳这边,因为职业举报太多了,他们(市场监管部门)就跟公安联手,把相关线索移送给公安,然后公安查处了一批构成"敲诈勒索罪"的,起到了一定的震慑作用。……这些人就是全国跑的,深圳广州这边管得严了,就跑到我们 S 市来了。(SMF181214L1)

　　　　因为现在越是好企业,在网上宣传得越多,网上留下的相关信息就越多。而"职业打假/举报人"很多就是直接在网上搜关键词,搜到一个"最"字,就一下子发几百份举报。……门槛比较低,成本也很低。(SMF181214A1)

　　　　据我所知,他们这些人都是团伙作案,家乡"一条龙",家乡有人培训的,包教包会。……他们有很多这种群,有一个地方如果有人拿到钱了,他赢了,那么这个群里所有人都来这个地方了。(SMF181214F1)

　　可以看出,从职业打假人到职业举报人,他们已经形成非常专业的组织规模与实践经验,他们的组织性与专业性甚至超过了一般中小企业所具备的法律知识与法律能力。另外,职业举报的低门槛与低成本也成为他们规模化的重要因素。第一,职业举报人之所以只针对广告绝对化用语进行举报,是因为这种只需要用相关关键词在网上搜索商家的各类广告宣传信息,就可以轻易地搜集用来举报的证据;相反,企业要举证证明自己没有实质性违反法律,则需要充分的材料信息。第二,市场监督部门的举报通道也是

101

非常简单便捷的,并且法律规定了必须在七个工作日内对举报进行答复;相反,企业要回应相关部门的调查,则需要进入一个更加复杂严格的程序。第三,即使举报人提供的举报线索实际上并不存在真实的违法行为,他们也不用承担什么额外的后果,而且有些对处理结果不满意的还会反复对相关部门进行投诉或申请行政复议;相反,如果一旦认定存在违法行为,企业则需要接受巨额的罚款。由此可以看出,因为进入程序的门槛与成本的巨大差别,使得职业举报人与中小企业之间的力量对比也出现了严重的不平衡。这就进一步加剧了企业在"吃亏"而规避法律与"吃亏"而依法接受处罚之间陷入两难。

当然,处于灰色地带的职业打假人/举报人在法律上还存在巨大争议①,在现实中也被赋予了不同的道德评价。他们之中一些人的行为也在合法与违法之间游走,其中的合法行为者的举报在客观上确实有利于市场秩序的推进,而违法行为者却严重扰乱了企业经营发展。这也使得政府很难在他们之间进行平衡,从而使得该类型现象难以根除。但是,从广告职业举报人来看,除了这其中本身存在的模糊性与平衡难度,还有其他因素造成了这种现象的出现与发展。

三、立法的意外后果与中小企业的两难困境

立法是合目的性的活动②,然而,立法者意欲通过法律规范而实现的立法目的,有时却可能在实践中出现偏差,这种偏差会对被法律所规制的对象产生意想不到的影响。在本章的案例中,反

---

① 参见于浩:《论消费者索赔权的边界》,载《法商研究》2018年第3期。
② 参见裴洪辉:《合规律性与合目的性:科学立法原则的法理基础》,载《政治与法律》2018年第10期。

映出了立法所产生的意外后果对整个法律制度所造成的传递效应,或者说,正是因为法律制度的这种整体性、效果传递性才使得超出立法者意图之外的意外后果的发生。

从制度分析的角度看,立法意外后果就是立法制度对于社会系统而言的一种"潜负功能"的体现。①对于立法而言,无论是理想主义模式、冲突模式、合意模式,还是道德事业模式②,潜在的负功能是不能彻底避免的,这种"立法意外后果"的产生一般来源于四个方面:(1)立法质量对立法者主体意志与能力的依赖;(2)立法合价值性与合目的性之间的张力,即价值上评价为对的规定不一定是能实现最好效果的规定,因为实践中目的实现的可接受性与可行性会对其形成制约;(3)立法条文内容的合理性与立法合目的性、合价值性之间的张力,从某种意义上来说,立法的条文内容就是立法者实现立法目的及其价值追求的手段,但这一手段的表达、设计以及法律责任的设置,并不是完美契合的;③(4)立法事实的内在张力,立法的启动需要重大的、引起关注的社会事件、社会需求的推动,即推动立法的事实④,但很可能这些事实反而会遮蔽立法者对一般性立法事实的全面、细致的考察与分类,反而会给立法者制造"陷阱"——只关注特殊、重大而忽视了一般与轻微。

前文已经提到,1994 年《广告法》就有关于广告中绝对化用语

---

① 参见[美]默顿:《社会理论和社会结构》,唐少杰、齐心等译,译林出版社 2015 年版,第 152—163 页。

② [美]史蒂文·瓦戈:《法律与社会》,梁坤、邢朝国译,中国人民大学出版社 2011 年版,第 121—123 页。

③ 法律内在地就包含有正义、合目的性与安定性(稳定性)之间的理念价值冲突。(参见[德]拉德布鲁赫:《法哲学》,王朴译,法律出版社 2013 年版,第 81—85 页。)

④ 推动立法的事实往往来自:学术评判、非虚构文学、抗议活动、社会运动、公益组织活动、大众传媒等。(参见[美]史蒂文·瓦戈:《法律与社会》,梁坤、邢朝国译,中国人民大学出版社 2011 年版,第 136—143 页。)

的禁止性规定,并且1995年我国就逐渐出现了以王海为代表的职业打假人,但是与其有"亲缘关系"的职业举报人却在2015年修法后才开始大规模出现。正如前文介绍的,造成这种立法意外后果出现的原因,实际上源自两个法律制度的修改:(1)新增了违法广告的社会监督机制;(2)提高了违法广告行为的处罚力度,尤其是起罚点的大幅度增加。

第一,对于新增社会监督机制,立法者在草案审议过程中就已提出:"在广告监管中尽管行政机关有主动执法权,但由于人力、物力受限,监管往往不足。"[①]此外,全国人大常委会法工委经济法室主任王超英也在后来的新闻发布会中说明,修改广告法的目的之一就是要"强化公众参与,加强社会监督……发挥社会公众在查处违法广告中的作用。"[②]可以看出,增加社会监督的本意在于强化公众参与,借用社会力量弥补行政执法力量的不足,从而更好地监督打击广告违法行为。其意图在于通过监督违法行为而更好地实现公共利益,然而在具体实施后,相关规定却成为了部分职业举报人实现"私利"的手段。

第二,对于加强处罚力度,提高起罚点,立法者指出,修法前我国《广告法》所规定的"法律责任的针对性和操作性不强,惩处力度不够,难以有效遏制广告违法行为"。[③]而加强惩处"将夯实广告行

---

① 《李景田:建立对违反广告法行为的举报奖励制度》,载 http://www.npc.gov.cn/zgrdw/npc/xinwen/2014-08/31/content_1876759.htm,2022年9月8日访问。

② 陈丽平:《法工委经济法室主任王超英:强化公众参与加强社会监督》,载 http://www. npc. gov. cn/zgrdw/npc/xinwen/lfgz/lfdt/2015-04/27/content _ 1934769. htm, 2022年9月8日访问。

③ 《关于〈中华人民共和国广告法(修订草案)〉的说明》,载 http://www.npc.gov.cn/zgrdw/npc/lfzt/2014/2014-08/31/content_1876851.htm, 2022年9月8日访问。

业的法律基础,推动我国广告行业监管水平的持续提升,推动广告
行业市场的进一步增长"。①可以看出,立法者的本意是认为提升
处罚力度就会遏制违法行为,但实际上,只有在行为责任与处罚力
度相当的前提下,这一因果关系才可能成立,否则要么制造不公正
的惩罚,要么扭曲具体实施时的行为与效果,例如本章案例中企业
对处罚的规避。

实际上,如果对比《广告法》第九条所列举的与绝对化用语相
并列的其他广告违法行为②,可以发现,绝对化用语的行为性质与
其他行为完全不同,其违法性也是要低于其他行为的。更何况,广
告中使用绝对化用语的行为是一个非常宽泛的集合,其中不同行
为具有不同的行为后果、造成不同的行为危害性,此外还有很多合
法使用的情形,因而互相之间的差别非常大,给它们都笼统地设定
一个最低 20 万元的起罚点,就难免带来具体实践中的争议。如果
查看"中国人大网"上公开的"广告法修订"相关的立法资料就会发
现,立法者当时主要是针对"有效惩治虚假广告的法律依据还不完
善""依法严厉打击虚假违法广告的呼声十分强烈"③等问题与现
实而提出大幅提高惩处力度,但当时立法者所关注的都是医疗保
健类虚假电视广告、明星代言虚假广告等引发社会关注、性质比较

---

① 《赵白鸽:我国广告行业监管水平持续提升》,载 http://www.npc.gov.cn/
zgrdw/npc/xinwen/2015-04/24/content_1934414.htm, 2022 年 9 月 8 日访问。

② 《广告法》第九条所列举的其他违法行为包括:使用或者变相使用国旗、国
歌、国徽,军旗、军歌、军徽;使用或者变相使用国家机关、国家机关工作人员的名义
或者形象;损害国家的尊严或者利益,泄露国家秘密;妨碍社会安定,损害社会公共
利益;危害人身、财产安全,泄露个人隐私;妨碍社会公共秩序或者违背社会良好风
尚;含有淫秽、色情、赌博、迷信、恐怖、暴力的内容;含有民族、种族、宗教、性别歧视的
内容;妨碍环境、自然资源或者文化遗产保护;法律、行政法规规定禁止的其他情形。

③ 《关于〈中华人民共和国广告法(修订草案)〉的说明》,载 http://www.
npc.gov.cn/zgrdw/npc/lfzt/2014/2014-08/31/content_1876851.htm, 2022 年 9 月
8 日访问。

恶劣的违法广告行为。①但是,如果只关注严重行为、热点行为,立法者可能就无法全面掌握全部立法事实,忽视了广告中绝对化用语使用这种一般性行为或事件,其结果可能就是针对前者所设定的规范对于后者而言并不恰当。

以上分析可以看出,《广告法》第九条将绝对化用语与其他禁止性行为并列,存在一定的不合理性。一方面,绝对化用语具有模糊性,包含不同危害性程度的行为表现与行为后果;另一方面,将其与同条文其他行为类型并列而设定同样的法律责任,不符合比例原则,因为其他禁止性行为的违法性程度相对要更重。有学者也指出,该法第五十五条(处罚虚假和引人误解的广告行为)与第五十九条第一款第四项(处罚贬低其他同行的广告行为)已经能够涵盖禁止绝对化用语行为规范的立法意图,专门强调绝对化用语的禁止性规范是完全可以删除的。②不过,这一不合理规范在2015年修法之前就存在,彼时并没有带来大范围的政府执法(企业守法)问题。直到"新法"大幅提高了起罚点并强化了社会监督机制与责任追究制度,立法的意外后果才在"综合作用"之下凸显出来,也可以说是新法的修订放大了该禁止性条款的不合理性。

四、新法实施过程中地方政府的行政惯习与理念

在本章案例中,除了立法方面的制度性因素,相关政府部门的

---

① 参见《中国广告法修订草案:明星代言虚假宣传要担责》《广告法修订草案给养生乱象开"猛药"》《刘政奎:建议增加对减肥、美容等广告的限制》《广告法修订草案首次被提请审议,完善有效惩治虚假广告法律依据》《全国人大常委会第三次审议广告法修订草案,拟禁止养生栏目发布药品广告》《发布虚假广告,广告经营者发布者代言人或连带受重罚》,载 http://www.npc.gov.cn/zgrdw/npc/lfzt/2014/node_25274.htm,2022 年 9 月 15 日访问。

② 参见施立栋:《绝对化广告用语的区分处罚》,载《法学》2019 年第 4 期;程远:《广告法理论与实务》,法律出版社 2018 年版,第 171—172 页。

执法技术也存在不足，其没能够很好地运用行政执法的裁量权，针对不同违法行为进行不同的处罚，而是刚性、严格地适用统一的、高标准的处罚金额，这在新《广告法》刚实施时表现尤其突出。那么，这种尤其是在"新法"实施初期突出存在的执法技术问题，是否还受相关的制度性因素的影响？

压力型体制描述的是各级政府在各种压力之下驱动运行的行政治理状态。这种压力主要是指地方政治组织（县、乡）为了实现经济赶超、完成上级下达的各项指标而采取的数量化任务分解的管理方式和物质化的评价体系。自上而下的政治行政命令是其中最核心的压力，此外还有由此产生的同级政府之间的竞争压力，以及自下而上的公众需求压力。在国家经济社会不断发展的过程中，这种压力型体制不仅在经济领域中继续发挥着作用，而且也扩散到社会管理等领域，从而成为地方政府行政治理中所普遍具有的特性。①在一些地方治理事务中，压力型体制的特征会非常鲜明地表现出来，但更多的时候它是弥散性地存在于地方政府行政管理中。这种弥散性使得地方政府对上一级政府要求的提高、考核的增加都会非常敏感，即使是轻微的、正常的压力增强，也可能经过层层传导而发挥更大比例的驱动力，地方政府也因此具有了自我增压的行为惯性。

在本部分所分析的案例中，虽然没有发现因为新《广告法》出台而明显增加的针对广告违法行为的行政考核任务或监管运动，但是，在最开始的执法过程中却确实存在着一种严格落实新规、加强执法监管的政策态度，其中就包括上文提到的对典型案例的高调处理。这实际上就是一种压力型体制下的执法行为惯性的体

---

① 参见杨雪冬：《压力型体制：一个概念的简明史》，载《社会科学》2012 年第 11 期。

现。而其中的压力,有来自新法出台后自上而下的宣传、落实压力,还有一个更为具体的来源——新《广告法》对于政府责任条款的修改。新《广告法》第五十三条规定,市场监督管理部门和有关部门不依法履行职责的,任何单位或者个人有权向其上级机关或者监察机关举报;第七十三条则规定,市场监督管理部门对自己发现或者经投诉、举报发现的违法广告行为,不依法予以查处的,要对负有责任的主管人员和直接责任人员,依法给予处分,构成犯罪的则要依法追究刑事责任。而在旧法中,并没有相应的监督举报条款,同时也没有规定相关的行政责任,而只是规定了严重违法行为的刑事责任。[①]正是"压力应对思维"的惯性在某种程度上构成了最初绝对化用语广告执法的刚性与严格,使得某些中小企业在面对过高处罚与职业举报人时陷入了两难。

五、小　　结

本章案例指出了某些中小企业(包括个体工商户)在面对职业举报人时所面临的守法两难困境。《广告法》的修改,降低了对违法广告的举报门槛,提高了违法广告行为的处罚力度,催生了大量职业举报人针对中小企业广告宣传中的绝对化用语的举报行为。企业由此陷入了守法上的两难:要么接受职业举报人的条件,私了后自己改正违法行为;要么任由其举报,接受高额的、与违法行为不成比例的处罚。这些都大大提高了中小企业纠正自己违法行为的(被动)守法成本。

---

① 在修法过程中,有的常务委员提出,应当加强广告监管,强化广告监管部门的责任,对不作为、乱作为的,实行问责。(《全国人民代表大会法律委员会关于〈中华人民共和国广告法(修订草案)〉修改情况的汇报》,载 http://www.npc.gov.cn/zgrdw/npc/lfzt/rlys/2014-12/30/content_1892286.htm,2022 年 9 月 8 日访问。)

从合法性的角度看,只要职业举报人的行为没有突破法律的界限,没有被认定为"敲诈勒索"等违法行为,那么他们都在形式上表现为利用既有规定行使自己的法律权利;与前一章案例中劳动法规对劳动者的倾斜保护一样,《广告法》也存在对消费者的倾斜保护,职业举报人也可以看作是对这一点的合理利用。更何况,中小企业完全可以不跟职业举报人"和解",依法缴纳罚款,纠正自己行为本就是企业守法的应有之义,对守法结果的承担也无所谓"吃亏"还是"不吃亏"。

但是,从合理性的角度看,中小企业"守法吃亏"的感受却也完全可以被理解,某种程度上也可以认可它们确实在守法过程中吃亏了(不一定是因为守法而吃亏)。因为,一方面,组织化的职业举报人更好地利用了相关的法律规定,其对法律的掌握甚至超过了很多小规模、不成熟的小微企业以及个体工商户,他们在《广告法》保护制度的框架下,并不一定是相对弱势的一方。而且从动机上说,他们也并不是以维护权利、纠正违法为目的,而是以争取"和解"、获得利益为目标。另一方面,从上文分析可以看出,形式上一刀切地禁止任何语境中的绝对化用语以及设置高标准的起罚点,确实在法律上具有不合理性,并没有真正实现立法目的的原本意图,尤其是在新法实施初期,这种执法监管上的不合理性会进一步因为地方政府的一些行政惯习、行政理念而被放大。

第四章
司法地方性与中小企业
"不公平的对待"

    在本章案例中,中小企业所反映的"守法吃亏"可以概括为某些企业在依法参与司法程序的过程中,受到了或感觉受到了区别对待,法院偏向了对方当事人,由此产生了一种"不公平"或者"不平衡"感。具体来说,相关案例主要涉及内容为:对方当事人所在地法院的司法程序更有利于他们自己,或者对方当事人能够很好地利用本地的司法资源,尤其是本地重要的大型企业更会受到额外的"保护"甚至"袒护";与之相对,自己却缺乏可利用的本地司法资源。受访企业的这种认为自己"守法吃亏"的心态实际上是很复杂的:一方面,一些中小企业可能希望自己也有能够利用的司法资源或本地法院"保护";另一方面,一些中小企业确实希望双方当事人以及法院都能够严格依法行事,而不是让自己作为守法的一方却受到法律上的不公平对待。前一种心态显然是错误的,也无需再作进一步的分析,后一种情形则需要我们探究背后的理论要点。当然,同前面的大部分案例一样,我们很难靠守法企业的"一面之词"评判它们反映的具体案例的是非曲直,判断它们是否真的受到了不公平对待或"守法吃亏",笔者的重点仍然在于企业主张背后所隐藏的理论性问题,即相关的制度性因素。本章分析了司法制度的弹性空间与司法的地方性两方面因素对本部分案例所反映的问题的影响,并提出当前中小企业营商法治环境中存在的"司法地方保护主义"的新看法。

一、司法弹性空间、司法地域性与中小企业"不公平的对待"

司法公正性的重要基础在于法官依法进行裁判、法院依法开展司法程序。但是,制度的运转离不开人的实施,制度建构也无法像机器一样为制度实施者设定"无缝链接"的每一步指令,除了没有考虑到的制度漏洞,制度建构还会基于制度实施者的个性与实施条件的特殊性而有意留有合理的制度弹性空间。同样,实践中的法律裁判并不像计算机程序一样,输入法条和案情,就可以得出唯一公正的结论。更何况,一些法律规范的内容本身就给法官留有自由裁量的空间,例如关于某些事实性质的认定或者处罚的范围等。同时,案件事实的查明、性质认定等也会存在模糊与争议的地方。除此之外,司法活动还包括一系列的程序设定与保障,既包括裁判过程本身所依赖的法律程序,也包括发送传票、搜集保存证据等前期准备工作,以及判决的执行等后期落实工作的程序。程序的推进实施同样会存在操作尺度的不同。一方面,司法的推进实施需要花费相应的时间成本与人力成本,程序的每个步骤也都留有一定的时间期限,因此,具体实施过程中程序的推进速度,即程序的进度就有一定的"浮动空间"。另一方面,司法程序也都由相应的法律条文所规定,而法律条文内容自然也存在解释、裁量的空间,这也就意味着具体程序执行实施的强度也具有一定的尺度空间。例如,在法律判决的执行程序中,往往存在很大的操作尺度,执行的快与慢、对违法当事人财产信息的掌握程度、对违法当事人采取的强制措施的严厉程度等,都会带来不同的执行效果。

只要法官自主、独立地凭借自己的自由心证以及实际的工作条件,在以上这种客观存在的司法弹性范围内作出司法决定,无论这种司法规律和司法制度特性所客观允许的微小"偏差"是有利于当事人的,还是不利于当事人的,都是合法的。但如果法官受到了外界因素的干扰,有意识地利用了这种司法弹性空间,专门作出偏向于某一方当事人的决定,则可能会造成司法上的不诚信与不公正,进而也让另一方产生了权益受损的"吃亏"之感。外界因素的影响有很多,其中一种就与司法的地域性或地方性密切相关。

在调研中,很多受访中小企业都普遍反映自己遭遇的民事判决的执行问题,这其中就体现出司法弹性空间与司法地方性两方面的制度性因素影响。民事判决的执行依赖于作出裁判的法院的执行局的工作,最主要的执行内容就是对败诉方财产的查封、拍卖、变现。如果法院不能明确对方所拥有的财产并成功执行,那么,对于胜诉方来说,正义就不能算真正地实现。民事判决的执行问题一直是我国历次司法改革的重点、难点内容,在学界也存在不同的思考与讨论。①笔者的调研中也有企业对这一问题进行了反馈:

> 我们S市对于拒不执行判决和裁定罪②的适用条件似乎过于苛刻,适用力度也比较轻。同样的一个企业,在河南洛阳

---

① 参见张志铭:《司法沉思录》,北京大学出版社2019年版,第283—297页。
② 我国《刑法》第三百一十三条规定了"拒不执行判决、裁定罪":对人民法院的判决、裁定有能力执行而拒不执行,情节严重的,处三年以下有期徒刑、拘役或者罚金;情节特别严重的,处三年以上七年以下有期徒刑,并处罚金。单位犯前款罪的,对单位判处罚金,并对其直接负责的主管人员和其他直接责任人员,依照前款的规定处罚。

那边,他们就很快适用。当然那次我们是作为被执行人。当时对方就去刑侦支队了,我们律师包括企业负责人就赶紧过去,过去一看,法定代表人马上已经要到通缉的阶段了。那么我们马上就想办法,五百万打过去,很爽气。而我们S市呢,从我们律师角度而言,既然有这个法律的规定,应当强化这个政策的使用,加大对这种失信人员的震慑力。不然,就算司法拘留,对方也是有思想准备的,不就是(拘留)15天嘛,我已经准备好了。司法拘留以后,一点效果都没有。所以我认为,如果在这种状态下,能往拒不执行法院判决和裁定罪靠,那对于一般的人来讲包括企业家,他只要能解决(司法判决判处的债务问题)还是会想办法解决的。因为这当中不但涉及他这个企业问题,还关乎他这个人是不是涉及刑事犯罪的问题,所以这对于尽快解决执行当中的纠纷争议是有很大的促进作用的。……所以这个当中还是力度不够大。其实国家已经给出这个司法政策,就是下面怎么细化、如何加强操作的问题。(SMX181227D1)

可以看出,国家对于执行问题虽然也有统一的法律规定与司法政策,但在具体实施过程中,却存在地域差异。这一方面的原因在于上文提到的司法判断中对案件事实、法律性质的认定本身就存在认识上的权衡空间;还有一个原因则在于各个地方出于经济治理因素的考虑,而采取不同的地方性司法政策。对于后一点,一位受访的政法委工作人员也进行了回应:

关于"拒执"刑事处罚的问题,就是说我们S市比起一些外省市,可能在这方面是不太愿意用(刑事处罚),确实是因为

这在一定程度上也会打击到经济。但是,怎么说呢,人都有类
比心态的,人家欠我钱还不回来,那我对我的债权人也就想这
样操作了。加强"拒执"的刑事处罚,虽然一开始会有阵痛,但
是它会起到一个良性的促进作用,可能处理一两个人,有了典
范,它的宣传效应会对其他人有一个自我感知:"哦,不行了,
要刑事处罚了。"刑事处罚的话,它的后果,和原来的司法拘
留、限制高消费、列为"失信人"之类的,是不能同日而语的。
(SMF181214A1)

接着,该工作人员在回应中还进一步指出,由于执行工作的制
度成本与人力成本,还有相关政策及其配套政策存在不完善和漏
洞,使得法院执行工作在实施中无法达到理想效果:

在列为"失信人"、限制高消费的过程当中,还是有很多人
打擦边球,所以才会出现一些人在高铁上被拘起来这样的状
况。他们还是有一些变通方法规避这些方式,包括一些机票
购买的问题、出国旅游的问题。……而且往往涉及多地方、多
部门的工作,法院的工作量也很大,对于申请执行的债权人的
"续保"①要求也很高,效果不是太好。……所以说,刑事处罚
这一块,如果有一些典范性的效应,从长远来看会有利于市场
的公平性与信用体系完善。(SMF181214A1)

因此,民事判决执行的司法政策、法律规定在具体实施过程中

---

① 根据《诉讼费用缴纳管理办》第十四条的规定,向法院申请执行法院发生
法律效力的判决、裁定、调解书等的,要按照一定比例缴纳相应的费用;申请保全措
施的,也要按照要保全的财产价值缴纳相应的保全费用。

的地域性、地方性,以及由于制度不完善带来的个案执行效果的差异性,使得执行程序的推进尺度存在很大的伸缩空间。这个空间就会被一些人所利用,用来规避自己应当承担的义务,进而获取到额外的利益或者说保留不属于自己的利益。反过来,对于依赖于司法程序的企业来说,就意味着要吃亏:

> 当然,有些人(不执行法院判决)确实是有其他的因素,但是大部分人其实还是能想办法的,只是说(因为)他们对这些执行的环节、执行的套路非常了解,他们就想:"我与其花个五六百万去还这个钱,还不如去拘留 15 天算了。"(SMF181214A1)

另外,司法地方性因素对司法弹性空间有目的的影响,还表现在一些地方对本地大型企业、重要企业的"保护"或"袒护"上。在调研中,有中小企业反映其输掉的一个经济纠纷的官司,企业负责人认为其中就涉及了地方性因素的影响,即当地某知名大企业受到了本地法院的"袒护"。受访的 G 公司是一家中小企业,而 SN公司则是 J 省一家知名企业。2017 年 G 公司在利用 SN 公司电商平台的众筹服务的时候,与相关中介服务公司 HK 公司发生了直接的经济纠纷,G 公司认为法院应当认定 SN 公司与 HK 公司之间存在法律关系,应当承担共同责任。但法院最终驳回了这一诉求,对此,G 公司在法律上也只能接受,但并不完全认可:

> SN 公司与 HK 公司之间确实存在联系,但是它们之间的联系究竟到何种程度,以至于 SN 公司需要因此承担法律上的责任,则是由法院来认定和判断的。……很明显,如果没有SN 公司在后台的协助或者默认,HK 公司根本没法利用这个

支付系统进行刷单。法院认为证据不够充分,但是这后台的证据,我们咋能获取到? SN 公司就是用这些商务运营代理公司,拉客户、刷单,带动自己平台的活跃度。(BCG190822A1)

G 公司认为影响法院行为的其中一个重要原因就是 SN 公司在当地的重要地位:

> SN 公司是它们省的明星企业,法院有偏向了,我们咋可能赢呢?……和我们一样遭遇的企业有很多,它们也不知道接下来要怎么办。(BCG190822A1)

当然,以上都只是受访对象的"一面之词",他们对案件的猜测性判断并不一定成立,我们在这里也没有必要对案件本身作出评判,也无法在信息不完整的情况下作出评判。但是,我们确实也可以从中了解到企业在营商过程中会有意识地关注到司法的地域性或地方性问题,这一问题是有"存在感"的,是作为一种制度环境中的潜在因素而或多或少影响企业的权益依法实现的。

从新闻公开报道的一些案例中我们实际上也可以发现这一现象。例如,在"腾讯诉'老干妈'拖欠 1 600 万元广告费案"中,腾讯在双方还没有核实清楚事实进行有效沟通的情况下,就很迅速地启动了诉讼保全程序,而深圳市南山区法院也很快作出了相关裁定,冻结对方 1 600 万元资产。按照我国《民事诉讼法》规定,裁定诉讼保全的条件是:可能存在使法院将作出的判决难以或不能实现的情况。但实际上,案件一开始,"老干妈"就积极回应了腾讯方面的指控,提出是有人以"老干妈"的名义进行诈骗,并表示愿意配合腾讯查明真相;同时,"老干妈"企业也一直在正常经营,不存在因为这个案子而转移财产等情况。所以,"老干妈"是否属于法律规定的需要"保全"的情形,其实是值得商榷的。对此,就有媒体指出,腾讯有利用司法手段进行施压、滥用权利之嫌。①

面对腾讯的诉讼,"老干妈"也迅速发表声明予以否认,并求助当地公安与司法机关。贵阳警方查明:腾讯与"老干妈"所签协议,为三名犯罪嫌疑人伪造公司印章、冒充该公司市场经营部经理所为。"短短 3 天时间内,贵阳市公安局双龙分局已对三名犯罪嫌疑人采取强制措施,贵阳市南明区人民检察院也已经提前介入。"②可以看出,在"老干妈"这边,相关司法程序的启动是非常受到重视和高效的。由此可以看出,对于司法程序实施尺度的利用,确实存在着个体之间的差异性。

也许,一些中小企业反馈的"吃亏"感受是来自"别人有而我无",别人可以"有效"利用司法弹性空间,而自己却不能。但显然,这种心理上的不平衡不是一种真正的"吃亏",也不是本书关注的内容。我们从中发现的是,这些中小企业被不公平对待,即对方企业能够"有效"利用司法弹性空间的一个重要的制度性影响因素——司法地方性。可以看出,作为一种客观存在的制度性因素,司法地方性与司法弹性空间的互相作用,确实为一些人干预司法程序提供了可能性。

二、司法地方性与司法地方保护主义

案件管辖地所带来的司法地方性或地方化问题,一直被学界

---

① 参见谭君:《专家谈腾讯诉老干妈案:裁定查封老干妈财产值得商榷》,载 https://www.thepaper.cn/newsDetail_forward_8104613,2022 年 8 月 18 日访问。

② 《央视记者火线追踪:腾讯告老干妈事件!检察机关为何提前介入?》,载 http://news.cctv.com/2020/07/04/ARTI3bQVNl4ZHnpDRj5IC4kW200704.shtml? spm=C94212.P4YnMod9m2uD.ENPMkWvfnaiV.91,2022 年 10 月 15 日访问。

所关注，①当然，并不是说所有的司法地方性表现都是有问题的。中性意义上的司法地方性，强调一个地方的法院工作利用地方性知识、参与地方治理而在长期实践中形成的一种并不强烈、个别性场景中体现的司法惯习。然而，在大多数情形中，如果一个地区的法院在某些案件中或者针对某些案件主体表现出鲜明的地方性，那么往往很难单纯从中性的、内在的视角对其进行评价和解释。这种地方性同时还会受到外在因素的影响，从而形成一种司法地方保护主义。中性意义上的司法地方性只是对司法制度特性的客观描述，而地方性企业有意利用本地法院司法程序中的弹性空间，从而导致司法上的不公平，则更多是因为司法地方保护主义的形成，这可能成为一种造成利用司法活动导致另一方吃亏现象发生的制度性因素。

（一）司法场域、司法惯习与司法地方性

形式主义法理学强调法律是一个自主、封闭的系统，有自身的认知体系与运转规则，而排除历史、心理和社会等因素，例如凯尔森的纯粹法理论；发源于马克思的工具主义法理学则将法律看作是社会权力关系、意识形态的反映，从而秉持一种决定论立场。然而，这两种对立的视角（前者强调法律的内部，后者注重法律的外部）都完全忽视了一种完整的社会世界，即司法场域，这一世界在现实中是相对独立于外在的决定因素和压力的。②法律的社会实践实际上就是"场域"运行的产物，这个场域的特定逻辑是由两个

---

① 参见刘作翔：《中国司法地方保护主义之批判——兼论"司法权国家化"的司法改革思路》，载《法学研究》2003 年第 1 期；贺欣：《合同判决执行在经济发展中的角色——两个基层法院的比较》，袁方等编译，载《思想战线》2013 年第 4 期；潘越等：《公司诉讼风险、司法地方保护主义与企业创新》，载《经济研究》2015 年第 3 期。

② 参见［法］布迪厄：《法律的力量——迈向司法场域的社会学》，强世功译，载《北大法律评论》1999 年第 2 辑，第 496—499 页。

要素决定的:其一是特定的权力关系,它们为场域提供了结构并安排场域内发生的关于资格能力的冲突;其二是司法运作的内在逻辑,其约束着可能行动的范围并由此限制了特定司法解决办法的领域。①因此,司法场域具有相对的自主性,其内部具有自身的行为逻辑,同时,外部权力需要具备相应的资格或以特定的形式才能够进入到司法场域之中。前者意味着,法官对法律的解释适用体现出自主、中立和普适性的修辞技术,②强调法律适用的形式理性,对法律抽象意义上的同样案件会作出一致的裁判;后者则意味着法官在行使自己的审判权时不受到外力的干涉,而是基于自己的认知与判断得出结论。正是在这种实践话语之下,以及在全国统一的法律体系之下,法官形成了自己的司法惯习。

由此看来,一个国家统一的法制体系,就是一个抽象的司法场域,而其中的法官都会有着相同的司法惯习。相应地,也就排斥了司法场域与司法惯习的地方性。因此,在我国学界和司法体制内,一直在持续强调、推进"司法权国家化"③、司法统一与垂直管理、司法"去地方化"④改革。然而,司法场域在实践中就一定不具有地方性吗?司法场域、司法惯习的地方性就一定会影响到司法场域的相对自主性以及司法审判的独立性吗?笔者认为,对此,有必要区分司法地方性与司法地方保护主义这二者的概念。

---

① 参见[法]布迪厄:《法律的力量——迈向司法场域的社会学》,强世功译,载《北大法律评论》1999年第2辑,第499页。
② 参见[法]布迪厄:《法律的力量——迈向司法场域的社会学》,强世功译,载《北大法律评论》1999年第2辑,第505页。
③ 刘作翔:《中国司法地方保护主义之批判——兼论"司法权国家化"的司法改革思路》,载《法学研究》2003年第1期。
④ 陈卫东:《司法"去地方化":司法体制改革的逻辑、挑战及其应对》,载《环球法律评论》2014年第1期。

实际上，司法地方性应当被理解为一个中性意义的概念。司法场域虽然具有一国范围内的抽象统一性，但在具体实践中，它同时还和地方的各个社会实践场域相交叠。这首先会让法官的司法知识、司法认知具有一定的地方性，从而使其司法惯习具有一定的地方性。其一，法官在办案过程中，不仅会依循抽象的法律规范，而且还会适当考虑高一级地方的地方性法规与司法政策，这些地方性法规与司法政策往往是当前省、市一级政治政策、经济社会发展政策的体现；①其二，法官在遇到疑难案件的过程中，会通过法官会议的形式与法院的其他法官进行探讨，从而促进全院对相关案件形成统一的裁判标准与风格；其三，我国各地社会和经济生活复杂，法官需要具备相应的地方性知识，需要将法律规范地方化地适用。②

其次，除了知识层面，司法场域本身也处在特定的地域环境中，从而或多或少地要在实践层面回应地方社会的需要，其作为国家治理体系中的一环，有时还要服务于所在地的经济与社会发展。据此，有学者就指出，地方性是权力的一种结构性表达方式，表现为权力在空间上的广延性，法院的地方性是司法权在国家主权范

---

① 例如，调研中就有检察院代表提到因为国家优化营商环境政策，相关定罪起诉标准也进行了调整：

现在整体是对于民营企业进行保护（的政策），比如说虚开增值税发票，入罪的标准会提高，就是尽量不要让所有的行为都纳入刑罚的范围内，因为刑罚的罪是比较重的。我们就是要求准确把握好一个法律政策的界限，违规与违法、罪与非罪、重责与轻责之间的界限，我们就倾向于在能够保障企业正常生产经营融资的情况下，对于一些民营企业，尤其是一些认罪态度比较好、社会危害不大的企业，慎用逮捕措施、谨慎认定犯罪。（SMF181214H1）

② 例如，有学者通过对北京、上海和广州三个城市违纪解除劳动合同纠纷判决书进行实证分析，发现各个地方不同的法律规则会导致对公民/企业权利的差异性保护。（参见程金华、柯振兴：《中国法律权力的联邦制实践——以劳动合同法领域为例》，载《法学家》2018 年第 1 期。）

围内各地域的一种结构性安排。与之相对,"地方保护主义"指的是地方政府或所属部门,以违背国家法律或中央政策的方式滥用或消极行使权力,不适当地维护或扩大该地方局部利益之行为和观念。①

因此,如果是单纯的司法地方性,并不会普遍性地被用法获利者所利用,也不会成为中小企业"守法吃亏"的制度性因素。因为,从认知层面来讲,法官认知的地方性同时还会受到法律条文普遍适用、国家统一司法解释、同案同判原则等司法场域内的制度机制所限制,二者之间会有一种平衡与调适,或者说司法认知的地方性只会在个别情况中偶然地凸显出来,更多的时候是融合的、隐含的。另外,对于实践层面的地方性,司法是依据自己司法权的职权内容参与地方治理,如果司法场域外的其他权力关系不直接进行干涉与侵入,那么司法场域的边界仍然是清晰的。

(二) 司法地方保护主义

以上分析可知,司法地方保护主义才是真正造成非本地中小企业被不公平对待,从而"守法吃亏"的重要制度性因素。简单概括,司法地方保护主义就是地方法院在开展司法活动过程中,通过司法权的不当使用,而倾向性地保护当地企业或行业的经济利益的行为与观念。虽然司法场域具有一定的地方性,但是,如果司法场域中的权力关系出现了以保护地方利益为目的导致的失衡,并因此而固化,就会成为一种"司法地方保护主义"。

司法地方保护主义话语最早出现于20世纪80年代。1986年4月,时任最高人民法院院长郑天翔在《最高人民法院工作报告(第六届全国人大第四次会议)》中指出:

---

① 参见李小萍:《论法院的地方性》,载《法学评论》2013年第3期。

由于历史的原因,特别是由于"十年动乱"的恶劣影响,藐视法庭,"以言代法""以权压法",对法院依法办事横加干涉的事不是个别的,有的是不懂法律,有的是偏听偏信,有的是滥耍威风,还有的是以权谋私。在经济活动领域内,一些干部不是将法律作为保护人民合法权益和国家利益的武器,而是实用主义地对待法律,把法律当成保护本地区局部利益的工具。法院的判决,如果对本地有利,就高兴,就说法院的好话;如果法院判决本地应偿还外地的债务,就不高兴,就指责法院"胳膊肘往外拐";甚至阻挠法院对一些案件的受理、判决和执行。

之后在 1988 年,郑天翔在第七届全国人大第一次会议上所作的工作报告中正式提出"地方保护主义"这一表达。

正如郑天翔在 1986 年的报告中指出,司法地方保护主义主要体现在案件受理、案件判决和案件执行三个方面。学界对于司法地方保护主义问题的批评,主要可以概括为两个视角:一是从建立和完善社会主义市场经济体制,尤其是构建全国统一市场的角度的批评;二是从司法权统一行使、独立行使的理论属性的范畴的批判。①学者认为,由于我国现有的政治体制、行政区划所形成的司法的属地化和地方利益的存在等原因,客观上导致了一些地方存在司法上的地方保护主义倾向,地方法院演变成了地方的法院。具体而言,第一,因为在我国政治体制中,地方司法系统隶属于地方,地方司法系统的人、财、物大权,生存与发展,都掌握在地方手中,从而为司法上的地方保护主义滋生产生了条件。第二,地方司

---

① 刘磊:《基层法院对县域经济发展的回应形态及其形塑机理——兼评司法地方保护主义话语》,载《华中科技大学学报(社会科学版)》2019 年第 5 期。

法系统由地方产生,并对其负责;在本地发展过程中,地方的一切权力结构包括行政、立法、司法等都可能会为了本地利益而"合谋"进行"保护"。第三,中国经济体制尤其是财政体制改革,以及各地方经济发展的不平衡,导致"诸侯经济"①的出现。此外,司法的地方保护主义也一直被认为与司法行政化密切相关:就外部而言,由于地方政府掌握着财政、人事等影响法院的手段,法院不得不与行政目标亦步亦趋;就内部而言,审判活动因为案件层层审批同样行政化了,上下级法院之间也从审计监督关系变成了事实上的业务领导关系。②

从上述话语和理论分析中可知,这种"司法地方保护主义"主要是由于地方法院的利益受到捆绑和限制,地方司法活动通过法院行政化系统传导,受到地方性外部权力关系的干涉与影响。然而,也有学者指出,这种意义上的"司法地方保护主义"已经不再凸显,而是在结构性地隐退。这一制度实践叙事主要来自20世纪90年代初期的印象,随着政治制度的不断变革,地方党委、人大和政府进行地方保护主义的利益激励,以及它们对地方法院在"人、财、物"等方面的权力支配,都已经在不断减弱和衰退。当事人寻求对案件进行干预的优先选择对象乃是上级法院,而并非是地方党委和人大。③还有学者指出,在当前参与由地方党委政府主导的县域经济发展过程中,基层法院形成了具有较强自主性的回应形态,这种回应形态为法院独立行使审判权保持了较大的自主空间,同时

---

① 这种"诸侯经济"突出表现为一种以 GDP 为核心的县域经济竞争。参见周尚君:《地方法治竞争范式及其制度约束》,载《中国法学》2017 年第 3 期。

② 参见姜峰:《央地关系视角下的司法改革:动力与挑战》,载《中国法学》2016 年第 4 期。

③ 参见刘忠:《司法地方保护主义话语批评》,载《法制与社会发展》2016 年第 6 期。

也有助于法院在县域经济发展中发挥一定的作用;将法院参与地方经济发展视为"司法地方保护主义",是放大了司法地方保护主义在目前的普遍性。①可以说,这是一种法院参与地方治理的"地方性",而非"司法地方保护主义"。

客观来说,20 世纪产生的"司法地方保护主义"话语内涵在我们上文的分析中,确实没有得到鲜明地体现。无论是从案件审判还是程序执行,上述案例中的法院似乎在形式上并没突破合法性界限,也没有明显受到地方性外部权力的介入与干涉。这其中确实不存在一种"外部干涉型司法地方保护主义"。但是,我们同样也指出,法院在裁量空间与执行尺度上的选择,客观上确实被用法获利者所把握和利用。如果法院这种在空间与尺度上的选择会因为是否是当地企业而体现出一种规律性,那笔者认为,这同样会是一种"司法地方保护主义"。只不过这不同于"外部干涉型司法地方保护主义",而是一种"内在实践型司法地方保护主义"。

如表 4-1 所示,传统的"外部干涉型司法地方保护主义"强调的是地方法院在参与地方治理的过程中,受到地方权力的干涉与地方利益的裹挟,影响到司法裁判活动的独立行使。而"内在实践型司法地方保护主义"往往并没有突破法律设定的边界,而是在自主空间内对特定主体的特定案件进行倾向性的法律解释或者倾向性的精力投入,造成一种知识权力与资源分配上的不平等。这种不平等的发生往往是隐蔽的、非正式的,甚至是法官在工作中不自觉地形成的。当然,虽然在表面上来说,法官是"自主"或自然而然形成了这种偏向地方企业的司法惯习,但整体法院群体形成这种

---

① 参见刘磊:《基层法院对县域经济发展的回应形态及其形塑机理——兼评司法地方保护主义话语》,载《华中科技大学学报(社会科学版)》2019 年第 5 期。

判断上的一致倾向性,仍然是外在因素的隐蔽影响。第一,省、市的一级经济发展政策往往会转化为一种司法政策,例如促进本地某个行业的发展、推动本地某个专项的治理等,如果这种倾向性政策的落实优先于法官对法律的自主适用,那么就会在不自觉间转化为一种"内在实践型司法地方保护主义";第二,在法院日常性参与地方性事务的过程中,潜在地形成相关的倾向性观念;第三,对于当地大型企业来说,其强大的法务资源在长期与当地法院进行司法交往的过程中,对类型案件提出的相关司法意见会潜在地影响法院或更容易被法院所接受;第四,地方性关系网络与人情关系的存在,使得法官更愿意对本地企业投入更多精力、提供法内的帮助;第五,从认知层面上来说,法官有时也会更倾向于本地的明星企业;第六,当地企业与法院有时会直接发生更为隐蔽的利益输送关系,例如政治"旋转门"机制等。

表 4-1 司法地方性与司法地方保护主义

	司法地方性	司法地方保护主义
司法场域外在关系	司法治理的地方性	外部干涉型: 地方权力对司法裁判的干预
司法场域内在关系	司法惯习的地方性	内在实践型: 知识权力与资源分配的不平等

总的来说,随着法律体系日益复杂、司法工作日益专业化,司法活动的倾向性表现有了更加微妙的操作形式,它们发生在法院司法实践的自发形成过程中,是隐性的、柔性的,而非外在的、显性的、强力的。对此,也许笔者调研中的个例不能充分地说明,但学界的相关实证分析能够提供更好的证明。例如,有学者梳理了自1986 年到2010 年共102 件知识产权案例的判决文书,发现在其他条件不变的情况下,一审案件中,原告与法院所在地一致相比不一

致的情况,原告具有更高的胜诉率或者判决;相比较而言,二审案件则不存在这种明显的规律。① 还有学者分析了 2015 年到 2016 年某两大企业起诉多个微信公众号侵害商誉权的全部 12 个案例,发现其管辖实践表现为"被告就原告",即都在作为原告的两大企业公司注册地——杭州市审理;并且结果都是原告胜诉。再结合具体内容分析,让人很难排除地方司法保护主义存在的可能性:其一,这些案件中,在损害赔偿、因果关系、行为人过错三方面的界定上有着诸多问题,这本应属于原告的举证责任,但在原告举证不充分的情况下仍然获得有利判决,法院自由裁量权过大;其二,通过这一系列案件的比较,对于原告索赔与法院判赔的比例上无法发现法院认定损害赔偿的依据和标准,相关裁判说理不充分甚至缺乏,实际操作往往就是诉赔"一口价"、判赔"一口价"。②

三、小　　结

综上所述,本章案例中中小企业"守法吃亏"的主观感受源自对方当事人利用了本地的司法资源,让相关司法程序和司法决定在制度弹性的空间内作出有利于自己一方的决定,这让受访中小企业感受到了司法上的不公平对待。受访中小企业在自己所反映的具体案例中是否真的受到了司法上不公平对待,我们是无法准确判断的。但是,结合相关研究以及公开案例,它们所反映出的问题确实是客观存在的,即"司法地方保护主义"。不过,基于本章分析,不同于传统意义上的"外部干涉型司法地方保护主义",现在司

---

① 参见龙小宁、王俊:《中国司法地方保护主义:基于知识产权案例的研究》,载《中国经济问题》2014 年第 3 期。

② 参见展江、殷东贵:《微信公众号在商誉侵权纠纷中不堪一击?——基于农夫山泉、娃哈哈 2015—2016 年系列诉讼的分析》,载《新闻界》2017 年第 11 期。

法实践中更为突出的是"内在实践型司法地方保护主义",它往往体现为在合法的司法弹性空间中对地方企业特别是地方重点企业有意识地、专门性地进行倾向性法律解释与倾向性司法资源配置。有时,这种司法制度惯习甚至是一种"没有共谋的实践默契",即司法场域与经济场域处在同一地方治理场域以及地方关系网络中,行动者之间的长期互动而形成的行为"默契"。这个过程是在实践中松散地、潜在地、非正式地发生的,是在司法实践中自然而然形成的。从这个意义上来说,对方当事人与法院的行为在形式上可能是合法的,但实质上并不合法、客观上并不公平,所以,中小企业认为自己"守法吃亏"是可以理解的,只不过原因不在于自己守法,而是在于对方没有严格依法办事(我们姑且不论中小企业的守法是没有相关资源而不得不守法,还是自己积极主动、信法而守法)。

第五章
市场纠纷维权与"被偏袒的违法"

　　一个理想的社会,并不是一个不会发生违法行为的社会(这是有悖于人性的),而是发生的违法行为都会受到制裁和追责的社会。本章案例中,中小企业之所以认为自己作为守法一方却成了"吃亏"一方,是因为某些与自己发生市场纠纷(例如债务纠纷、劳动纠纷、消费纠纷等)的相对方明明作出了扰乱经营秩序的违法行为,但是执法者却没有依法严格追究对方的法律责任,而是回避处理、默许对方违法行为的存在或"做工作"让自己作出妥协、让步。这种情况的发生首先与案例本身的复杂性有关,因为这类案例都是中小企业与对方存在初始债务或劳动纠纷的情况,对方作为维权方,采取了扰乱企业经营秩序的行为。对方认为自己是合理维权,企业则认为一码归一码,有纠纷走法律途径,这种维权完全影响了自己的正常经营秩序,执法者应当对他们采取法律措施。可以看出,这类纠纷维权案例在执法实践中确实存在相当大的复杂性:纠纷本身尚未有司法上的定论,维权者有道义上的合理性,企业经营秩序维护诉求有法律上的合法性,处理不当可能转化为社会公共秩序问题等。因此,执法者时常会面临非法律因素的考量,进而采取"回避—默许"或"劝说让步"的执法策略。此时，从企业的视角看，就是对方扰乱经营秩序的违法行为受到了"偏袒"，没有得到依法处理，而自己却要承受经营秩序被扰乱的影响或者在双方纠纷中作出法律规定之外的让步。

中小企业面对这一问题时的"守法吃亏"感受是可以理解的，但是具体案例中双方的纠纷究竟如何认定？对方的维权行为是否真的逾越了法律的界线？并不是我们分析的重点。本章想要探究的仍然是主观经验现象背后的法律问题：为什么这类案件难办？为什么执法者要采取这种策略？为什么主要是企业一方作出"让步或妥协"？

一、市场纠纷维权："被偏袒"的扰乱经营秩序行为？

企业的经营秩序是保障企业正常生产、营业的前提，我国《治安管理处罚条例》第十九条规定，扰乱机关、团体、企业、事业单位的秩序，致使工作、生产、营业、医疗、教学、科研不能正常进行，尚未造成严重损失的，若尚不够刑事处罚，处 15 日以下拘留、200 元以下罚款或者警告。但现实中，却存在一些扰乱经营秩序的违规或违法行为，没有得到应有的处置与制裁，经营者则因为经营秩序受到影响而受到利益损失。

（一）债务纠纷维权中"被偏袒"的扰乱经营秩序行为

对此，调研中发现的其中一类案件是因债务纠纷而引发的债权人在催债过程中对债务人经营秩序的影响：

之前山东的那个"辱母案"①，这个大家都知道。我当时

---

① 也被称作"于欢案"，2016 年 4 月 14 日，10 多人组成的催债队伍多次骚扰苏银霞的工厂，辱骂、殴打苏银霞，要求其还钱。其间，报警后警察上门，（转下页）

就讲，我很早就关注到在全国这种（讨债）的"手法"就很盛行。现在是开始扫黑除恶，稍微又收敛了，但是这个"黑恶"打完了呢。这里面的问题就是，我在这边经商，你们也代入想想，你对外签了合同，万一签合同之后履行有点问题，你可能认为是对方的问题，或者他认为是你的问题，反正不管是谁的问题，就是出现了争议。然后对方就开始每天三个人、五个人跑到你这边（经营场所）来，赖在你们领导或其他负责人办公室，怎么办？对于像比如你们学校这种大单位或者大企业就还好，因为（经营场所）大，所以大家（外部人员）看不到，第二个大门口就有保安，第三个就是大企业相对也好消化（这种问题）。但是，对我一个一般的企业来说，你把那个门一堵，大堂一坐，人家一天还干什么事情。（SPG190911L1）

从受访者所介绍的情况以及他提到的社会热点案例可以了解到，一种运用暴力、纠缠等影响企业经营秩序或企业主正常生活、人身安全的催讨行为，在某些地区时有发生。实际上，整个案件是存在两类纠纷的：基础纠纷是先前出现的经济或债务纠纷；后续纠

（接上页）也只是进行了劝说和警告，在警察离开后催收人的暴力行为没有任何收敛。苏银霞的儿子于欢目睹其母亲受辱，从工厂接待室的桌子上摸到一把水果刀乱捅，致使四名催债人员被捅伤，其中杜志浩因未及时就医导致失血性休克死亡。该案引发了巨大的社会争议，一方面在于于欢的行为是否构成正当防卫、应当如何认定其追究刑事责任问题，另一方面也引发了人们对暴力催收问题的关注。（参见"百度百科 4·14 聊城于欢案"，访问地址：https://baike.baidu.com/item/4%C2%B714% E8%81%8A%E5%9F%8E%E4%BA%8E%E6%AC%A2%E6%A1%88/ 20583854?fromtitle = %E4%BA%8E%E6%AC%A2%E6%A1%88&fromid = 20583863&fr = aladdin，2022 年 10 月 10 日访问。）当年还有类似的案件引起关注，参见《河南方城：讨债公司住进家中 7 天不让睡　要么还钱要么死　男子最终跳楼》，载 http://news.youth.cn/gn/201608/t20160803_8492205.htm，2022 年 10 月 10 日访问。

纷是因为催讨债务行为而引发的有关经营场所秩序维护的纠纷。从事实角度看,二者具有因果关联,但从法律的维度说,二者应分别受到相应法律规范的评价,即两种行为都要在各自相应的法律框架内解决,不能逾越法律的标准;前一个纠纷的存在并不能成为后一个行为"逾矩"的正当性基础。实际上,对于基础纠纷(债务纠纷)的解决,法律提供了相应的渠道,应当依法按照相应途径去解决,而不是制造新的纠纷去解决。

虽然执法部门对于扰乱经营秩序的违法行为选择了出警并介入,但介入后的处理方式却轻描淡写,只是简单地了解情况并进行劝说,客观上会造成默许、放纵相关行为的不良后果,本质上仍是一种消极回避的态度。而之所以持有这一态度,原因之一是某些执法者认为缺乏明确、具体的法律规定,该律师在访谈中反复强调《治安管理处罚条例》针对扰乱经营秩序的行为规定了明确的执法依据,其言外之意似乎就是实践中某些执法者并没有这样的认识,而下文的调研材料某些程度上可以印证这一点。原因之二在于,执法人员在案件事实认定上将后续的扰乱经营秩序行为默认为属于基础纠纷的一部分,因而只是一个民事的经济纠纷问题,不归公安管,通过混淆两种纠纷类型、改变后续扰乱经营秩序行为的性质,进而将其排除在自己的管辖范围之外。原因之三则是,对于性质不严重但处理麻烦、复杂的案件或者说行政"效益"低的案件,部分执法者存在敷衍了事的心态,而不是完完整整走法律程序。

执法部门中出现的这种过问式、劝说式的轻描淡写的处置方式,并不能遏制相关违法行为,相反,往往会进一步纵容违法者。这实质上偏离了法律公正中立的态度,在客观上偏向了违法者一方,企业却因为经营秩序被扰乱而蒙受损失或增加负担:

因为我也是当律师的，我深入这些企业，我知道有些企业是深受其苦。……如果是个贸易公司，在你办公场所吵吵可能还好，但如果是个直接面向顾客的经营场所，比如餐厅，对方来一大帮人，那顾客全部跑掉了，这严重影响（经营）。（SPG190911L1）

（二）劳动纠纷维权中"被偏袒"的扰乱经营秩序行为

除了上述因债务纠纷而引发的扰乱企业经营秩序的案例，劳动纠纷特别是劳资纠纷所引发的劳动者因维权而对企业经营秩序的扰乱，同样是调研中普遍反映的情况：

因为我们企业生产调整，一部分产能需要搬迁到南京，本来咱们 S 市现在也在慢慢转移劳动密集型产业。我们提出的安置方案是自愿原则，愿意去南京的直接一起搬到南京继续工作，不愿意走的我们按照法律要求提供补偿金。但是员工就认为我们都应该对所有员工进行补偿，而且补偿金必须提高。然后很多人就拉横幅、堵在厂区门口。

这是一个事情，还有一个情况是，我们的一个工程款已经跟我们的承包方结清了，但是承包方又分包下去，然后分包方的员工可能没有拿到钱，但是他们找不到他们的老板，就说，"我们不管，我们就知道这个项目是给你们做的"。然后就堵到我们门口。从法律上来讲，我们是没有任何问题的，但是他就堵在那，我们也拿他们没有任何办法。对这个事我们真的特别冤屈，跟我们没有任何关系，但是他们就在我们两个大门口拉一周多的横幅，刚好那一周还有客人来，影响特别不好。然后一些不明就里的员工看到了，也觉得是不是企业真的做的不对。

说句实在话,我也不止在这一家企业工作过,我上一家企业也是在咱们区的Z园区。在Z园区的时候,我们也有工程建设,有的时候,(工人们)看似是弱势群体,但其实不是,反而我们是弱势群体。他们就是到门口一堵,还没有到期的你本不应该付给他的款项,不得已就付给他了。

还有当时园区里另外一家企业,第二天有重要的会议,国际客人以及市政府领导都要过来,他们工程队就收到这个消息,他就故意头一天晚上堵在你这里,真的就是不该付的款不得已在那种情况下也得付给他。那个时间点我就真的觉得企业也是挺弱势的。(SMX181227B1)

这位经验丰富的公司法务为我们一口气提供了四个相关案例,由此可以充分体会到她在这方面的深切感受。在这类案例中,劳资纠纷是基础纠纷,因为劳资纠纷而引起了劳动者维权行为对企业经营秩序的扰乱。即使是对于并不合理的诉求,这些劳动者仍然以一种维权的名义展开行动,这是因为,当前的社会语境中劳动者身份隐含着一种天然的政治正当性,同时,权利话语(维权)在法律语境中也长久以来具有一种天然的合法性①;同时,劳动者在抽象意义上具有相对于企业的弱者标签,这种维权行为本身就具有了"恃弱型过度维权"②的性质。但是,与前一种案例类型一样,一方面,基础纠纷(劳资纠纷)仍然缺乏法律上的定性,其中的一些

---

① 参见夏勇:《民本与民权——中国权利话语的历史基础》,载《中国社会科学》2004年第5期;陆幸福:《权利话语的批判与反批判——围绕批判法学展开》,载《法制与社会发展》2014年第4期。

② 杜伟泉、朱力:《示弱型过度维权现象解析——以基层信访调研资料为例》,载《江苏社会科学》2020年第5期。

诉求实际上并不合理；另一方面，两个纠纷都应当分别遵循相应的法律规定，对自己权利的主张应当通过合法的途径来实现，而不是通过违规、违法，影响企业经营秩序的方式。

对于这类因为劳资纠纷所引发的群体性事件，政府非常地重视。虽然能够及时"到场"，但有时是以一种维持的无力姿态应对"维权者"扰乱经营秩序的行为。在这些案件中，政府的作为力度不够，企业只能自己消化事件造成的影响：

> 员工对于企业的有些调整、调控措施不满，引发一些群体性事件的情况确实也会发生。企业基本上是通过内部和外部的消化，或者说是政府、政府法律顾问的介入，作出一些宣传、法律引导或解释。（SMX181227B1）

当然，除了这种工作策略，政府还有其他的行动策略——提前做企业的工作。例如，为了防止群体性事件的发生，M区针对劳资纠纷建立了相应的预警机制，当发现一些可能诱发群体性事件的苗头后，政府就会提前介入做企业的工作：

> ……报到区里以后，我们就会看（上报的内容）。比如说是欠薪预警了，我们马上会有劳动监察部门会介入，到企业那边去进行调查。如果说是劳动关系转移的，涉及百人以上的，我们人社部门就会有"服务小组"，上门跟企业对接，指导企业。涉及大规模的人员转移，我们一定会要求企业制定分流安置方案。这个方案怎么制定，我们就会进行指导，进行"三方会审"，由我们人社部门、工会部门还有企业方，一起为他们的方案进行会诊，看看是不是合法，然后还会把以前碰到的一

些处理的比较好的案子、经验给他们进行参考;包括工会有一些民主程序要通过的,也会指导他们使程序上更加完善。当然,有些企业方案公布后能够平稳过渡,但有些企业还是会爆发突发事件的,爆发后我们的监察执法人员会第一时间到现场。(SMF181214G1)

相比于事发后的处理态度与方式,这种事前的介入确实更具有积极性和能动性。这种针对企业的工作确实在客观上帮助了企业,同时也可能预防突发事件的发生,但是如果仔细分析就会发现,这种"做工作"的逻辑并不是一种法律逻辑,而是一种政治逻辑,不是怕出现法律纠纷,而是怕出现后续的因群体性事件导致的社会纠纷。因此,这种"做工作"的过程自然就不仅要考虑法律本身的问题,同时还会考虑政策依据与治理后果。当同时考虑非法律因素并且以防止后续纠纷的发生为目的来制定解决方案时,就难免会偏离法律标准的方向(因为考虑了非法律因素),偏向劳动者一边而非企业一边(否则实现不了防止后续纠纷发生的目的),即企业需要从政策、政治层面作出一定的让步与让利。如果是适当地让利的话,这种方式整体上还是受企业欢迎的,因为它能够事前得到政府的"帮助",并且得到一个比较好的处理结果。

二、法律制度的实施效能不足

在上文分析的市场纠纷维权案例中,中小企业反映了执法者对其中一些扰乱企业经营秩序行为的"偏袒"。显然,这并不是因为执法者有意偏袒或是故意包庇,而是因为执法者自己感到了案件处理的难办与复杂。当然,这既可能是因为某些执法者主观上的惰性与专业水平的不足,但更多的是相关法律制度在实施过程中存在效能上的不足，某些执法者的"不足"只是制度效能不足的直接表现。

就一般文义而言，"效能"就是指效用、功用，并且往往是指事物在一定条件下所实际产生的效用、功用。制度实施效能就是指特定制度在实际实施过程中所实际发挥出的效用、功用。之所以能够对制度的效用进行观察与评价，是因为制度规定具有相应的政策目标或规范目的，依据其实现、落实程度，自然就可以观察、评估出相应的制度实施效能。制度实施效能不足，则意味着该制度在具体实施过程中并没有产生或发挥出实际的功效。

制度实施效能是国家治理效能的一个方面。国家治理效能被认为是国家治理活动所产生的一系列有利作用或积极效果，表现为国家制度和治理体系所指向的治理目标的实现程度。国家治理效能与三个因素密切相关：(1)国家治理的制度化水平，也就是国家治理体系内部诸要素的合理组合和有效运行状况；(2)国家治理面临的风险挑战状况；(3)国家制度和治理体系对于风险挑战的适应状况。它们之间的逻辑关系可以表达为：国家治理效能＝国家治理的制度化水平/外部环境状况(风险挑战)。①本部分案例主要涉及的是我国自身的纠纷治理的制度化水平。国家治理的制度化水平则取决于国家制度的内在属性是否优越、国家治理体系的内部结构和功能是否合理、国家治理体系的运行机制是否健全，以及国家治理主体的治理能力特别是制度执行能力是否强大。②笔者所提出的制度实施效能，其实主要表现为一种制度的执行状况，所以它属于国家治理效能的内容之一。③因此，影响制度实施效能的

---

①② 参见吕普生：《我国制度优势转化为国家治理效能的理论逻辑与有效路径分析》，载《新疆师范大学学报(哲学社会科学版)》2020年第3期。

③ 有学者也指出，治理效能取决于两方面：一是制度供给，二是制度执行；前者反映的是规则是否存在以及规则是否合理完善，后者反映的是规则实施的状况。

因素可以概括为制度供给、制度执行两方面。制度供给反映的是规则是否存在以及规则是否合理完善；制度执行反映的是规则实施的状况。①

虽然对于制度效能的分析，不能仅仅停留在对制度实施者，即执法者的分析层面，但不能否认的是，制度实施者的态度与行为是制度效能的直接影响因素。

当然，制度效能不足的更深层次表现还是体现在制度供给与机制运行的问题上：

> 公安部门出动是很快的，区政府、市政府对我们园区都很重视，也是在第一时间处理，但是在门口他们也就是拉个横幅，没有特别过激的动作，就一群人围在那里，然后派出所的人也没办法对他们采取更多的措施，他们员工就是站在前面，（发生冲突的话）反而是让我们警员会产生不必要的责任。像这种，《治安管理处罚条例》是有一些框架性的规定，但是细则上就没有。所以我自己也在想，类似《治安管理处罚条例》这样的法规，我们地方政府能不能有一个具体的操作细则，可以把这些事件作一个区分（对待），因为我们都是要公平起见嘛，甚至我觉得可以给这些弱势群体一个另外的更快速的绿色通道，让他们去解决这个问题，而不是堵在我们企业的门口，影响我们的正常的经营。（SMX181227B1）

可以看出，一方面，正如我们分析的，我国《治安管理处罚条例》实际上已经清晰规定了对于扰乱经营秩序行为的条文，执法机

---

① 参见燕继荣：《制度、政策与效能：国家治理探源——兼论中国制度优势及效能转化》，载《政治学研究》2020 年第 2 期。

关却因为对条文的认识理解不同以及自身的主观动机而缺乏执行的能动性。如果法律条文确实存在问题，那就应当通过相应的意见搜集与反馈机制，表达企业、律师的诉求，同时行政系统内部也需要针对该条文的适用问题，确立更加细化的实施机制或者对执法人员的培训与指导机制。另一方面，对于扰乱经营秩序行为的处理根本上还需要解决它的基础纠纷，即债务纠纷或劳务纠纷，正如企业所反映的，需要给予他们一个反映自己诉求（即使是不合理诉求）的途径，或者说劳资纠纷发生后，政府有一个比较科学的介入机制。因此，在某些案件中，执法者的态度、方式，与相关治理制度具体的配套实施机制，共同构成了违法治理制度实施不足的制度性表现。

当然，法律制度的实施包括违法追究与权利保护两个方面，而且它们是一体两面的：对违法追究的不足往往意味着守法者的权利没有得到有效的保护。因此，在债务、劳务纠纷维权案例中，一些权利、利益诉求没有得到有效回应和保障的主体，可能会通过违法行为来表达自己的诉求，进而侵犯中小企业经营秩序方面的合法权益。因为相关的债务、劳务纠纷机制没能够有效解决基础纠纷中的权利诉求，从而进一步导致后续纠纷的发生，相关中小企业在后续纠纷中又同时成为经营秩序权益的受损者。在这些案例中，当前治理体系中缺乏对那些基础纠纷（如债务纠纷、劳资纠纷、消费纠纷等）的解决途径吗？至少从一般意义上来说，我国是建立了相应的法律规定与诉讼、仲裁制度的。对方以违法的方式进行维权，实际上也说明相应的维权渠道没有充分发挥出应有的制度效能，这也引发了中小企业的困惑与困境：

说实在的，关于工程的工资问题国家规定了相应的渠道，政府有专门的电话,他们完全可以去打电话要求进一步的协调。劳动纠纷也有正规的渠道,有劳动仲裁去处理。但他们就是不走那些渠道,就堵到你公司门口,可以说给我们造成了很大的负担。(SMX181227B1)

可见,权利保护制度同样既需要制度上的规定与设计,还需要实实在在地落实与执行,如果对于相关侵权行为没有进行追究或制裁,造成了他人利益的损害,就意味着该制度在具体实施过程中并没有产生或发挥出实际的功效,即制度实施效能不足。

与此同时,在具体案例处理过程中,执法者也觉得自己"很为难":

那次事件我也在场,当时就查一遍法条,他们的行为好像是违规了,但到底是"法"还是"规",具体哪一条,确实是找不着。这种情况下,没有办法对他们进行处理。(SMX181227G1)

这种事还有一点,如果说政府职能部门参与过多,企业员工会觉得说你们地方政府是不是在帮着企业啊,你们背后是不是有什么问题啊。(SMX181227F1)

这种执法者执法的"无力感"进一步证明了相关法律制度实施效能不足的原因,可以看出,执法部门的无力感来自两个方面。

第一,与上面访谈的律师观点相反,政府部门似乎认为对于此类事件的处置并没有一个清晰、具体的法律规定,这里我们得到更加明确的印证:在某些案件上,政府并不认为当前的法律规定可以提供一个充足的、明确的、强有力的处理扰乱企业经营秩序的规范与理由。然而,法律本质上是对类型化、普遍性行为的一般性规定,其内容本身需要具有一定的抽象概括性,从而保持其适用时的涵盖范围与相对灵活性。执法行为本身就是要依据具体情境适用相对抽象的法律,这要求执法者需要一定的裁量自由与能动性。但在某些案例中,执法者却放弃这种执法特性,让自己完全处在一个看似无依据的被动状态,其实质似乎是执法技术与执法态度的问题,不能完全归为相关法律规定的不足。

第二,具体案例中群体性事件所带来的特殊性。因为群体性事件本身在政治生态中具有一定的敏感性,再加上"维权者"天然的话语正当性及社会敏感性,使得执法者在处理过程中"小心翼翼",不想让劳资之间的矛盾演化为"官—民"之间的矛盾,这种为难心理成为他们保持克制、维持事件发展现状的行为动机。对于这一点,接下来我们还要进一步进行分析。

三、治理结构与地方政府制度性利益的限制

执法者在案例中"偏袒违法行为"的执法态度以及相对应的选择性执法行为源自既有制度结构的影响,而当它们成为一种惯习,那么又可能进一步生成、强化既有的治理结构关系,这时,执法者(地方政府)的一种结构性利益或制度性利益往往会包含其中。

所谓制度性利益可以理解为制度主体因其所处的制度与制度运行机制而产生、获得的利益,即一种与个体在个体生存、社会生活实践中所需求的利益相对的类型。在实施不足型案例中,地方政府(执法部门、执法者)在制度实践中获取的制度性利益具体分为两个方面。

第一,政府执法人员如果选择回避或敷衍处理一些人多事杂或者规定不明的"小案件",就可以在很大程度上减轻自己的工作量。因为,对于涉案问题不大、性质不严重但处理麻烦、复杂的案

件,行政收益(效率)自然会更低。此外,对于一些复杂的社会纠纷
案件或事件,在处理时保持克制与相对疏离的态度,采取柔性、保
守的政策性手段,避免使用严格、刚性的法律方式,可以避免激化
矛盾从而避免自己"深陷"其中,这同样减少了很多"不必要"的工
作负担。这种在制度实践中减少制度性工作的利益获取是一种最
为直接的利益获取,当然,这种利益的追求具有很大的主观性,不
同执法者对此有不同的态度。例如,对于一些违法行为的追究力
度不足,尤其是在相关实施机制还不够具体明确、无法按部就班采
取行动时,一些执法者不会积极主动地采取相关措施;尤其是当执
法人力不足时,整个执法部门自然也缺乏建构相关执法机制、采取
能动执法的动力。在因债务纠纷引起的扰乱中小企业经营秩序的
案例中,这种心态尤为明显,通俗来讲,在制度实施过程中,某些执
行者"不给自己找麻烦",不选择那些危害后果不算大但是处理烦
琐的案件,本身就是一种在事多人少且没有相应的监督与惩罚制
约时,以消极方式获取制度性利益的途径。

　　第二,除了制度实践中的主观性利益或主体性利益,还有一种
制度结构附加给制度实践者的结构性利益。这种情况更为复杂,
但是也更为本质。例如地方政府(部门)对复杂的社会纠纷案件
或事件采取消极、保守、不依法处置的工作态度与方式,往往不仅
仅是想减少工作负担,更为根本的动因则是防止将社会民事纠纷
激化为官民纠纷。这时,如果对这些事件处理不当、造成不好的
社会影响,就会在上级政治绩效考核中受到批评与惩罚。特别是
当纠纷案件或事件转化为群体性事件或集体上访事件时,我国政
治制度的维稳要求①对地方政府持续施加着维护社会稳定的制度

---

　　① 　参见容志、陈奇星:《"稳定政治":中国维稳困境的政治学思考》,载《政治
学研究》2011 年第 5 期。

性压力①，这时只有尽快"摆平"群体性事件及其影响，才能避免受到政治绩效考核上的惩罚；相应地，如果能防止这类事件的出现，就可以在政治绩效考核中"加分"。②因而，这种受到政治制度压力与绩效考核的利益不是一种主观性的、不是制度中的个人能够选择放弃的，而是存在于政治制度结构中的、被结构所强加的。并且，这时政府的行动还更加深刻地受到了治理相对方（包括债务纠纷中的讨债人、劳资纠纷中的劳动者和消费纠纷中的消费者）群体性行动策略的影响。

以上面提到的劳资纠纷所引发的扰乱经营秩序案例来看，作为治理相对方的企业员工或劳动者，他们做出的行动也是来自他们自身对事件的认知、对法律的理解以及对个人利益的追求（这其中既包括合法权益，也包括法律之外的不合理的私利）：

> 有些员工的诉求是这样子的，因为现在《劳动法》这样比较严苛的规定，其实我们想的还是协商嘛，你愿意去新厂区的就过去，不愿意过去的留在 S 市，继续履行劳动合同，都是可以的。但是有些员工会误读法律规定，他觉得这种情况下公司就应该付他钱，给他补偿金，然后辞职。其实有些员工他就

---

① 参见唐皇凤：《"中国式"维稳：困境与超越》，载《武汉大学学报（哲学社会科学版）》2012 年第 5 期；肖唐镖：《当代中国的"维稳政治"：沿革与特点——以抗争政治中的政府回应为视角》，载《学海》2015 年第 1 期。

② 这显然与我国治官权与治民权分设的"上下分治的治理体制"有关。在这种体制中，地方官员可以因地制宜、灵活处置一般性的地方事务，但对于中央政府所设定的大政方针或治理"红线"，则不能违背或逾越。（参见曹正汉：《中国上下分治的治理体制及其稳定机制》，载《社会学研究》2011 年第 1 期。）因此，一方面，具有选拔、监督与奖惩权力的治官权的存在，会持续地给地方官员施以日常性的压力；另一方面，如果不能有效地处理好群体性事件，并因此造成重大的社会影响，则可能因为违背了中央政策，而面临"治官权"带来的直接的、严厉的惩罚。

是想走了,走之前想多拿笔钱。(SMX181227B1)

　　说句实话,很多员工对法律的认知都是传来的,都是听说这个事情应该怎么样怎么样,企业应该怎么样赔我们多少钱。这种听说可能有人专门怂恿,也有些是跟其他的一些同类的企业相类比。进行一些正确的引导以后,大部分员工还是能够有所认清的。(SMX181227B1)

　　可以看出,这类型事件中,治理相对方(劳动者)的行为动机是各不相同、复杂混合的,对于作为行动依据的相关法律知识的认知也是来源不同、程度不一。但无论如何,从形式上看,法律规定或法律知识都成为了一种他们展开行动所能依凭的主要资源。当法律作为主体行动的资源而非遵循的准则时,意味着实践中主体并不一定要清楚掌握相关规定才展开行动,而是觉得可以利用该规定获利时就会进行行动,①因而他们对于法律的获知有时并不准确。尤其是集体性行动时,这种对法律准确掌握的动机会更加弱,因为此时利用法律的成本包括可能付出的代价更低(他们会认为何必再去管自己对法律的认识对不对呢,反正大家都这样做)。而当其中一些人发现自己的行动并不具有很强的合法性时,便选择放弃行动,因而一些人经过"正确引导"后会放弃,而那些本来就想离开企业的员工会表现得更加积极。

　　当然,这种对于法律资源的利用有时还会有外部的相对专业的力量介入,这使得纠纷维权一方(债权人、劳动者等)对法律资源

---

　　①　利用法律者被认为"较少关心法律程序的合法性,却较多关心法律对于实现他们愿望的有效性""不太考虑法律的权力,而是关心自我或他人的权力,以便成功地利用法律和与法律打交道"。(参见[美]帕特丽夏·尤伊克、苏珊·S. 西尔贝:《日常生活与法律》,陆益龙译,商务印书馆2015年版,第75页。)

的利用更具有策略性、也更有效率：

> 其实在这个过程中我们也发现，不仅仅是员工（参与），他们可能也会在外面找"外援"，有可能是律师，但具体身份我也不确定。有这方面丰富经验的人会告诉他们底线在哪里，去了以后怎么站，采取怎么样的行动。（SMX181227B1）
>
> 对这种律师的管理尺度很难把握，举证也比较难，他们私底下的交流又不会被咱们知道。（SMX181227F2）

虽然也可能会有法律专业人士介入，但这种"外援"也依然是"指导"他们在法律话语之下实施非法律的行动，他们的策略始终都是以采取非法律行动为主：

> 公司和政府也提出让他们走法律途径，进行劳动仲裁，但是他们就是不肯，就是想要去信访。（SMX181227F1）
>
> 政府的想法是什么呢？对于闹事和上访……政府非常警惕，非常紧张。（STA190824A1）

因此，获取法律的信息进而得知法律具有可利用性，只是促成治理相对方（劳动者）采取这类行动的动机，而他们具体的实质的行动策略则是利用这种话语上、形式上的合法性，来造成群体性事件或进行群体性信访。正如我们在调研中所反映的，正是这种行动逻辑，有效地影响了治理者（政府）的行动，让他们采取了一种虽然往往会积极介入但却尽量保持旁观、维持事态的行动逻辑，而这种行动逻辑实际上是"迎合"了或者受制于治理相对方的行动策略的，从而在客观上"偏袒"了扰乱企业经营秩序违法行为的发生。

地方性政府对于群体性事件的发生也都非常重视,为此建立了很多相应的预防、处理机制:

> 群体性事件这一块,包括涉及企业的,是有一个政法委牵头的"预案机制",政法委牵头公安等区里面所有可能涉及群体性事件"苗子"的部门,每个月的会议上,大家就把这个"苗子"的情况,比如说有什么重大工程啊、哪个企业可能要搬离M区了,等等,可能会产生一些群体性事件,在这个会上作一些研判。然后每两个月、后来改成每个季度,区里面的主要领导要开一个"平安建设与维护社会稳定"的例会,在这个会上就是要把相关事件的情况包括处置情况,向全区的各个部门以及街镇进行通报。这样的话,我们是尽可能地把一些不安定因素预防在前。(SMF181214A1)

> 关于这个群体性劳资矛盾的问题,人力资源与社会保障局有一个"四色预警机制",然后还有一个"劳动关系调解处置平台",并且在全区十四个镇街道我们还建立了"劳动关系协管队",要求"协管队"的队员至少每三个月要去企业一次,在上门的过程中,要进行排摸。如果发现有不稳定因素,包括欠薪、大规模的劳动关系转移或减员,等等,就会通过"劳动关系调解处置平台"上报,上报说企业有不稳定因素了,有苗头了。他会根据我们的指标,分为紫、红、橙、绿四个等级,进行上报。(SMF181214G1)

按照科尔曼的理论,所谓的"维权者"的策略就是将经济纠纷案件转化为社会纠纷事件甚至是具有影响力的群体性事件,把本应是作为中立执法者的地方政府(部门)裹挟成密切的利益相关者。因此,"维权者"所利用的法律只是一种形式资源、话语资源,其根本上想要制造并掌握的资源是一种对事件的控制;①这种事件对其他行动者也会有重要影响,往往与其他行动者的利益密切相关。②在我们的案例中,这个"其他行动者"就是地方政府,群体性事件的发生与发展会深刻影响它们被政治结构所附加的制度性利益。而它们想要掌握对群体性事件的控制,就需要满足"维权者"的利益需求,实现与"维权者"的利益交换。由此,两个独立的行动者(地方政府与"维权者")的行动就结合成一个行动系统,表现出如下的行动结构:

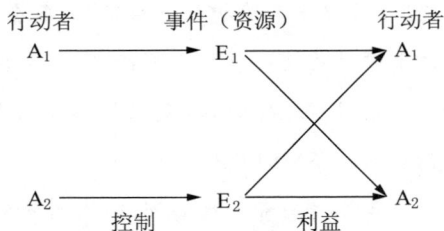

行动者　　　事件(资源)　　　行动者
A_1　→　E_1　　　　　A_1

A_2　→　E_2　　　　　A_2
　　　控制　　　利益

图 5-1　最基本的行动系统

(模型来源:科尔曼③)

A_1 与 A_2 分别代表着地方政府(部门)与维权者两类行动者,他们各自掌握着能使对方获利的资源 E_1 与 E_2,因此,为了实现自己的目的换取对方所控制的自己追求的利益,从而发生了如图 5-1 在抽象意义上所表示的社会互动。

---

① 科尔曼认为,行动者掌握的能使他人获利的"资源"种类很多,物品、资源和事件代表一般意义上行动者控制的并有自身利益在其中的"资源"。(参见[美]詹姆斯·S. 科尔曼:《社会理论的基础》,邓方译,社会科学文献出版社 1999 年版,第 41 页。)

② 参见[美]詹姆斯·S. 科尔曼:《社会理论的基础》,邓方译,社会科学文献出版社 1999 年版,第 40 页。

③ 参见[美]詹姆斯·S. 科尔曼:《社会理论的基础》,邓方译,社会科学文献出版社 1999 年版,第 36 页。

四、制度变迁与法律理念的社会张力

　　包括法律制度在内的国家各方面制度都不是一成不变的,而是会随着社会的发展而经历变化。一方面,法律制度嵌入在更大的政治体制之内,某个具体法律制度的实施都会受到治理转型、政策发展的影响;另一方面,法律制度本身也属于广义的国家治理制度,其自身也会随着相应的治理问题而发展变化,而在某个特定的时间节点,这个变化中的法律制度可能恰好是处于不完善、不确定的状态。这些制度性要素自然都会影响到法律制度具体实施的状态与效果。

　　制度变迁是一种受制约的过程,既存的制度往往会制约制度变革者的行动选择;[①]改革开放以来,我国的法律及其相关治理制度变迁是一个渐进变迁的过程,在这个过程中,存在着路径依赖、制度重组、制度扩散、制度转化等多种制度变迁机制。[②]在这些机制中,新的制度不是一蹴而就的,因而,实施效果也不能够在短期内充分发挥出来,而是在制度不断变化的过程中,慢慢实现制度设计预期的效果。既然制度实施效果不能"一步到位",那么必然就会存在某些方面发挥得充分、某些方面发挥得薄弱的情形,例如,在受到非正式约束限制的领域,制度变革的效果就难以充分发挥。[③]同样,由于在新制度建构过程中,不同机制的建构进程各不相同,一些较薄弱的或不完善的制度机制自然就不会立即发挥出

---

　　①　参见[美]约翰·坎贝尔:《制度变迁与全球化》,姚伟译,上海人民出版社2010年版,第7页。

　　②　参见[美]约翰·坎贝尔:《制度变迁与全球化》,姚伟译,上海人民出版社2010年版,第63—84页。

　　③　参见[美]道格拉斯·C.诺思:《制度、制度变迁与经济绩效》,杭行、韦森译,上海人民出版社2016年版,第7页。

其效能。此外，制度实施者也是重要的因素，制度建构的进程以及完善程度，也往往意味着相对应的制度实施的难易程度，面对这种区分，制度实施者在执行时难免会有所选择。

债务纠纷、劳务纠纷问题中涉及的执法问题，关乎我国基层治理的转型问题。从治理角度来说，这也正是当前全面依法治国阶段，我国的治理法治化转型所要解决的问题。

法律文化是一个社会文化理念中关于法律的内容，这既包括人们对于法律的看法与认识，也包括法律制度在发展过程中内生的文化观念与制度理念。而在本书的分析中，相关法律制度的法律文化却存在一种影响制度实施的张力，这种张力包括：其一，有无之间，即本土性非法律文化与移植性法律文化之间的张力；其二，新旧之间，即现代法律文化与传统法律文化的冲突，例如对于纠纷解决的看法与处理方式，现代法律文化与传统法律文化之间就有明显的不同。

一个社会的法律文化理念是指社会民众对法律的态度以及与法律规则内容相关的看法，这些态度与看法也许与法律规定的要求相一致，也可能相冲突。正如法律规则是一种正式约束一样，社会中的法律文化理念作为社会文化的一部分，则是一种非正式约束，包含着非正式的规范内容；两者之间由于"变化速率"的不同而会在社会变迁过程中产生紧张与冲突。①对于同一个事物（事件）的看法与规定，如果相关的法律与相关的文化理念之间存在冲突或错位，那么前者的实施有效性就会受到后者的影响与限制。实

① "从文化中衍生出来的非正式约束不会立即对正式规则的变化作出反应，因而，已改变了的正式规则与持存的非正式约束之间的紧张关系所导致的（社会）后果，对理解经济变迁的方式有着重要的影响。"（[美] 道格拉斯·C.诺思：《制度、制度变迁与经济绩效》，杭行、韦森译，上海人民出版社 2016 年版，第 54 页。）

际上,我国的法律制度现代化在很大程度上是一个法律移植的过程,缺乏内生发展的基础,因此,具体的法律制度规定有时会与相应的社会观念产生冲突,进而伴随着一种合法性冲突。①

　　我国纠纷解决制度的发展、实施就存在类似的问题。第一,我国传统的维权理念中包含着一种道德话语,而缺乏一种法律上的"就事论事"的分析,因此,某些维权者甚至执法者不会依照法律去区分基础纠纷(债务纠纷、劳资纠纷等)与后续纠纷(扰乱经营秩序纠纷)之间的性质,而是"混为一谈"。对于维权者而言,因为有基础纠纷中获得的道德制高点,即使自己"闹事"也认为是理所应当;而对于一部分执法者,也因此觉得案件"难办"——"闹事者"行为上确实违背了法律,但是道德上确实"占理",既然说不清,那就不如回避。第二,传统社会对于"纠纷"的解决也更倾向于社会手段(闹事)与政治手段(诉求政府),而并不习惯于诉诸法律,同时也因为法律制度的程序性、中立性,让某些当事人感到效率比较低,也存在距离感(当然,也与一些情况下法律制度的实施效果不尽如人意有关)。我国关于维稳的政治理念同时或多或少影响了执法者关于纠纷解决的逻辑,这种逻辑对于法律制度的实施也产生了影响。第三,社会大众对于政府与民众关系的观念、契约原则与官民观念之间的冲突也会影响纠纷的解决。②传统法律文化中,法律与国家是不区分的,政府深深介入到民众的生活之中,是民众的"父母官",因此,民众事无巨细都会倾向于找政府;与此同时,民众往往还缺乏一种对契约原则的接受,往往做不到自担风险,即使双方

---

　　① 参见刘思达:《法律移植与合法性冲突——现代性语境下的中国基层司法》,载《社会学研究》2005 年第 3 期。
　　② 参见向静林:《市场治理的制度逻辑——基于风险转化的理论视角》,载《社会学评论》2017 年第 5 期。

存在规定合作关系的契约,发生纠纷后,还会倾向于找政府、找官员。这些都导致了上述案例中,市场纠纷不能通过法律解决,而是寻求非法律手段甚至非法手段的现象。

因此,概括来说,与法律制度相关的法律文化理念,如果互相存在不一致的话,后者就会影响、阻滞法律制度实施的效果。

五、小 结

综上所述,本部分案例中中小企业所认为的"守法吃亏"源自自己正常的经营秩序受到了扰乱与破坏,并且有些执法者在处理案件时会选择回避矛盾进而放任中小企业的经营权益受损,或者是"劝说"中小企业在作出额外的利益妥协与让步。客观来说,扰乱经营秩序的行为在法律上有着明确的违法定性(虽然一些执法者认为不够细致具体),但是,这类案件的复杂性在于,扰乱经营秩序者是与企业产生债务、劳动纠纷的维权者,是一种"纠纷—维权"型案件。这类案件的典型特征就是存在基础纠纷与后续纠纷的混合,以及向群体性事件转变的风险。维权方认为自己在基础纠纷中权益受损,维权合情合理;企业方则认为基础纠纷可通过法律程序解决,在法律程序之外,自己的合法经营仍应当受到法律保护,自己完全是依法解决纠纷、依法生产经营。对应于自己依法(守法)行动的"吃亏",中小企业认为执法者表现出了对对方扰乱经营秩序的违法行为的"偏袒"。分析可知,这种"偏袒"并不是一种执法者个人的主观选择,而更多是法律制度实施效能不足的表现,并且这种制度效能的不足还受到了政治治理结构、法律文化理念的"拉扯"。

法理反思

第六章

中小企业"守法吃亏"的
理论类型及其分析

笔者将逐步把视角转化到作为法律实施者与经济治理者的国家(政府)的身上。从这一角度出发,国家(政府)既是实施制度、建构制度的主体,也是受到制度约束的主体,而引发"守法吃亏"的直接性法律制度因素,既可能是建构制度的国家依据立法利益的衡量而有意为之,也可能是相关法律制度建构与实施在客观上存在效能上的不足,还可能是国家经济行为本身突破了其为自己设定的法律制度边界。由此我们便可以将不同案例中中小企业"守法吃亏"所反映出的法律制度方面的问题,抽象归纳为三种不同的类型:利益分配型、治理不足型与政府越界型。

一、利益分配型中小企业"守法吃亏"

制度的建构过程,往往伴随着不同群体的利益分配过程。因为一个制度所包含的不同规则,是给受到这些规则调整的主体设定了不同的权利与义务,而权利与义务的不同调配则往往意味着权利拥有者与义务负担者利益的变化。因此,不同群体的需求表达着各自不同的利益,对利益的分配结果就表现为制度设计中不同的权利与义务规范。而在这个过程中,利益的分配并不总是完美无缺、完全对等的,在两个群体之间,赋予一方某个权利,可能大概率会导致另一方在实践中吃亏;而剥夺该主体这一权利则有可能意味着该主体自身的利益会受到损害。这就意味着,立法者并不能通过该制度实现"帕累托最优",而是必须在两种次优的情境中进行权衡与选择。在这种选择之下,必然就意味着有一方的利益被置于更优先的地位,而另一方的利益被有意放弃或削减。

这种选择往往是基于一种实质公平的考量,即并不是将两者的利益放在形式平等的位置上,而是认为一方作为弱势一方需要在利益上受到优先保护。例如在企业与劳动者之间,劳动者作为弱势一方,其利益就会受到额外的保护,并因此形成相应的立法理念。在本书所分析的"泡病假""辞退难"等案例中,这些用法律博弈并获取法外利益的劳动者正是利用了相关的制度设计,但是我们也可以看出,这种制度设计符合我国相应的劳动关系制度模式与立法理念,这是立法者对双方利益进行权衡与分配的结果。相关制度的本质是为了保护劳动者的合法权益,赋予劳动者一种能够"对抗"企业的制度权利,即使可能会有部分劳动者利用该制度规定而使企业因遵守该制度规定而吃亏。此外,即使是吃亏,相对于劳动者而言,企业也具有更强的守法负担能力。因此,立法者是从一般层面上对双方的利益进行了取舍与衡量,这意味着个别"守法吃亏"现象的出现,也是立法者在某种程度上的选择或默认。

既然是利益衡量的结果,那意味着衡量的过程需要精细而慎重,要在一个可接受的范围内保持相对的平衡,而不能失衡。例如,在违法广告举报制度中,制度设计者为消费者分配了举报违法广告的权利,但是由于一方面立法者将一个明显与处罚不对等的

154

轻微违法行为规定为相应的违法广告类型,另一方面又忽视了没有直接相关利益的群体的职业化、组织化行为,从而导致了该制度在实施过程中的失衡甚至失控。

此外,在这种类型中,立法者进行利益衡量的依据是实质公平原则,即因为不同群体之间存在初始权力(力量、资源)的不平等,所以分配给较弱一方更多的权利或给另一方施加更重的义务,从而实现一种分配正义或矫正正义,例如企业与劳动者或企业与消费者之间就存在利益衡量。但是从我们的分析中可以看出,企业之间的权力或资源禀赋并不是一致的,存在很大的差异,将它们笼统地作为一类制度主体,就可能会违背实质公平的原则。例如在"泡病假""辞退难"案例中,一些中小企业特别是小微企业由于自身有限的守法能力,因而在劳动者面前并没有非常明显的优势地位;同时,由于这个制度设计本身是针对大企业的实际情况而设计,因此相关的要求对于中小企业的守法能力来说,就意味着一种相对更高的守法标准。

总的来说,利益分配型"守法吃亏"的发生,来源于立法者基于不同群体之间的利益衡量而作出的立法选择的概率性结果,这种概率性结果在实践中的发生虽然不是立法者想要看到的,但也是立法者有所预料且无法回避的。但是,随着现实情况的发展或者更多立法细节的关注,这种立法上的利益分配也会出现变化,也应当及时进行调整。因此,在利益分配型"守法吃亏"中,相关法律制度问题可以概括为两方面:第一种情况,利益的衡量与分配并不精细、科学,导致主体之间的利益分配严重失衡,其实质上就是制度设计上不够完善从而导致制度实施上出现问题,这是立法本身存在失误甚至错误;没有注意到一些立法细节,因而对应当区别对待的立法事实没有从实质公平的角度进行考量。在本书的分析中,这主要表现为没有区分中小企业与大型企业之间的立法规定与规制标准。第二种情况在本书的案例中得到了更为充分地体现,我们有必要从中小企业的守法主体特性出发而提出进一步的制度性反思。

中小企业与大型企业的企业规模、发展阶段与资源禀赋,决定了其守法能力的不同,这实际上就需要我们在对其进行监管、规制时,在一些方面将其与大型企业区别对待,制定不同的法律标准,即针对中小企业的"弹性规制"。也就是说,在监管市场秩序、处罚违法市场主体时,针对不同企业类型、不同行为程度,理应采取灵活的措施,从而既达到相应的行政管理、执法效果,又不增加企业额外的负担,实现法治要求与市场效率的双赢,即一种"弹性规制"的技术、制度与理念。

弹性规制既包括立法上的弹性规制,也包括执法上的弹性规制。前者在国外已经有相对成熟的立法实践,例如,为促进小企业发展,美国于1980年公布实施了《弹性立法法》,并被列入《美国法典》第六章第五节作为《行政程序法》的一个重要补正,其旨在通过提高立法的灵活性与适应性减少小企业的法律负担。之后又于1996年颁布了《小企业执法公平法》作为对前者的修正与补充。①例如对于劳动关系的法律规定,学界一直有争议说要适当降低各类社保标准,减轻企业负担,但实际上,这种笼统的考虑可能反过来又会影响到劳动者的利益,正如我们分析的,其实可以针对不同规模与不同盈利水平的企业,设置不同的法律标准,有利于促进企业的进一步发展,进而会反过来提升其相应的守法能力与守法达标水平,从而可以更好地兼顾不同群体之间的利益。

---

① 参见王晖:《美国中小企业立法体制改革及启示》,载《江海学刊》2005年第2期。

执法上的弹性规制在个别城市近几年的执法实践中有被探索,但并不成体系。从理论层面分析,其本质上强调的就是行政裁量权的合理运用。弹性执法主要针对的情况包括两类:第一,由于一些行政法规在制定过程中主要针对的是各类企业的平均守法负担水平,因而对低于平均水平的一些小微型企业实际上并没有很好地顾及,从而在实质上为小微企业设定了更高的守法标准;第二,由于制定过程中针对的是市场经济发展过程中遭遇的典型问题,或是针对当时急需解决的重点问题,一些具体的管理措施在一些轻微的、非典型的违法行为适用过程中就显得过于僵硬。从发达国家的发展历程看,在解决这些问题的过程中,相关国家政府针对中小企业,形成了以分层化规制、规制学习为主要内容的弹性规制思路。分层化规制是根据规制对象守法能力,设置不同类型或不同严格程度的规制方法。规制学习则注重通过程序促进民营中小企业的自我规制、行业规制,以此来实现市场治理的全面、有效与低成本。①显然,在广告绝对化用语监管中,相关部门至少在一开始并没有弹性地对待不同违法行为与违法主体,同时这也跟法律制定的缺乏弹性(20万元的起罚点设定)密切相关。

弹性规制的本质在于政府在对市场主体进行监管、对市场秩序进行维护的过程中进行灵活管控,既要尽到行政管理职责,也要促进市场经济活力。而且,执法上的弹性必须要以立法上的弹性作为依据。也就是说,弹性规制所谓"弹性"是有边界的弹性,不是说越大的裁量空间就越有利于规制。弹性规制只是手段,形成合法合理的执法决定才是目的,如果能够根据一般性特征比较全面

---

① 参见王美舒、傅佳莎:《以弹性规制促进民营中小企业发展》,载 http://www.china.com.cn/opinion/think/2019-03/21/content_74596618.htm,2020 年 9 月 16 日访问。

地划分出多种类型,那么就更加有利于执法者精准定位类型,然后在不同的类型中更细致地考察个案事实,从而有利于弹性执法,即一种有标准、有层次或类型指引的"弹性"。这往往需要中央政府主管部门以及地方政府及时制定相应的行政裁量基准或执法手册,细化不同情形的不同处罚标准,从而有利于行政自由裁量权更有针对性地行使。但正如我们在本案例中调研发现的,我国目前还没有形成这种控制、引导行政自由裁量权的机制与技术。

二、治理不足型中小企业"守法吃亏"

治理不足型主要就是指国家所建构的治理制度在实施过程中并没有发挥出应有的效力,没能够解决相关治理问题,或者说在相关治理问题上,缺乏相应的治理制度,简而言之就是制度效能不足或制度缺失。我国的治理制度既包括法律制度,例如立法制度、司法制度与执法制度,也包括行政制度、政治(政党)制度等。在本书案例中,最主要涉及的是行政执法与监管方面的制度实施问题,例如在广告执法过程中执法技术的不足,知识产权保护力度不足以及相关保护制度的不完善。债务纠纷与劳务纠纷维权事件对中小企业经营秩序的扰乱,其实质上也在于缺乏一个有效地解决相关纠纷的途径,使得维权主体想要在制度之外寻求更有效的"办法"。对此,前文已经有了详细的介绍与论述。不过,正如我们分析中展示的,很多案例中的制度效能不足问题,都与我国整体的法律制度水平以及治理体制相关,这意味着制度效能的问题不是简单的执法水平或执法素养的问题,而是一个整体性的治理现代化、治理转型的问题。

实际上,对于市场经济而言,制度的实施机制以及其"不完美的频率与严重程度",都会直接影响到交易费用与契约形式。为了保证市场关系中契约的有效实施,人类社会通过一些能降低信息成本的自发制度建立了第三方实施系统,从而保证许多复杂的交换得以实现。不过,在非人际关系化交换的条件下,纯粹自发的第三方实施系统的交易费用是相当高的,而由政治组织作为第三方来动用强制力量实施合约,则在监督与实施合约方面具有巨大的规模经济效应。①从这个角度看,"守法吃亏"的出现,就意味着市场主体之间契约关系的失效或失败,这显然不利于市场效率与经济绩效的提高。当然,从我们的分析中也可以看出,治理不足型"守法吃亏"带来的不仅仅是市场契约的实施问题,还包括了市场主体采取的非市场行为对中小企业利益的侵害。

治理不足型"守法吃亏"的本质是相关治理制度的效能不足或缺失,这意味着我们的治理体制需要进一步提高自身的能动性,或者说是回应治理问题的能力,而这也符合党的十八大以来所提出的国家治理体系与治理能力现代化的内在要求。当代国家治理的治理现代化也内涵一种法治化的要求,即国家治理要在法治框架下展开,这也正是党提出"全面依法治国战略"的意旨所在。诺内特与塞尔兹尼克将社会中的法律区分为三种类型或基本"状态":(1)作为压制性权力的工具的法律;(2)作为能够控制压制并维护自己的完整性的一种特别制度的法律;(3)作为回应各种社会需要和愿望的一种便利工具的法律。②其中,回应型法既继承了传统法治理念的基本特征,又弥合了其内在局限与紧张关系。回应型法不仅要像传统法治那样为社会提供法律的程序正义,同时也应该

---

① [美]道格拉斯·C.诺思:《制度、制度变迁与经济绩效》,杭行、韦森译,上海人民出版社 2016 年版,第 65、69 页。

② 参见[美]诺内特、塞尔兹尼克:《转变中的法律与社会:迈向回应型法》,中国政法大学出版社 2014 年版,第 16 页。

有助于界定公众利益并致力于达到实体正义,法律及相关制度要成为社会调整和社会变化的更能动的工具。这就意味着,国家的治理不仅要在法律的框架之内,以法治精神作为行为目标与属性,同时也要能够将法律作为治理的工具,这样才能在更有效的意义上形成一种法治化的治理。

在这一思路之下,国家治理首先要明确和建立符合法律价值、法律原则的政策目的,并使之在社会治理中普遍化,即政策目标的法律化和法律目标(在治理体系中)的普遍化。这样就等于是提前告知了"我们真正要干的事",从而使得治理者不再刻板地局限于具体的法律规则与政策方针,而是要能够掌握规则和政策内含的价值;而这种目的的普遍化也能够促使现代治理组织(各类国家机构)保持一种灵活性。强调治理过程中普遍化的法律目的,其实质在于探究实质性结果,以及探究为有效履行各种机构责任所实际需要的东西。换言之,目的型法是以结果为指向的,因此,它明显不符合那种无视结果的传统的正义形象。①

在这种治理目的的法律化与普遍化之下,我们还需要在治理中保持法律手段的能动性,即立法、司法、执法的能动性,依据普遍化的法律目标,对制度设计与制度实施进行适时、灵活的调整与完善。②例

---

① 参见[美]诺内特、塞尔兹尼克:《转变中的法律与社会:迈向回应型法》,中国政法大学出版社2014年版,第87—93页。

② "司法能动主义"在法理学语境中以及美国司法实践中有其固有的内涵,"最简单地说,司法能动主义的基本宗旨就是,法官应该审判案件,而不是回避案件,并且要广泛地利用他们的权力,尤其是通过扩大平等和个人自由的手段去促进公平——即保护人的尊严。能动主义的法官有义务为各种社会不公提供司法救济,运用手中的权力,尤其是运用将抽象概括的宪法保障加以具体化的权力去这么做。"([美]斯托弗·沃尔夫:《司法能动主义——自由保障还是安全的威胁?》,黄金荣译,中国政法大学出版社2004年版,第3页。)而本文则是从一般意义上使用能动的概念,就司法的能动性而言,既包括这种司法功能的能动性,还包括对整体的司法制度程序、司法制度实践的调整与改善。

如前文提到的,在劳动法相关规定中对中小企业弹性规制的立法完善,就需要立法者能够及时进行立法上的回应;职业举报人对广告监管执法的利用问题,实际上也需要执法者在执法中结合法律原本的目的,对违法行为的程序进行判断,进而调整相应的执法准则并针对个案进行适当的行政裁量。在扰乱中小企业经营秩序的案例中,主要的制度性因素就在于缺乏有效的债务纠纷、劳务纠纷维权、解决途径,这同样需要进行及时的制度建立与完善。

最后,法治化治理手段的能动性还需要一个隐含的前提,即治理的开放性,这种开放性需要通过制度化的法律参与、政治参与来满足。正如回应型法所提出的,在法律程序内部增加参与法律制定的机会,使得法律舞台成为一种特殊的政治论坛,甚至诉讼也可以逐渐成为团体组织可能借以参与决定公共政策的工具,由此,社会辩论可以为法律辩论提供新的观点。这样不仅增进了法律秩序与政治决策的民主性,同时还提升了相关治理机构的能力。作为一种目的型组织的治理机构,权威的开放性与参与性意味着:鼓励协商、说明决策的理由、欢迎批评、把同意当作是对合理性的一种检验。①就本书所分析到的案例而言,这种开放性实际上就是需要政府在市场监管、政策制定中能够建立听取企业相关意见与建议的制度,并且,还能将其反馈、落实到政策的调整中。例如,在职业举报人利用广告法监管的案例中,行政治理中自下而上的反馈机制就或多或少存在不畅通的问题,虽然基层执法者在新法实施的第二年就发现了执法中存在的部分问题,但尚未从规定上彻底予以修订与解决。

① 参见[美]诺内特、塞尔兹尼克:《转变中的法律与社会:迈向回应型法》,中国政法大学出版社 2014 年版,第 107—111 页。

三、政府越界型中小企业"守法吃亏"

政府越界型"守法吃亏"主要是指国家（政府）作为中小企业直接交往、面对的主体，由于其行为突破了制度性边界而导致的"守法吃亏"的类型。国家（政府）不仅是制度的建构者，而且也是进入市场的行动者，并且作为制度建构者的国家（政府）也同时为自己的行动设定了边界。因政府行为而遭受利益的损失，就表现为政府突破了自身划定的界限，侵入到了其他主体的合法权益的范围内。理论上来说，政府进入市场所实施的行动主要包括两类：市场治理行动与市场参与（交易）行为。它们相对应的"越界"表现则分别为：政府在治理中的不合理、不合法行为与政府在市场交易中的违约、违法行为。前者包括：地方政府环保治理中的"一刀切"政策、地方政府在实施"亩均效益"政策时对企业的强制驱赶以及对企业产权的侵害；后者则突出表现为，中小企业承接政府招投标项目过程中遭遇的政府违约问题。两种类型笔者在访谈中都有所了解，但调查到的材料还不够充分，因而不作进一步的讨论但本书所讨论的案例中都不同程度地体现出了这方面的问题。

实际上，压制型法、自治型法与回应型法"不仅是独特的法律类型，而且在某种意义上也是法律与政治秩序和社会秩序的关系的进化阶段"。[①] 这意味着，后一个阶段是建立在前一个阶段的基础之上的，前一个阶段的部分法律特性必须能够在政治秩序或法律秩序中建构出来，并且被后一个阶段的发展模式所继承。例如，压制型法要解决的根本问题是建立政治秩序，或者说，确立一种一旦缺少法律体系和政治体系就不可能迈向各种"更高的"追求的状

① ［美］诺内特、塞尔兹尼克：《转变中的法律与社会：迈向回应型法》，中国政法大学出版社 2014 年版，第 21 页。

态,这些成就是自治型法的前提和基础;同样,回应型法的基础则是"法治"(自治型法)阶段那些更加有限却更为基本的宪法基石。①因此,对于一个国家或社会的法律秩序发展而言,并不意味着"高一级的"阶段就完全取消、替代了低一级的阶段,也不意味着可以跳跃低一级的阶段而直接去建构高一级的阶段的法律秩序模式。也就是说,虽然我们在上文提出了我国法治化治理向回应型法的转型,但并不意味着要忽视之前阶段的法律秩序模式的要求,特别是自治型法模式中对于"法治"的建构要求。相反,自治型法中对法治的建构是政治社会秩序向回应型法转向的必要基础,而这一点也正是我们反思政府越界型"守法吃亏"问题的关键。

我国自 1999 年宪法修正案中明确规定"实行依法治国、建设社会主义法治国家"以来,到党的十八大把法治确定为治国理政的基本方式,再到党的十九大进一步把全面依法治国上升为新时代坚持和发展中国特色社会主义的基本方略之一,我国在不断推进和发展法治化治理转向与法治国家建设。总体而言,新中国的法治认知进程,已经经历了"正名法治"与"定义法治"的阶段,完成了对法治的正当性正名,形成了法治定义上基本的共识性立场。②就市场经济的形成与发展而言,我国自改革开放以来,解决"标准市场"的共通性问题所需要的基本法治框架也逐步形成,统贯各个必备要素的支撑性观念也比较明显地体现在不同时期国家和执政党的正式文件中。③但在具体的实践层面,法治建设还在不同程度上存在不完善、不健全的地方。正如我们在案例中所观察到的,国家

---

① 参见[美]诺内特、塞尔兹尼克:《转变中的法律与社会:迈向回应型法》,中国政法大学出版社 2014 年版,第 27—28 页。

② 参见张志铭、于浩:《共和国法治认识的逻辑展开》,载《法学研究》2013 年第 3 期。

③ 参见谢海定:《中国法治经济建设的逻辑》,载《法学研究》2017 年第 6 期。

在经济治理的过程中,一些政策规定与政策实施行为并不具有法律上的合理性甚至合法性;而其在与市场主体进行经济交往时的违约行为,也是违反了相应的契约原则与法律规定。这实际上就是一种政府行为突破法律边界或缺乏相应的法律约束的表现,也是国家法治化转型还不够深入彻底的结果。因此,对于政府越界型"守法吃亏"所遭遇的守法环境问题,其根本上就是要进一步深化推进我国的国家治理法治化改革,而这实际上也正是党的十九大提出的全面依法治国基本方略所关注的。

"法治"一词所意味着的不只是单纯的法律存在,而是创造"一种法律的统治而非人的统治"的法律和政治的愿望,从这个意义上来说,法治诞生于法律机构取得足够独立的权威以对政府权力的行使进行规范约束的时候。法治的制度体系的特征就是形成了专门的、相对自治的法律机构,这些机构在各个规定的权能范围内要求一种有限的至上性。①因此,法治首先意味着法律把约束权力行使的原则加以制度化,从而能够要求和保证政府在实施经济政策或市场行为时,在合法的边界内行使自己的权力。此外,法治还要求在解决公民之间的纠纷以及公民与国家之间的关系时,通过程序公平的法律进行,即要在法律程序的适用上平等对待双方当事人,既不会受限于司法的地方主义,也不会让拥有权力的政府获得特权。在法治(自治型法)的语境下,规则的统治意味着权力是受到严格限定的,对规则的精心设置也产生了对官员行动一致性和公平性的各种期待。②实际上,依照法律施行的官员行动会强化法

① 参见[美]诺内特、塞尔兹尼克:《转变中的法律与社会:迈向回应型法》,中国政法大学出版社2014年版,第59页。
② 参见[美]诺内特、塞尔兹尼克:《转变中的法律与社会:迈向回应型法》,中国政法大学出版社2014年版,第78页。

律(法治)的权威,反过来,也会强化公民负有一种遵守(公平实施的)法律、维护良善法治的义务。

因此,守法行为与守法环境之间会形成一种相互强化的影响。能够实现应得守法效果的守法行为越多,越能够营造出更好的守法环境,而公平、合理的守法环境,也有利于减少"守法吃亏"等现象的发生,促进守法行为的增加。从这个意义上说,一个好的营商(制度)环境,就是一个公平守法环境,一个政府依法行动、企业能够守法而确保制度性预期的经营环境。如果企业的守法行为得不到应有的制度性预期,例如本书所分析的"守法吃亏"情形,则会反过来对制度环境造成不利的影响:要么原来守法企业的守法选择出现变化,今后也采取和对方一样的行动,利用法律或违反法律;要么守法企业仍然坚持自我,则还需要引进其他的法外变量展开新一轮的博弈,这就会逐渐增加整个社会的隐性交往成本;而如果守法环境仍然没有改善,则守法企业的这种坚持则可能会逐渐消退(即守法意识的改变与消失),甚至是守法主体本身的消失(因为频繁的"守法吃亏"而导致企业经营不下去)。当然,这种推论只有在守法环境持续恶化的情况下才会逐渐变为现实,而我国在整体上已经注意到了全面依法治国与营商环境的重要性。但是,这也提醒我们,对于营商环境的实践与研究,不能仅仅停留在当前技术层面的评估性研究,而是要深入到营商环境的制度性研究,切实将评估与调研中发现的问题落到具体的制度问题上,并切实加以改善。

需要补充的是,这三种类型的划分是基于不同案例中引发"守法吃亏"现象的法律制度性要素,实际上,法律的运转、法治的建构是一个制度性整体,三种类型之间并不截然分立,而是存在转换与重叠。例如,在职业举报人对广告执法的利用中,导致"守法吃亏"

现象发生的首要的制度要素便在于立法者对消费者权益的保护,这是一种利益分配的制度发生逻辑。但是,从全部的影响要素来看,这一制度实施的过程中,已不仅仅是利益分配的问题,而是该制度本身的实施效果存在问题,即利益分配型"守法吃亏"在制度失衡之后,就转换为治理不足型"守法吃亏"。而司法地方主义的发生逻辑可以划分为司法制度的制度效能不足问题,但在具体的表现中,我们可以发现,这其中很可能存在着地方法院、法官以及地方政府对自己行为的越界甚至违法,因而从整体表现看,还重合着政府越界型"守法吃亏"的类型。

其实,这种类型划分也可以扩展到对个体"守法吃亏"现象的分析。个人在日常生活交往中也常常会遇到不同的"守法吃亏"情形。以很多人在生活中遇到的"老赖"欠债不还为例。一方面,国家法律将个人的债务与其家庭成员(成年子女、父母等)的个人财产进行了边界划分,其债务的承担都是以个人及夫妻共同财产为界限,而不会让在其独立生活的子女或父母无限承担,这其实就存在着立法者对其子女、父母个人生活权利的利益衡量,但这确实可能会出现借用此规定进行财产转移、让债权人吃亏的情形,如果不存在其他因素的话,那这种情形就是利益分配型"守法吃亏"。但是,现实中遇到的很多"老赖"之所以能够欠钱不还、有钱不还,往往跟司法强制执行的实施不力、对非法转移财产行为的惩治不力有关,那这就属于治理不足型"守法吃亏"。

第七章

营商的制度嵌入性
与中小企业"守法吃亏"

分析中小企业所反映的"守法吃亏"主观感受,是为了从企业主体视角更全面地了解相关制度性问题,从而进一步地优化企业所处的制度环境,即基于营商主体(中小企业)视角的营商(法治)环境优化。那么如何从理论上把握企业与法律(环境)之间以及企业与营商环境之间的关系呢? 笔者将通过回顾相关理论而指出企业营商的制度嵌入性,即企业的营商行为是嵌入进其所处的以法律为核心的制度环境之中的,而本书案例中分析的"守法吃亏"是一种营商环境中中小企业所面临的守法预期不确定性。

一、企业、法律与营商的制度嵌入性

在社会学讨论中,企业(包括中小企业)往往被看作是一个组织,而法律则是组织的一种外部环境,因此,关于中小企业的守法问题研究就可以在组织与其环境(包括法律环境)之间的关系研究中寻找到知识上的脉络。这其中,可以探寻出组织社会学的研究视角、经济社会学的研究视角与法律社会学的研究视角三个路径。

它们三者之间虽然各有侧重,但也互相影响、借鉴,彼此关联、交叉,很多文献甚至很难严格区分出其所归属的理论传统。

(一) 组织社会学的研究视角

概括来说,组织社会学认为,组织植根于更大的社会系统,其所处的社会环境就是所谓的"组织环境"。19世纪40年代至70年代的组织理论继承了韦伯的遗产,以理性的、目的性的、协作的科层制行为作为考察对象,法律大多被排除在分析之外①,学者们的兴趣所在往往是组织的内部结构和行为,而不是组织的外部环境。②之后,学者们逐渐意识到,组织环境会影响组织(组织的内容结构、组织间的相互关系等),组织也会借此反馈、影响其环境,这样的社会过程被认为有助于形成组织赖以存在的更大的社会系统。③而到了新制度主义学派,④他们认为,每个企业都存在于特定的环境中,包括技术环境和制度环境,前者要求企业讲效率,后者则是各项制度组成的环境,⑤并将关注点由前者转向了后者,进而

① 例如组织研究的权变理论(See Galbraith, J. R, "Organization Design: An Information Processing View". *Interfaces*, 1974, 4(3): 28—36.)、资源依附理论或"权力依赖模型"理论(参见[美]杰弗里·菲佛、杰勒尔德·R. 萨兰基克:《组织的外部控制——对组织资源依赖的分析》,东方出版社2006年版;Thompson, *Organizations in Action*. McGraw-Hill, 1967.)、人口生态学理论(See Michael T. Hannan and John Freeman, "Organizational Ecology." *Administrative Science Quarterly*, 1990, 10(4): 71—93.)。

② 参见[美]劳伦·B. 埃德尔曼:《私人组织的法律生活》,刘毅译,载[美]萨拉特编:《布莱克威尔法律与社会指南》,北京大学出版社2011年版,第249页。

③ 参见[美]彼得·布劳、理查德·斯科特:《正规组织:一种比较方法》,夏明忠译,东方出版社2006年版,第221页。

④ 组织分析的新制度主义是三种主要的新制度主义分析范式之一,此外还包括理性选择的新制度主义与历史的新制度主义,这三者之间有诸多共同点与不同点。(参见[美]约翰·坎贝尔:《制度变迁与全球化》,姚伟译,上海人民出版社2010年版,第10页。)

⑤ 参见[美]W. 理查德·斯科特:《制度理论剖析》,载[美]沃尔特·W. 鲍威尔、保罗·J.迪马吉奥主编:《组织分析的新制度主义》,姚伟译,上海人民出版社2008年版,第178—197页。

强调制度环境对组织所起的制约、塑造、渗透与革新作用。①

　　借鉴伯格和卢克曼的"现实的社会建构理论",新制度主义强调共有的文化规则、模式、仪式等在型构组织过程中的作用。②为了生存,组织不仅要在经济上获取成功,而且还要在特定的制度世界建立自己存在的"合法性"。合法性机制是组织之所以能够"同构"的原因。"合法性机制就是指当社会的法律制度、社会规范、文化观念或某种特定的组织形式成为'广为接受'的社会事实后,它们就成为了规范人的行为的观念力量,能够诱使或迫使组织采纳与这种共享观念相符的组织结构和制度。"③在这一研究思路之下,国内有学者讨论了现代企业制度在中国私营企业中扩散的合法性逻辑;④还有学者研究指出了外部制度环境,特别是国家和资本市场在形塑大公司内部结构与多元化战略时的重要作用。⑤

　　由此,法律被纳入了组织的研究中,但是以一种附带的形式:对法律的兴趣主要不在于其本身,而更多地在于组织力图依靠法律来克服不确定性,或者将法律视为能够创造更适宜之环境的机制。⑥法律一般被视为具有稳定性、外生性和强制性,因而在研究

---

①　参见[美]W. 理查德·斯科特:《制度与组织——思想观念与物质利益》(第3版),姚伟、王黎芳译,中国人民大学出版社2010年版。

②　参见[美]约翰·W. 迈耶、布利安·罗恩:《制度化的组织:作为神话与仪式的正式结构》,载[美]沃尔特·W. 鲍威尔、保罗·J. 迪马吉奥主编:《组织分析的新制度主义》,姚伟译,上海人民出版社2008年版,第45—67页。

③　参见周雪光:《组织社会学十讲》,社会科学文献出版社2003年版,第77页。

④　李路路、朱斌:《效率逻辑还是合法性逻辑?——现代企业制度在中国私营企业中扩散的社会学解释》,载《社会学评论》2014年第2期。

⑤　参见杨典:《国家、资本市场与多元化战略在中国的兴衰——一个新制度主义的公司战略解释框架》,载《社会学研究》2011年第6期。

⑥　参见[美]W. 理查德·斯科特、杰拉尔德·F. 戴维斯:《组织理论:理性、自然与开放系统的视角》,高俊山译,中国人民大学出版社2011年版,第7—23页。

中,因果关系的方向往往是从法律指向组织。①

　　实际上,制度主义理论中的"合法性"概念内涵丰富、外延模糊,具有强大的解释力,概指组织与多样环境(律法、规范、价值、信念、实践、期待等)之间的相容性。②所以,通过"合法性"进入到组织社会学研究中的"法律"并不是其中唯一的要素,甚至不是主要的要素;相关研究中存在合法性因素或法律因素,但又看不到关于具体的法律内容的讨论,而大多是以一种抽象、宏观的形态出现,或者是一种国家治理方式的表征、影响治理的结构性要素之一,③或者是一种制度政策的变量。④

(二) 经济社会学的研究视角

　　新经济社会学的兴起受到了新制度主义组织社会学的影响。最初的新经济社会学关注企业经济行为对关系网络的"嵌入性"⑤,后来又逐步关注"结构嵌入性""制度嵌入性"等多个维度。⑥

---

①　例如,[美]保罗·J.迪马吉奥、沃尔特·W.鲍威尔:《关于"铁笼"的再思考:组织场域中的制度性同形与集体理性》,载[美]沃尔特·W.鲍威尔、保罗·J.迪马吉奥主编:《组织分析的新制度主义》,姚伟译,上海人民出版社2008年版,第68—87页;[美]尼尔·弗雷格斯坦:《美国产业结构转型:1919—1979年大公司多部门化的制度解释》,载[美]沃尔特·W.鲍威尔、保罗·J.迪马吉奥主编:《组织分析的新制度主义》,姚伟译,上海人民出版社2008年版,第334—359页。

②　参见高丙中:《社会团体的合法性问题》,载《中国社会科学》2000年第2期;任敏:《技术应用如何成功?——一个组织合法性框架的解释》,载《社会学研究》2017年第3期。

③　例如向静林:《市场纠纷与政府介入——一个风险转化的解释框架》,载《社会学研究》2016年第4期;向静林:《市场治理的制度逻辑——基于风险转化的理论视角》,载《社会学评论》2017年第5期。

④　例如陈宗仕、郑路:《制度环境与民营企业绩效——种群生态学和制度学派结合视角》,载《社会学研究》2015年第4期。

⑤　参见[美]马克·格兰诺维特:《镶嵌——社会网与经济行动》,罗家德译,社会科学文献出版社2007年版,第1—8页。

⑥　See Sharon Zukin and Paul Dimaggio, "Introduction." In *Structures of Capital：The Social Organization of the Economy*, edited by Sharon Zukin and Paul Dimaggio. Cambridge University Press，1990：1—36.

而法律则是制度环境的重要内容之一。例如,有学者指出,匿名市场和社会网络也可以形成正式市场以外的交换形式,但如果没有可靠的法律环境,网络的存在也可能对匿名市场的运作产生消极影响。①国内也有学者通过实证研究发现,社会网络对企业创新具有正向作用,"作为中间变量的制度环境在社会网络与企业创新之间具有部分正向的中介效应"②。

总的来说,企业的外部环境包括文化环境、经济环境、技术环境、法律环境、政治环境等,环境是复杂多变的,企业行动总是与外部环境所包含的社会性密切相关。③企业在不确定性较强的发展环境当中,需要将自己的决策与文化、制度、社会结构结合起来加以考虑,才能形成现实的经济秩序,这正是经济社会学所强调的经济行动的社会与文化的"嵌入性"。制度关系和制度结构(政府、法律、法院系统、政治系统、市民自由和社会自由等)都被认为是促使规范发展成社会结构,或至少对社会结构产生影响,并最终影响经济发展模式和速度的因素。④

对比组织社会学的理论范式可以发现,经济社会学很好地吸收了企业组织与外界环境的复杂关系的研究视角,两者的不同在于,经济社会学并没有把研究视角仅集中在组织本身,而是把企业当作经济行动的主体,通过对经济(体系、领域)的社会学认识,分

---

① See Kali, "Endogenous Business Networks." *Journal of Law*, *Economics and Organization*, 1999, 15(3):615—636.

② 杜华:《社会网络支持、制度环境嵌入与中小企业创新绩效》,载《河南师范大学学报(哲学社会科学版)》2018 年第 6 期。

③ 参见朱国宏、桂勇主编:《经济社会学导论》,复旦大学出版社 2005 年版,第 139 页。

④ Christian Grootaert, "Social Capital: the Missing Link?" *in Social Capital and Participation in Everyday Life*, edited by Paul Dekker and Eric M. Uslaner, Routledge, 2001.

析企业在经济领域的活动。因此,在经济社会学的相关研究中,法律不是一个抽象、宏观的变量,而是会更为具体地讨论法律内容对经济治理结果或企业经济行为的影响,例如:弗雷格斯坦和罗伊探讨了法律及相关公共政策对美国公司的转变的影响;①高柏则具体讨论了日本的国家宪政秩序、经济立法对日本 20 世纪三四十年代的行会经济秩序的形成与发展的影响。②

不过,这些研究更多地是从国家经济治理角度进行的分析,把法律当作政治的一部分,忽视了法律自身内在的规律,更多是研究立法政策的形成及其影响,而没有涉及法律的具体实施状态与效果。另外,对作为政治内容一部分的法律的研究,离不开其所处的政治制度体制与政治文化背景,而西方的相关政体理论、治理理论也并不完全适合中国的政治—经济实践。因此,即使在讨论企业与法律关系时要考虑政治因素,也需要同时结合我国自身的治理实践与治理结构展开。

(三)法律社会学的研究视角

除此之外,同一时期,还有一些秉承"法律与社会"研究传统的学者指出,法律自身从文化和结构两个方面来看都内生于社会制度之中,并关注到法律与组织之间的互动。③实际上,这种"内生关系"某种程度上也可以理解为法律"嵌入"进社会之中,二者存在一定的理论契合。而随着理论的发展,其与制度主义传统也融合在

---

① See Neil Fligstein. *The Transformation of Corporate Control*. Harvard University Press,1990;William Roy Roy. *Socializing Capital:The Rise of the Large Industrial Corporation in America*. Princeton University Press,1997.

② 参见[美]高柏:《政府与行会经济秩序:卡特尔和产业行会在日本的制度化,1931 年至 1945 年间》,载[美]弗兰克·道宾主编:《经济社会学》,冯秋石、王星译,上海人民出版社 2008 年版,第 40—64 页。

③ See Selznick,Philip,Philippe Nonet,and Howard M. Vollmer. *Law,Society,and Industrial Justice*. Russell Sage Foundation,1969.

了一起。

有学者认为,组织对其法律环境或法律有关的组织领域具有高度敏感性,法律环境中的各个要素对企业等组织或直接或间接地发生着影响,涉及组织生活的方方面面。第一,法律环境的内容包括法律规范,但不仅仅是法律规范本身,还包括规范行为相关的习惯、风俗以及意识形态等,它们都会与法律规则一起或通过法律规则对组织的行动、内部管理产生影响;第二,这些规范性要素在组织的法律生活中发挥影响时,内部具有深刻的关联性,彼此联结,像一个以法律为核心或表象的"规范之网";第三,这个以法律为核心或表象的"规范之网"作为一个统一的法律环境,与组织所处的领域之间时时刻刻发生着有关规范性观念的交换,此时,这个法律环境中的"规范之网"也就成为法律与组织互相交换规范性观念的平台——这其实意味着,规范组织生活的法律并不是被给定的,而是在这种交换过程中建构起来的;第四,这张存在于法律环境之中的"规范之网"也反过来促使企业等组织对法律时时刻刻作出即时的反应,而这种反应的结果自然会在更大的社会环境中成为法律的组成部分,这都表明了法律环境及其规范与组织生活之间的建构性;第五,企业等组织在日常的运营、管理过程中,也会大量使用形形色色的法律工具或与法律有关的工具。在这样一个因循法律、使用法律的过程中,法律规定的内容就会逐步影响企业,让其产生很多组织内部的常规做法。①因而,法律环境中不仅仅只有法律,对于企业组织而言,法律环境的内容同样可以分为以法律为主要内容的正式规范以及其他非正式的社会规范两大类,它们的联结是以法律为主体、核心,此外还包括执业资格、经营许可、劳

---

① 参见[美]劳伦·B.埃德尔曼:《私人组织的法律生活》,刘毅译,载[美]萨拉特编:《布莱克威尔法律与社会指南》,北京大学出版社 2011 年版,第 248 页。

工合同、商业惯例、经济相关的文化观念、意识形态等。因此,企业的法律生活是与更广泛的法律环境进行互动的组织活动,法律对于企业来说不仅仅是外生的,同时还存在"组织的法律内生性",其还可以影响外在的法律制度、"生产"法律规范。

另外,"合规职业者"也会对组织领域和法律领域的观念交流产生促进作用,其包括在组织内或组织外工作的律师、经理人、顾问、人力资源专家、合规事务专家等,法律观念通过他们传达给组织,组织中的法律建设又通过他们传递回法律领域。①

可以看出,这些研究不再是将法律作为一个附属性社会要素或制度要素进行考虑,而是更加直接地关注到法律本身与企业之间的关系,也对企业与法律之间的关系有了更为精细的见解。这种观点实际上还注意到,组织的制度如何提供已经成为法律环境一部分的认知分类和基本原理,或者说,组织是如何成为建构性法律环境的生产者(当然也是接受者)的。②

(四)企业营商活动的"嵌入性"

从理论脉络的发展而言,经济社会学也被看作是组织社会学的延续、挑战与发展;③相对而言,组织社会学是把企业作为组织进行研究,法律是组织的外部环境与组织合法化的条件,经济社会学则是将企业首先看作是一个社会行动主体,而法律是与市场相

---

① 参见[美]劳伦·B.埃德尔曼:《私人组织的法律生活》,刘毅译,载[美]萨拉特编:《布莱克威尔法律与社会指南》,北京大学出版社 2011 年版,第 256—261 页。

② 参见[美]劳伦·B.埃德尔曼、罗宾·斯瑞克:《法律与经济的社会学探索》,载[美]尼尔·斯梅尔瑟、[瑞典]理查德·斯威德伯格主编:《经济社会学手册》,罗教讲、张永宏等译,华夏出版社 2014 年版,第 591—593 页。

③ 参见周雪光:《组织社会学十讲》,社会科学文献出版社 2003 年版,第 22 页。还有学者指出:"在组织被当作经济组织进行研究的情况下,组织理论经常与经济社会学重合。"[瑞典]理查德·斯威德伯格:《马克斯·韦伯与经济社会学思想》,何蓉译,商务印书馆 2007 年版,第 226 页。

关的、影响经济行动的重要因素。不过,在组织社会学、经济社会学等研究中,法律要么是以"政策变量"或"制度背景"的因素出现,侧重于对制度变化的宏观影响,要么是以规制性因素出现,突出其对市场的强制性效果。这似乎认为法律在制定实施中只会形成一种统一的效果,而往往忽视对具体法律内容以及它的具体实施状况、形成的不同制度效果的关注与辨析。法律社会学的视角一定程度上弥补了这一缺陷,但是其缺乏自身独有的分析范式,而是更多借鉴了(新制度主义)组织社会学与(新)经济社会学的分析视角与分析模式。

因此,虽然意识到了法律因素的存在,但是在组织社会学与经济社会学研究中对于作为独立的环境要素的法律的重视还是不够。在现代法治社会,法律是大多数经济现象的构成性要素,法律是经济现象不可分割的有机部分。社会科学家们在分析中可以将经济现象中的非法律部分和法律部分彼此分离,但是在现实生活中,它们是无法分开的。

总的来说,企业首先是一个经济主体,其次才是一个法律主体,抽离企业的经济活动而就法律谈守法,只会让回答变得片面和乏味。社会学的观察可以让我们把企业当作一个经济主体来对待,以"嵌入性"理论为代表的社会学相关理论视角,可以很好地说明一个经济主体、一个企业组织是如何与法律、法律制度发生关系的。并且,各个学者批判性发展的多重"嵌入"视角,既契合了存在影响守法行为的多种因素和条件的观点,也吸收了组织与外部环境存在复杂关系的立场,为本研究提供了有力的分析工具与解释框架。

二、营商的制度嵌入性

营商的制度嵌入性是指,企业的营商活动是嵌入其所处的制度环境之中的，这同时也意味着所谓营商环境首要或主要是一种制度环境。

（一）营商环境

营商即经营、经商、做生意，世界银行的《营商环境报告》中将其很通俗地称为"Doing business"。不过有一点可以强调的是，并不是所有的经济活动都是指营商，正如韦伯所作的区分：自主的经济行动叫作"经济"，而一种有组织结构的持续性经济行动系统叫作"经济经营"。①"营商"实际上指的是后者，即一种专门性的、有组织性的、持续性的经营活动，因此，营商问题所关注的也往往是以经济盈利为目的而专门建立的市场组织——企业。企业为营商而生，直至其"死亡"，这整个过程都是营商的内容，因而，营商不仅指企业的生产经营过程，还包括企业的准入开办与企业的退出破产程序。

企业的营商环境也就是企业的经营环境或经商环境。从 2004 年世界银行开始发布针对各个国家或地区的《营商环境报告》(Doing Business)，营商环境评估问题就越来越受到各国或地区政府的重视。总体上，对营商环境的关注正经历着"从全要素评估，到制度要素评估，再到法治要素评估的发展历程"。②而在我国，由于土地、劳动力等生产要素的红利边际递减，伴随着国内改革开放的深入以及国外"营商环境评估"的兴起，国家层面也越发重视到行政、法治等制度因素作为企业营商环境的重要性，意图通过行政改革释放制度红利、通过市场经济法治化回应全球竞争。③在我国颁布

① ［德］马克斯·韦伯：《经济与社会》（第一卷），阎克文译，上海人民出版社 2010 年版，第 157 页。

② 张志铭、王美舒：《中国语境下的营商环境评估》，载《中国应用法学》2018 年第 5 期。

③ 参见张志铭：《以科学评价方法促营商环境优化》，载《社会科学报》2019 年 1 月 17 日，第 1 版。

的《优化营商环境条例》中,就将营商环境界定为"企业等市场主体在市场经济活动中所涉及的体制机制性因素和条件"。[①]由此可见,在国内外经济社会发展实践中,企业的营商环境越来越受到重视,尤其对于优化企业营商的制度性环境,在我国当下具有更加特殊、更加重要的现实意义。

因此,营商环境是指一个国家或地区的影响企业生产经营的各类自然、经济、政治、社会、文化等要素所构成的外部环境;秉承营商环境问题研究的主流传统与我国的现实语境,本书主要关注的是各类营商环境要素中的制度性要素,即营商制度环境。

(二) 制度嵌入性

制度嵌入性就是指企业的经济行为、营商活动是"嵌入"在其所处的制度环境之中的;它们的经济行为的发生、实施与结果不只受到价格规律、市场规律的影响,同时还会被相关的制度环境因素深刻影响。从这个角度说,本书所分析的"守法吃亏"问题主要就是探究中小企业所嵌入的以法律为核心的制度环境对其营商行为的影响。

"制度"即一般意义上的各类社会制度。制度是一个社会的博弈规则,一些人为设计的、形塑人们互动关系的约束;[②]也可以表述为是一套持久化的模式,由一系列的规定、规则及程序组成,从而让社会行为"结构化",确定其应该如何实施、如何执行。[③]依据功能主义的立场,可以列出承担不同社会"功能"的社会活动集(社会系统),如经济、政治、家庭、宗教、法律等,它们分别对应着相应

---

① 《优化营商环境条例》第二条。

② [美]道格拉斯·C.诺思:《制度、制度变迁与经济绩效》,杭行、韦森译,上海人民出版社 2016 年版,第 3 页。

③ [美]马克·格兰诺维特:《社会与经济:信任、权力与制度》,罗家德、王水雄译,中信出版社 2019 年版,第 220 页。

的制度,如经济制度、法律制度、政治制度等;它们依据各自承担的功能而具有相应的实施规则与程序。而"文化—认知"范式的新制度主义则提出,制度不但是某个系统或确定领域中行为的规范指南,而且还塑造了个体的选择以及对所运作的框架的认知。因而,制度作为一种"模式化",不仅是简单的行为模式化,还是认知模式化;不仅提供规范标准,也提供意义框架或认知图式。因此,一个组织场域或社会领域中的制度形成了相应的制度秩序,并且具有其内在的"核心逻辑",即一套物质实践与象征结构所构成的组织原则、共识性观念与正当性假设,它们能够为其中的个人与组织提供交往、运作、活动时的行动理由。①制度的类型包括正式制度与非正式制度两大类,前者是由人们有意图地建构起来的,后者则是随着时间而从人们的互动过程中演化形成。制度规则有时会被违反,因而,制度运行还包括对犯规行为的惩罚,从而确保制度内容得到有效实施。②因此,抽象意义上的制度内容体系分为三个方面:正式规则、非正式规则,以及制度实施机制的有效性。③

如前文所述,"嵌入性"概念的明确提出,源自新经济社会学的代表人物格兰诺维特,他认为经济行为是被嵌入进复杂多变的社会关系网络之中的,具体的社会关系深刻影响着经济生活的各个方面,即一种"关系嵌入性"。④后来,随着理论的发展,不同的学者又提出了结构嵌入性、制度嵌入性、政治嵌入性、文化嵌入性、认知

---

① 参见[美]马克·格兰诺维特:《社会与经济:信任、权力与制度》,罗家德、王水雄译,中信出版社 2019 年版,第 221—226 页。
② [美]道格拉斯·C. 诺思:《制度、制度变迁与经济绩效》,杭行、韦森译,上海人民出版社 2016 年版,第 4—5 页。
③ [美]道格拉斯·C. 诺思:《制度、制度变迁与经济绩效》,杭行、韦森译,上海人民出版社 2016 年版,第 10 页。
④ 参见[美]马克·格兰诺维特:《镶嵌——社会网与经济行动》,罗家德译,社会科学文献出版社 2007 年版,第 29 页。

嵌入性等不同理论观点。总体而言,都是强调经济行为受到了具体的社会因素(关系网络、社会制度、政治、文化等)的影响。

"制度嵌入性"意味着,存在一个影响、"包裹"企业的具体的社会制度环境,即"制度环境"。制度环境往往与技术环境相对,新制度主义在研究组织时将组织的环境二分为技术环境与制度环境。技术环境涉及的是一个企业所需要的各类生产资源以及与其他企业之间的市场关系;而制度环境则是指一个组织所处的法律制度、文化期待、社会规范、观念制度等为人们所"广为接受"的社会事实。①技术环境指向了影响企业产品或服务的生产、交换与回报效率的技术、市场环境;而制度环境则是那些以具有完善的规则和要求(如果其中的个体组织要想获得支持和合法性就必须遵守它们)为特征的环境。②在具体的场域中,不同企业或企业群所处的制度环境内容是不同的,并且,在不同的研究关注与研究语境中,不同学者对影响企业或市场治理的制度环境也都会有各自不同的内涵界定与内容侧重。③

不同研究对制度环境内容的界定是具体性的、个别化的。结合问题关注点与理论切入点,本书对企业所嵌入的"制度环境"内容也有特别的关注,即一种"以法律为核心的制度矩阵"或"以法律为主要框架的制度环境"。法律制度及其实施是本书关注的重点,

---

① 参见周雪光:《组织社会学十讲》,社会科学文献出版社 2018 年版,第 72 页。

② [美]W. 理查德·斯科特、约翰·W. 迈耶:《社会部门组织化:系列命题与初步论证》,载[美]沃尔特·W. 鲍威尔、保罗·J. 迪马吉奥主编:《组织分析的新制度主义》,姚伟译,上海人民出版社 2008 年版,第 133 页。

③ 例如,杨典:《国家、资本市场与多元化战略在中国的兴衰——一个新制度主义的公司战略解释框架》,载《社会学研究》2011 年第 6 期;朱斌、李路路:《政府补助与民营企业研发投入》,载《社会》2014 年第 4 期;杜华:《社会网络支持、制度环境嵌入与中小企业创新绩效》,载《河南师范大学学报(哲学社会科学版)》2018 年第 6 期;向静林:《市场治理的制度逻辑——基于风险转化的理论视角》,载《社会学评论》2017 年第 5 期。

但是,它们的实施状况同时还会受到更深层次的政治、文化中的制度性因素的影响,因此,我们还会同时关注法律制度运行所处的政治—文化制度背景或结构语境。此外,法律的实施效果——法律关系互动中双方的守法状态,也是制度环境的重要内容,也需要在分析中予以重视。因此,对于中小企业"守法吃亏"而言,虽然直接的影响因素是与之发生关系的各类市场主体(可以标签化为用法获利者、违法得利者以及实施经济行为的政府),但更深层次的因素则在于其所处的制度环境,包括法律制度、政治因素、市场理念以及文化等。

正如"嵌入(性)"概念指出的,经济行为并不像多数功利主义者(包括古典经济学与新古典经济学)所假设的,人的行为是理性而自利的,鲜少受到社会关系影响,行动者也并不像在霍布斯的"自然状态"中那样,像独立原子一样运行在社会脉络之外,相反,社会经济行为具有目的性的行动企图实际上是嵌在真实的、正在运作的社会关系系统之中的。[①]而且,行动者之间的直接关系与间接关系是有所不同的,可以区分为"关系嵌入"与"结构嵌入",后来的学者则进一步提出还要考虑"政治嵌入"、"文化嵌入"甚至"认知嵌入"。[②]对此,本书的案例分析也证实了这一点。不过,这种经济行动的"嵌入性"也不是一种过度社会化,不是帕森斯意义上的规范决定或文化决定的,[③]行动主体有自身的行为动机与能动性。正因为如此,才出现了本书所关注到的"守法吃亏"这种具有实践

---

① 参见[美]马克·格兰诺维特:《镶嵌:社会网与经济行动》,罗家德译,社会科学文献出版社 2007 年版,第 2—8 页。

② 参见[瑞典]理查德·斯威德伯格:《经济社会学原理》,周长城等译,中国人民大学出版社 2005 年版,第 26—27 页。

③ 参见[美]马克·格兰诺维特:《镶嵌:社会网与经济行动》,罗家德译,社会科学文献出版社 2007 年版,第 7 页。

张力的社会现象。

从一般意义上而言,"制度嵌入性"的理论立场很好地揭示出经济行动与社会结构之间的相互作用关系,也为本书提供了很好的研究基础与分析框架。其实在这个框架下,社会结构本身也具有一种"能动性",这种所谓的"社会结构的能动性"本质上是那些能够直接影响、建构正式制度的主体的能动性,它们的行动可以更直接地影响整体社会结构与社会行动之间的关系。在现代社会,国家既具有这种强大的能力,往往也在道义上承担着这种行动的动力与责任。由于社会学一贯的解释性立场更加关注的是行动与结构之间在一定客观条件下的相互关系,对于政治结构也往往是从一个与其他结构要素对等的层面展开分析,这导致它们有时会不够重视国家在经济治理中的特殊作用。实际上,国家作为现代社会高度能动的经济治理主体,其自身具有一种经济治理的政治性责任与驱动力,例如对营商环境政策的优化,就是一种公共服务型政府的重要职责,而实施"优化"的责任主体就是国家(政府)。

三、"守法吃亏":营商环境中中小企业的守法预期不确定性

"守法吃亏"强调了企业的营商活动是遵守了或者意图遵守法律的,只不过守法的结果或效果是"吃亏"或可能会"吃亏";并且正如我们分析的,这一守法过程是发生(嵌入)在一个以法律为核心的制度环境中的。此时意味着,(制度)环境自生的或被建构的制度秩序与确定性被打破了、否定了。因此,我们才会说,"守法吃亏"在营商环境中的突出理论特性就是守法主体(中小企业)守法预期的不确定性。

（一）"守法吃亏"：交往预期的反常与法律能力的反转

现代社会中，广泛存在的法律环境简化了社会交往过程中的复杂性，让人们能够依据法律的规定对交往中的他人的行为产生理性的预期，并对其做出这种预期行动抱有合理的期待与要求，从而能够安排自己的行为与生活，但是"守法吃亏"却意味着守法者的期待与要求落空了，基于法律产生的一般性的预期出现了反常。

守法不仅是个体的行为，同时也受到社会关系互动中其他主体行为的影响；作为一种"全民守法"的法治状态，①与其说它是指"人人守法"，毋宁解释为"人与人之间都守法"。法律为社会交往提供了人们互相之间对他人行为的合理期望，"守法吃亏"实际上意味着这种期望出现了落空，但这并不是守法者本身出现了错误，他的期望是合理的，也是基于事实的——确实存在相应的让人们如此期待与行为的法律条文，相反，是交往相对方本应当依据法律所实施的行动出现了反常，以及法律制度本身的可预期性出现了反常。

同时，对于守法者来说，其因为对法律规范的遵守而因此可以要求实现相应的法律上效果，尤其对于权利享有者来说最为典型。这种能够主张或要求实现守法效果的能力被视为是一种守法者在法律上的能力或权力，即法律能力。"守法吃亏"却意味着，在特定的情境中，由于其他因素导致了这种能力的享有或使用发生了反转，自己被迫处在了法律上的不利地位。

守法者（以及相对的违法者）都可以被看作是法律结构中自主、能动的行动者，它们的这种能动特性就表现为"改变"既存事态

---

① 2012年党的十八大报告正式提出了"科学立法、严格执法、公正司法、全民守法"的"新十六字方针"。"全民守法"成为"全面推进依法治国、建设法治社会的一项长期性、基础性工程"。（参见李林：《建设法治社会应推进全民守法》，载《法学杂志》2017年第8期。）

或事件进程的能力,或者说实施一系列具有因果效力的权力,包括
那些影响他人所实施之权力的权力。这里的"权力"是广义的,是
基于主体改变事态、转换关系的能力的刻画,而非规范意义上的
(狭义)权力概念。[①]作为行动(能动)主体的守法者的行动是受到
结构性约束的,其中首要的、决定性的结构性要素就是法律。作为
社会结构的法律,在一般意义上可以看成是被循环反复组织起来
的一系列规则或资源,而行动者在行动时就利用了各种行动情境
中丰富多样的规则与资源。规则体现着社会互动中的"方法性程
式",在不同情境的日常交往中与社会实践紧密交织;它既涉及意
义的构成,也牵涉到对各类社会行动的制约。资源则可以被理解
为一种模式,社会结构(特性)可以通过这些模式体现出各种形式
的支配与权力。基于规则之意义构成性与规范制约性的二分,以
及对资源的调取和配置,社会系统的结构从分析层面可以被划分
为三个维度:表意结构、支配结构(又可以分为资源权威化领域与
资源配置领域)和合法化结构,它们分别对应着人类社会制度秩序
中的符号秩序、政治制度与经济制度、法律制度。但是,分析层面
的划分并不意味着每种制度只包括一种维度的结构性特征,三种
维度在不同类型的制度中都是同时存在的,是可以进行转换的。
例如,法律制度首要表现为一种合法化结构,规范性制约在其中起
构成性作用,但是这种合法化结构也包含着支配结构与表意结构,
或者说可以转换为支配结构、表意结构。[②]

　　因此,法律及法律制度对于守法者来说首先是一种规范性制

---

① 参见[英]安东尼·吉登斯:《社会的构成:结构化理论纲要》,李康、李猛
译,中国人民大学出版社 2016 年版,第 13 页。

② 参见[英]安东尼·吉登斯:《社会的构成:结构化理论纲要》,李康、李猛
译,中国人民大学出版社 2016 年版,第 23—31 页。

约,表明其行为的合法或非法属性,但同时对其来说也是一种支配结构,提供了可以借用的资源以实施相应的权力,同时还是一种表意结构,可以通过解释来说明其行动的法律内涵。可以看出,法律结构既制约着守法者,同时也促使、引发、支持守法者的行动。两者是一体两面、并立存在的。但是,结构性约束"源于行动的情境性,即结构性特征是相对于处在具体情境中的行动者而言的'既定'性的约束。"①对结构的制约与促发特征的分析都要在具体的情境中展开。在特定情境中,可能对一个人来说是约束性的,而对另一个人就是促动性的。但是这种关系可能发生反转,让原本主动的一方在法律上变得被动,这种反转可能是相对方通过合法途径找到了更强有力的法律支持,可能是利用了法律制度的漏洞,也可能是利用了法律之外的资源,还可能是通过非法的手段。

制度的建立与运行会伴随着行动者制度确定性预期的产生,这种制度性预期的合理实现能够进一步确保社会主体行动、选择的可筹划性与可接受性。由于在企业的营商制度环境中,法律是最核心的也是最具有影响力的制度性要素,因此,本书主要关注的是制度性预期中的守法预期。

(二)营商环境中中小企业的守法预期不确定性

守法,即对法律的遵守,其概念的文义定义很简单,就是指社会主体依照现行法律规定开展社会活动,做出符合现行法律规范的行为。②守法可以区分为不同的守法状态,最低层次的守法状态就是消极的不违法犯罪,中层的守法状态指守法主体在行为外观

---

① 〔英〕安东尼·吉登斯:《社会的构成:结构化理论纲要》,李康、李猛译,中国人民大学出版社 2016 年版,第 167 页。

② 参见张文显:《法理学(第二版)》,高等教育出版社 2003 年版,第 250 页;张文显:《法理学(第三版)》,高等教育出版社 2007 年版,第 239 页;周永坤:《法理学——全球视野(第四版)》,法律出版社 2016 年版,第 277 页。

上依照法律的规定行事,守法的高级状态则是指社会主体的外在行为与内在动机都符合法律的精神和要求。①本书对守法的概念采取最一般意义上的表达,即行为遵守了法律的规定,在法律规定的范围内行事、没有违背法律。因而本书所涉及的守法行为状态也会包含上述三个不同的行为及意识层次。

守法预期即守法者在遵守既存有效的法律规范的过程中,依据法律的客观规定,对应然的守法结果的合理预测与期待。这种预期一方面来源于守法者对法律制度有效运行的信任或者依赖;另一方面则是因为,法律制度在社会方方面面所发挥的约束性与强制力,使得行为主体必须将其作为一种客观存在的、现实的行为影响因素,从而在工具理性的行动中进行认知、考虑与评估。同时,可预期性本身也构成了现代法治的重要"品质"之一,提供可预期的法律制度也是现代国家法治化治理的应有之义。守法预期首先体现为对制度内容和制度运行确定性、稳定性的一般性预期,其次,在具体的交往实践中还存在两个方面的守法预期:第一,对交往相对方行为守法的预期,即预期对方也会认同法律制度的合法性或强制力,从而遵守法律,即使违反了法律,也会受到法律的制裁。第二,守法者通过守法能够获得其预期的守法利益,正如韦伯所言,这种守法利益是一种法律明确保障或者法律有效实施所带来的获利的机会②;此外,还有一种守法利益则是一种消极利益,

---

① 参见张文显:《法理学(第二版)》,高等教育出版社 2003 年版,第 253 页。

② 韦伯认为,以法律规范为核心的市场各类制度规范,其经验效力会在方方面面影响到个人,可以给一个人带来某些可以计算的获得现成经济利益的机遇,或者在未来某些情况下能够获得这些利益的机遇。一方面,这种基于可能是规范有效实施的副产品,一种规范良好实施后的"溢出"效果——该规范体系并没有明确承诺或保障这一机会,还有一种则是规范为某种个体或某类主体明确提供了一种保障,即赋予了他们一种可享有的"权利",这些权利就承载着一种具体的利益。参见[德]马克斯·韦伯:《经济与社会》(第一卷),阎克文译,上海人民出版社 2010 年版,第 433 页。

即守法者因为依照制度化的程序行事而节约的行为成本。因此，本书对守法预期的内容具体分为：自身守法利益的预期、相对方守法行为的预期、法律制度本身的确定性及有效性预期三类。

"不确定性"(Uncertainty)是"确定性"(Certainty)的否定形式，代表着主体对客体发展确定状态的不肯定，这可能源自于客体发展本身的不稳定状态，也可能囿于主体认知能力的有限，或者兼而有之。①守法预期的不确定性描述的就是，守法者对于自己依据客观有效的法律规范而形成的合理守法预期，存在一种不确定的状态。这其中，客观有效的法律规范体系为一个社会的所有守法者提供了一种一般性、普遍性、一视同仁的行动认知与行动理由，但是守法者由此形成的合理预期却存在着不确定性。守法预期不确定性之所以会成为一种企业营商的困境，其一是因为，不确定性状态本身意味着守法营商者难以依据法律制度合理、准确地作出自己的行为筹划；其二是因为，不确定性所指向的问题发展的负面结果的存在与发生，会对企业营商造成损失与困境。②具体而言，企业营商所面临的守法预期不确定性表现为三个方面：对自身守法利益的不确定性；对相对方守法行为的不确定性；对法律制度运行状况的不确定性。对此，后文还会详细说明。

---

① 参见文军、刘雨航：《不确定性：一个概念的社会学考评——兼及构建"不确定性社会学"的初步思考》，载《天津社会科学》2021年第6期。

② "'不确定性'作为对事物发展可能性的判断，包括了事物正向发展与负向发展的两种可能性。"文军、刘雨航：《不确定性：一个概念的社会学考评——兼及构建"不确定性社会学"的初步思考》，载《天津社会科学》2021年第6期。

第八章
守法预期不确定性
与中小企业守法选择

　　前文的案例分析中，笔者反复强调了中小企业自身的守法主体特性对于其所遭遇的"守法吃亏"问题的影响，在本章，笔者将结合"制度嵌入性"理论对这一问题进行专门、集中的讨论。另外，如果一个营商环境中已经普遍存在"守法吃亏"（现象），或者说本书讨论的"守法吃亏"问题进一步发展并扩散，那么会对中小企业营商守法产生怎样的影响？即已经存在的守法预期不确定性，会对中小企业未来营商活动中的守法选择产生怎样的影响？实际上，当这种营商困境作为一种客观存在的现象或风险时，它们在某种程度上也成为企业外在的制度环境特征或内容的一部分，因而，也会反过来影响中小企业在营商过程中进一步的营商守法选择。一方面，本章的分析是将"守法预期不确定性"的存在作为了企业所嵌入的制度环境中的新因素，从而依据前面的"制度嵌入性"框架分析中小企业所面临的新的可能影响与困境；另一方面，由此可能产生的影响，实际上是"守法预期不确定性"的更深层次的内容，即一种守法选择上的两难困境，在这种两难困境中，存在着一种守法预期不确定性的再生产机制。当制度环境已经存在一种不确定性时,这种环境特性就进一步对制度遵循者(守法者)产生新的影响,带来进一步的守法选择上的不确定性,即不确定性的再生产过程。

一、守法预期不确定性与中小企业守法选择的内在矛盾

探讨守法预期不确定性的存在对中小企业守法选择的影响,本质上关注的仍然是相关企业所嵌入的环境(一个存在守法预期不确定性的环境)与企业行动(守法选择)之间的关系问题。这既需要我们继续秉持前文使用的"制度嵌入性"分析框架,同时还要额外关注主体自身的一般性特性。前文的分析中指出,在相应的制度环境因素施加影响的同时,作为守法主体的中小企业自身的守法特性也被反复提及。在很多案例中,由于中小企业自身守法能力的不足,例如企业规模小而导致的守法成本负担能力弱、自身法律合规制度不完善、法律服务购买能力弱、违法风险承受能力弱等,导致相关环境因素会在它们身上造成更大程度的影响。另外,通过我们的经验材料也可以看出,面对守法预期不确定性时,不同受访中小企业侧面表达出的对于法律、守法的态度,对于自己守法原因的解释,都属于守法意识的内容,也都是影响中小企业守法选择的主体性因素。因此,在本部分,笔者将对中小企业守法主体特性进行一般性的总结,进而指出中小企业在我们的研究中所表现出的一种内在守法矛盾。

(一)制度嵌入性与影响企业守法选择的主体因素

本部分将对影响企业守法的主体性因素(守法原因/意识、守法能力)的一般性理论进行介绍。由此展示出企业的主体特性与其所嵌入的制度环境之间的关系,并且简要说明中小企业在这两

个方面所具有的守法主体特征。

1. 企业守法原因的制度分析

企业守法的原因与企业中每个具体行动者、特别是高管人员的守法选择有关,但是,也不能简单还原为个体的守法原因,而是要从作为一个组织的企业整体角度去分析。从外观上看,企业守法是指企业组织在自身业务交往中的守法,它需要内部具体员工在行动上的落实,依赖于个体行为的守法意识,但同时还有其自身制度上的根源,并且其组织层面的制度性原因构成了员工在落实组织工作时是否守法的重要限制,这一限制有时还会与国家的法律规定产生冲突。

企业组织的守法行为通过企业中的个体去实施,而企业中的个体作为组织的"代理人"之前,首先还是一个一般意义上的社会主体,因此,其在社会化过程中形成并具有自己关于守法的意识、守法的动机,也就是他们会选择守法的原因。概括来说,这些守法原因包括:对法律规范的内在认可、基于利益考量、迫于法律强制或畏惧法律制裁、对他人行为的预期和信任、[1]源自同侪压力、[2]基于"心理惯性"的潜意识守法等。[3]它们互相之间有联系和重合,对于个体的影响,可能是其中的一个因素,也可能是其中的几个因素造成的。但是,这些对个人产生影响的因素,有时会与组织的要求相冲突。组织有其自身的技术运作规律以及自身的利益驱动,当组织利益与法律规范发生冲突时,组织可能会要求成员选择违法,

---

① 参见[英]哈特:《是否存在自然权利》,张志铭译,载夏勇编:《公法》(第一卷),法律出版社 1999 年版,第 373—374 页。

② See Johannes Feest, "Compliance with Legal Regulations: Observation of Stop Sign Behavior." *Law & Society Review*, 1968, 2(3):447—461.

③ 参见葛岩等:《为什么自愿守法?——自动化社会行为的发生机制》,载《法律和社会科学》2015 年第 1 期,第 1—29 页。

或者说组织中的成员,尤其是组织的领导者会主动选择违法。就企业而言,法律制裁经常不足以阻止违法行为,因为法律处罚的风险相比于市场风险似乎更小,或者说,法律制裁对理性的组织规划来说,力度太小、来得太慢。此外,组织的去中心化一方面使得错误决策的发生以及相关责任人难以确定,另一方面还鼓励了部门间的竞争,导致市场业绩凌驾于守法选择之上。①因此,关于企业守法选择的影响因素,还有其组织层面的特有原理,可能会与个体的守法意识相辅相成,也可能产生冲突。

(1)制度扩散与企业守法选择

在我们的分析中,整体的法律秩序是一种社会秩序与制度模式,而企业组织也有自己的一套行为秩序和模式。在一个制度的秩序与模式逐渐稳定的过程中,即制度化过程中,合法性是制度化的一种结果,也会促进其制度化。因而,企业组织的守法问题不仅是组织中的个体在行为上遵守法律,同时还涉及企业组织为了依照法律合法经营,而在制度设计层面所进行的安排,以及企业组织在实际运行层面选择守法的制度逻辑。企业在制度实施过程中进行守法,并作出相应的制度安排,既是受到外部法律环境的影响,也是组织之间相互影响的结果,即一种制度同形或制度扩散的表现。

企业组织的守法在制度层面属于制度的合法化过程,即制度设计及行动逻辑上与法律的一致性。企业的制度合法化包括:设立专门的合规决策程序、专门的法务人员或部门、与外部律师的联系机制、内部法律风控机构等制度安排,形成学习相关法律规定、获得法律上的资格与许可、依法决策、内部合规监管等制度逻辑。

①　参见[美]劳伦·B.埃德尔曼:《私人组织的法律生活》,刘毅译,载[美]萨拉特编:《布莱克威尔法律与社会指南》,北京大学出版社2011年版,第252页。

但是，组织的合法化过程，并不是自我孤立发展、凭空设计的结果，而是一个深刻受到其他相关组织、制度影响的过程，即制度扩散的过程。制度扩散指的是制度原则或制度实践逐渐传递给其他组织，并且这种传播保留了相关原则与实践模式的主要内容，只是进行了很小的、非根本性的修正。①制度扩散就是组织的结构要素的扩散，其结果是组织彼此成为组织环境的一部分，并且各个组织处于一个相似的制度环境中，这些环境中的制度性要素将成为组织建构的重要影响因素，组织的结构要素会在建构发展过程中与制度环境（包括其中的其他组织）逐渐一致、同形。②

　　不同理论对制度扩散的机制原理有不同的解释。第一，理性选择理论更加关注到经济因素，认为制度扩散与市场环境密切关联，即通过市场而扩散。其主要途径是由"信息传染"，即关于"什么是最好的实践的信息"的非正式口耳相传。寻求这种信息的买者，往往通过学习而知道先前的买者已经采纳的实践，并选择自己所喜欢的实践。这样，某些实践比其他实践更容易通过市场而扩散，这是一种信息反馈过程的结果。③对于企业组织来说，其可能会在经济交往过程中了解到自己的同行或合作伙伴设立专门的法务部门或依照某个法律制度框架实施自己的市场战略与行动，更能够提高经济效益，从而自己也进行相应的制度改变。第二，新制度主义者认为组织往往会试图根据它们的环境采取适当性行动，

---

　　① 参见［美］约翰·坎贝尔：《制度变迁与全球化》，姚伟译，上海人民出版社2010年版，第75—76页。

　　② 参见［美］约翰·W.迈耶、布利安·罗恩：《制度化的组织：作为神话与仪式的正式结构》，载［美］沃尔特·W.鲍威尔、保罗·J.迪马吉奥主编：《组织分析的新制度主义》，姚伟译，上海人民出版社2008年版，第51—52页。

　　③ See Brian Arthur, *Increasing Returns and Path Dependence in the Economy*. University of Michigan Press, 1994：chap.5.

而不是工具性行动。组织往往不得不把根据主流的、起支配作用的组织运行逻辑界定的实践和程序,与环境中的规范与价值观整合起来,并在实践中制度化,从而增加其合法性,即使这样并不会带来即时而直接的经济绩效。①依照此视角,对于企业而言,法律环境的合法化要求以及市场中的诚信、合规经营理念才是企业"不得不"进行制度合法化的因素。第三,也有学者发现,组织行动者有时对自己的利益和目标并没有一个清楚的把握,特别是在极其不确定的环境中和信息稀缺时更是如此,因此他们往往会根据这些被视若当然的认知结构,以一种非反思性的方式行事。②这种情况对于初创的中小企业来说更是如此,在不了解怎样的制度设计是最好的情况下,就选择跟随最主流、最普遍的制度结构。第四,还有学者主张,由于制度由不同要素构成,因而涉及三种不同层面的扩散机制:第一,法律强制、管理处罚等规制性规则的扩散;第二,以所涉各方日益递增的承诺为基础价值观、行为角色期待等规范性要素的传播;第三,文化—认知性力量的影响。③

因此,制度扩散的主要方式可以概括出三种类型:

第一,强制,即组织因为外部环境的压力或要求而遵守制度化的标准实践。其主要源自三个方面:一是组织所处的政治制度和法律制度,这是一种正式制度的强制力或压力;二是其他组织在日常经济交往或政治参与等过程中向企业施加的正式的、非正式的压力,这往往是一种经济、政治等方面的竞争压力;三是组织所处

---

① 参见[美]约翰·坎贝尔:《制度变迁与全球化》,姚伟译,上海人民出版社2010年版,第16—17页。

② 参见[美]约翰·坎贝尔:《制度变迁与全球化》,姚伟译,上海人民出版社2010年版,第18页。

③ 参见[美]W. 理查德·斯科特:《制度与组织——思想观念与物质利益》(第3版),姚伟、王黎芳译,中国人民大学出版社2010年版,第154页。

的社会中存在的文化期待对其所施加的压力,这往往是一种潜移默化的、半强制半劝诱的、可感知却不可见的压力。

第二,模仿,即组织以其他组织作为参照模型,来建立自己的制度结构。采用这种方式的组织自身往往具有不确定性,例如自身技术不够成熟、目标模糊不清,或其所处环境中出现了符号象征方面的不确定;而它们所模仿的对象也并不是随意选定的,模仿的前提是对方与自己属于同类或相似的组织,而模仿的需求源于自身发展的不足,因此,如果其所在的领域中存在(表面上)看起来比较出色、卓越的企业,并且这种卓越是已经取得了制度合法性的认可,那么就会更容易成为被模仿的企业组织。

第三,专业化规范,即组织领导者受到专业化教育而形成的对于什么是构成适当的组织实践产生了共同的看法。一方面,正规的教育体系是支持专业化规范形成的必要条件,在其中,大学学术共同体、专家学者会在学术知识建构过程中自然而然地形成并提供认知层面的合法化;另一方面,专业化规范的形成还得益于人才网络的扩散,这是因为现代社会中,跨组织的人才流动变得越来越频繁,而人才正是专业化规范(认知合法性)的载体。[①]

(2) 企业组织制度合法化与绩效追求

经济效益追求实际上是企业组织最主要、最直接的目标。虽然在制度合法化过程中企业会选择牺牲一定的经济效益,但是对绩效的追求以及相应的技术逻辑始终在企业组织内部具有根本性,这两种结构性要素会在一些制度实践场景中发生支配权的争

[①]　参见[美]保罗·J.迪马吉奥、沃尔特·W.鲍威尔:《关于"铁笼"的再思考:组织场域中的制度性同形与集体理性》,载[美]沃尔特·W.鲍威尔、保罗·J.迪马吉奥主编:《组织分析的新制度主义》,姚伟译,上海人民出版社 2008 年版,第 72—76 页。

夺,绩效追求与技术逻辑有时甚至经常会与组织遵循"制度化仪式规则"的努力发生矛盾和冲突。①对此,企业组织不能只关注企业的制度合法化,而无视经济效率,这样最终可能会导致企业的破产倒闭;也不可能只追求绩效最大化,甚至不惜违法犯罪。它们必须努力把仪式性的合规要求与技术性活动的要求联结起来,把相互矛盾的仪式要素相互协调起来。这种协调的总思路在于减少普遍性合规规则的刚性与绝对性,同时为组织主要负责绩效追求的部门、员工提供足够的发挥空间。

经济效益与合法合规是企业组织评估自身正式结构的重要标准,尤其是前者更具有绝对性,但企业在对经济活动进行监督、评估和控制时会放松一些绩效考核标准或合规性要求,同时,还会培养或默许一些非正式手段,去解决企业部门之间的相互协作与相互调适问题。这种选择性的放松控制标准的现象可以解释为"脱耦"。就企业守法问题而言,脱耦过程中对绩效评估结构的选择性放松,会在一定程度上避免制度结构之间的冲突以及合法性的丧失。另一方面,组织有时也会选择性地减少或放松企业内部的合规性审查,即对一些法律问题"睁一只眼闭一只眼"。相反,如果严格实施实质性合规风控与法律评估,则可能会发现许多有损于组织合法性的企业行为和活动,这将与"所有人都在各司其职"的假定相违背,进而可能影响组织成员的士气和信心,同时也会影响企业对组织绩效的追求。因此,很多组织会在其制度实施过程中尽量减少监督与评估等相关活动,并将组织的监督与评估活动一定程度地形式化甚至仪式化,由此减轻组织合法性与绩效追求之间

① 参见[美]约翰·W.迈耶、布利安·罗恩:《制度化的组织:作为神话与仪式的正式结构》,载[美]沃尔特·W.鲍威尔、保罗·J.迪马吉奥主编:《组织分析的新制度主义》,姚伟译,上海人民出版社2008年版,第60页。

的张力和冲突。①

　　综合来看,"组织既关注协调与控制活动,也关注对自身的合法性说明"。②因而,其守法选择不仅仅是企业内部个体的选择,也与其自身的组织特性密切相关。但从制度层面来说,企业的经济绩效追求与制度合法化存在内在的矛盾,因而,企业需要在二者之间寻求平衡,而守法预期不确定性的发生,往往意味着这种平衡的打破——企业的合法性选择反而伴随着经济绩效的进一步损失。此时,企业将会如何作出下一步的选择? 企业会不会对自己的合法化选择产生怀疑? 这是需要我们在下一节展开讨论的。另外,企业的制度合法化来源于制度扩散,而制度扩散的机制同时也意味着,企业之间的非法律制度,甚至不合法制度也能通过扩散而"合法化",例如,如果守法预期不确定性最终成为一种普遍性现象,大部分企业可能会不再选择守法获利,而是将"利用法律获利""违法获利"等作为一种制度选择并进行建构与传播,这就会造成市场秩序、法律秩序的整体性恶化。

　　2. 企业守法能力的制度建构

　　企业制度合法化来源于组织环境的制度扩散与环境推动力,从而在企业组织内部形成了相应的制度安排与制度实践。企业合规体系与制度就是近年来受到重视,并正处在制度扩散与形成阶段的企业合法性制度。它对督促企业及其员工遵守法律具有重要的意义。

---

　　①　参见[美]约翰·W.迈耶、布利安·罗恩:《制度化的组织:作为神话与仪式的正式结构》,载[美]沃尔特·W.鲍威尔、保罗·J.迪马吉奥主编:《组织分析的新制度主义》,姚伟译,上海人民出版社 2008 年版,第 62—64 页。
　　②　[美]约翰·W.迈耶、布利安·罗恩:《制度化的组织:作为神话与仪式的正式结构》,载[美]沃尔特·W.鲍威尔、保罗·J.迪马吉奥主编:《组织分析的新制度主义》,姚伟译,上海人民出版社 2008 年版,第 58 页。

　　企业合规从字面上理解就是指企业对法律规范与组织规章的遵守,前者包括国家与企业相关的一系列法律规定以及国家所签订认可的国家规约,后者则包括市场、行业规范以及企业内部的规章制度;后者比前者更为具体直接,但显然效力更低,其内容不能与前者相抵触、冲突。但从合规制度的实质内容与针对问题来看,企业合规是围绕合规风险而展开的,是企业为有效防范、识别、应对可能发生的合规风险所建立的一套公司治理体系。①企业所面对的风险可以分为三大类:第一,经营风险,例如生产事故、质保问题、交易违约受骗、投资并购失败等风险;第二,财务管理风险,包括因财务管理混乱、舞弊、贪腐等导致企业受损的风险;第三,合规风险,指因企业在经营中存在违规、违法甚至犯罪行为,而可能受到行政监管处罚或刑事制裁的风险。由此会给企业带来经济损失、交易资格损失、声誉损失等。②可以看出,这三类风险具有一定的关联性,但也有明显的区分,三类风险都会涉及相应的法律问题以及相伴随的法律风险,但显然,合规风险只是这些法律风险中的一种,而且是一种来自违法追究风险。因此,合规制度是为了防范这种风险发生而建立的,即是为了预防企业组织中出现相应违规、违法行为而建立的行为约束、规范制度。这种企业治理结构、内部控制机制的终极目的在于使企业员工自觉、自动遵守法律,形成良好的企业价值,因为,"合规要求既是一种制度和规范,更是一种企业文化样态"。③

　　企业合规制度的内容包括合规组织体系、一系列的行为准则

---

　　①②　参见陈瑞华:《企业合规的基本问题》,载《中国法律评论》2020年第1期。

　　③　赵万一:《合规制度的公司法设计及其实现路径》,载《中国法学》2020年第2期。

以及相应的实施程序。合规组织体系包括合规委员会、首席合规官、合规部门、合规人员等。[①]合规准则针对各种各样的风险点而设立,有不同的层次类型,包括:合规目标、合规价值等,整体的员工行为准则和手册,企业中某些重要问题的专门性规定(如礼品招待制度、报销制度、信息保护制度等),特定业务活动的具体规定,企业内部某些活动的流程,以及企业内部其他各项标准。[②]合规程序则包括风险防范机制、风险识别机制与风险评估机制三大块。[③]

我国企业合规制度的建立突出表现为全球化过程中由国外向国内进行制度扩散的过程,而在国内的传播过程中,又表现出政治的推动力与特定场域的传播性。全球合规治理的发展总体上可以分为三个阶段:第一阶段是 20 世纪 70 年代至 90 年代,由以美国为主的发达国家推动。这时还没有"合规制度"这一名称,其主要针对的也是国际化企业的腐败犯罪问题。第二阶段是 20 世纪 90 年代至 2008 年金融危机爆发前。这一阶段表现为全球共同推动合规制度明确提出以及相关的国际合规规章、制度建立。很多国家也相继出台自己的相关法律。第三阶段则是 2008 年至今。由于各国的逐渐接受和重视、科技手段的成熟、美国的强力推进,全球进入大幅强化阶段。[④]进入 21 世纪,合规理念与合规制度在全球范围内大力推行,其标志表现为一系列国际公约、规章、指引等

---

① 参见陈瑞华:《企业合规的基本问题》,载《中国法律评论》2020 年第 1 期。

② 参见胡国辉:《企业合规概论》,电子工业出版社 2017 年版,第 125—143 页。

③ 风险防范机制包括合规风险评估、合规尽职调查、合规报告与合规培训等;风险识别机制包括定期合规报告、匿名举报制度、巡回检查制度等;风险评估机制包括内部调查、配合调查、奖励、完善体系。参见陈瑞华:《企业合规的基本问题》,载《中国法律评论》2020 年第 1 期。

④ 参见刘本:《合规:从法律和社会学角度的解读》,载蒋妲主编:《合规——全球公司发展新趋势》,中国经济出版社 2012 年版,第 5—7 页。

的制定和公布。①

　　合规理念与制度在国内的扩散原因被学者概括出国际合规要求、国内法律监管压力和公司治理理念传播三个方面的推动力。②当然,制度扩散是一个渐进的过程,以上三个推动力的形成和生效也并不是同时出现的,合规制度也首先是在我国特定的领域出现然后再扩散到其他领域。具体来说,进入 21 世纪以来,在我国开展业务的跨国企业,首先建立起正式的合规理念与合规制度,这往往源自其母公司成熟的合规体系;与此同时,国内一些涉外服务的律所也因为业务往来,开始涉及相关合规服务。加入 WTO 后,开展国际贸易的中国企业越来越多,它们逐渐面临着遵守所在地法律法规、规避法律风险的挑战。而我国政府对合规管理体系的重视首先出现在国内的金融企业身上,然后,在积累了一定经验后,就开始尝试着向全国的央企慢慢推行。这个过程伴随着一系列监管政策与法律制度的出台、建立,③具体表现为政府监管部门通过

　　① 例如:2003 年《联合国反腐败公约》、2004 年补充的《联合国全球契约》第十条反腐败条款、2010 年《OECD 关于内控、道德与合规的良好做法指引》、2010 年《世界银行诚信合规指南》、2014 年《ISO19600 合规管理体系指南》等。
　　② 国际合规要求指,在海外投资、经营或上市的中国企业开展海外业务时,所面临的国际社会与外国政府的相关规约、法规的合规管理要求;国内法律监管压力指,我国政府采取日益严格的行政立法、执法等规制措施、方式,让越来越多的中国企业感受到了来自国内法律的合规压力;公司治理理念传播指,随着具体的企业合规管理体系的引入以及西方公司治理理念的引入,监管部门和企业也开始逐渐接受。参见陈瑞华:《论企业合规的中国化问题》,载《法律科学》2020 年第 3 期。
　　③ 基于对金融企业法律风险的监管,2005 年中国金融监管机构开始在国有金融企业中推行合规机制;2006 年与 2007 年,我国银监会、保监会分别发布了内容对应的《商业银行合规风险管理指引》与《保险公司合规管理办法》。随后,国资委先后于 2014 年、2016 年分别发布了《关于推动落实中央企业法治工作新五年规划有关事项》和《关于全面推进法治央企建设的意见》;到了 2018 年国资委又发布了《中央企业合规管理指引》(试行)。此外,2018 年中国国际贸易促进委员会发起设立了全国企业合规委员会;国家发改委与其他六部门于同年联合发布了《企业境外经营合规管理指引》。

"行政主导推进＋行政处罚监管"的模式，推动、激励企业合规管理体系的建设。①此外，政府层面对合规理念与制度的推动，往往还与其他政策推动相结合，形成"合力"，例如深化国企改革方针、营商环境改革、"互联网＋"战略等②，一个措施可以完成多个政治方针任务，这在某种程度上也构成了地方政府推行合规制度的政治激励。

由以上分析可以看出，合规制度是企业提升自身守法能力、抵御守法风险的重要制度建构，但该制度的扩散主要发生在大型企业之间，而并没有扩散到中小企业层面。一方面，这与中小企业自身对制度建构成本的承受能力有关：合规制度的建立需要大量的人力、物力以及实施成本，而中小企业的营收规模限制了在这方面的投入；另一方面，中小企业的合规观念与守法意识相较于大型企业也有所欠缺，对相关问题的重视度不够。然而，在下面的分析中我们也可以看到，合规制度等守法能力建构的缺乏，又会进一步加剧中小企业面对守法预期不确定性等守法风险时遭遇的困境。

（二）内在矛盾：中小企业有限的守法能力与放大的守法风险

不考虑企业家个人的资源获取能力，从一般意义上看，中小企业自身的规模就是限定其守法能力的决定性因素。依据我国《中小企业促进法》第二条的规定，判定企业规模的标准主要包括人员规模与经营规模两类。国务院相关部门于 2011 年联合制定了《中小企业划型标准规定》，该规定的划分依据考虑到了不同行业的企业特点，同时依据"企业从业人员、营业收入、资产总额等指标"，针

---

① 参见陈瑞华：《论企业合规的中国化问题》，载《法律科学》2020 年第 3 期。

② 杨力：《中国企业合规的风险点、变化曲线与挑战应对》，载《政法论丛》2017 年第 2 期。

对不同行业采取了不同的数额指标。下表列举出部分行业的企业
规模划分标准:

表 8-1　部分行业中小企业划分标准

部分行业	企业类型	从业人员 (人)	营业收入 (万元)	资产总额 (万元)
(二)工业	中型企业	300—1 000	且 2 000—40 000	—
	小型企业	20—300	且 300—2 000	—
	微型企业	20 以下	或 300 以下	—
(十二)软件和 信息技术 服务业	中型企业	100—300	且 1 000—10 000	—
	小型企业	10—100	且 50—1 000	—
	微型企业	10 以下	或 1 000 以下	—
(十五)租赁和 商务服务业	中型企业	100—300	—	且 8 000—120 000
	小型企业	10—100	—	且 100—1 000
	微型企业	10 以下	—	或 100 以下
(十六)法律未 列明的其他 行业	中型企业	100—300	—	—
	小型企业	10—100	—	—
	微型企业	10 以下	—	—

　　可以看出,中小企业的人员与经济资本(营收或资产)都是相
对较少的、有限的;并且其内部的差别也比较大,较大规模的中型
企业与小微企业存在明显的对比。一方面,对于这些企业来说,人
员的不足往往意味着没有也没必要设立专门的法务或合规部门,
甚至不会设立专门的法务和合规人员。因为企业的规模决定了大
部分中小企业没有每天都需要处理的法律事务,即使专门"养"一
个法务负责人,也往往会兼任很多其他职责,包括文秘、人力、税
务、会计等。另一方面,更为重要的是,对于大部分中小企业特别
是小微企业来说,公司的盈利能力也支持不了一个专门的法务部
门或人员。从前文介绍的合规制度可以看出,一套完整的制度需
要配备相应的人员,制定相应的规范,配套相应的实施程序,这既

需要企业付出相应的资金支持，也花费企业的人力、制度成本。

笔者调研中发现，在处理法律事务或法律问题时，中小企业大致存在五种实践模式：

（1）"内设＋外购"模式

一些规模较大的中小型企业会采取"内设＋外购"模式，即设立一个1至3人的法务团队处理日常事务，包括一般性的合同问题，产假、社保等劳动法相关的人事问题，税务相关问题，与园区、政府政策相关的"外联"问题；但与此同时，如果遇到比较复杂的法律问题或法律纠纷，则会在市场上购买专业律师的法律服务。

（2）外包模式

还有一些规模较大的中小型企业会采取外包模式，即与某个律所形成固定的合作关系，以较优惠的价格打包购买该律所全年的法律服务；但如果出现需要出庭的案件，则会额外收费。

（3）"单独购买"模式

"单独购买"模式，这种是大部分小微企业最常见的模式，因为它们的经营规模较小，遇到的法律事务也较少，所以，日常性的法律事务往往就由公司老板、人事、会计或采购部门兼职处理，如果遇到复杂的法律问题或法律纠纷，则去市场上购买专门的法律服务，但这种单独购买的价格要比前一种类型中的打包价格贵很多。①

（4）"裸奔"模式

"裸奔"模式，这是前一种模式的极端情况，对于很多初创企业

---

① 当然有时这种"购买"也不一定是纯粹的市场交易行为。笔者在调研中访谈的某家企业就提到，自己公司没有专门的法务部门与人员，平时的合同法律问题都是用固定的模板予以处理，而遇到例外或棘手的问题，则会咨询自己公司一位同事的妻子，她是专业的律师（BHZ190822A1）。大部分时候这种咨询都是免费的，但可以想象，这种免费实际上是用"人情关系"来"支付"的，或者也可能是自己丈夫在公司获得额外的其他形式的"代偿"。

来说,人员本身就很少,并且往往是只懂技术而对法律问题一窍不通,即使是为了应付日常性法律事务而"现学现卖"也需要时间,同时起步阶段也没有多余资金购买法律服务,因而在这样一个阶段,关于处理法律事务的制度配备基本上就处于"裸奔"状态,这时它们就只能指望不发生大的法律风险,直到自己的企业"孵化"出来后,就会补充相应的人员、制度;当然,还有个别法律意识淡薄的企业在稳定起步之后还会长期处于这种模式中。

(5) 园区"团购"模式

打包购买法律服务虽然单价相对便宜,但对于法律事务比较少的企业来说,一年并没有那么多事务和案件,整体下来还是一笔不小的开支。面对这种中小企业法律事务不多、购买能力不足的情况,笔者所调研的 Z 园区、X 园区等也提出了一种自己的"团购模式",即以经济园区的名义向市场中的律所购买打包的法律服务,并由多个中小企业团购支付,这样,一方面分摊了成本,另一方面也不浪费资源;不过,这种模式在市场上并不普及,如果在经济园区之外由几个企业自己组织,律所可能也并不愿意接受。

在调研中,对于中小微企业法律服务获取能力弱、守法能力不足的问题,政府也有所意识:

> 中小微企业面临较大的法律服务需求困境。以 Z 园区为例,园区内有 80%的中小微企业,已培养和孵化出 600 余家小微科技型企业,但由于单个企业的法律服务需求量少,且中小微企业的法律服务支付能力弱,因此无法与专业性的律师形成一对一的长期稳定合作,有必要探索创新性的政府法律服务支持模式。

　　为此,优化 M 区营商法治环境、提升法律服务水平需要重点关注作为经济增长中流砥柱的中小型企业的切实需求,整合区内法律资源,架起沟通中小型企业与法律专业服务之间的桥梁,为"法""商"结合提供便利。同时,区内司法行政机关部门应当和律师行业协会形成合力,解决信息不对称的难题,规范行业内的乱收费现象,让中小型企业敢用法律服务产品,而且要用得放心。

　　具体来说,司法局及相关单位可以牵头向辖区内各园区驻派法律服务,形成"政府补贴＋企业团购＋园区支持"模式,为中小微企业提供针对性、低成本的法律服务。首先,司法局及相关单位可以组织辖区内的律师专门驻派园区,并提供专项的资金补贴;其次,由于各个园区内中小微企业的法律困境具有相似性、集中性,法律需求同质性高,因此,可以以团购、打包购买服务的形式,共同与入驻律所形成长久合作;再次,园区也可以提供一定的场地与资金支持,从而起到降低成本、提升品质的效果;最后,区内司法行政机关与律师行业协会形成合力,解决法律服务市场与企业(特别是中小微企业)之间的信息不对称难题,关注企业切实需求,规范行业内的乱收费现象,让中小微企业了解法律服务产品、放心使用法律服务产品。①

　　此外,中小企业的"生命周期"也很难让它们"生长"出成熟的合规制度或法律风险防范制度。正如前文所述,组织的制度化是一个由组织环境向组织内扩散和组织自身接受、实施、结构化的过

---

① 《M 区营商法治环境评估报告》。

程,这个过程既需要时间,也需要组织自身的制度化周期。然而,据调查机构统计,"中国中小企业的平均寿命仅 2.5 年"①,这么短的时间内要招募人员、熟悉业务、各部门磨合,从而发展出一套适合自身的、成熟的法务制度或合规制度,是很难的。更为重要的是,法务/合规制度是建立在其他生产、技术性制度之上的,并需要一定基础的物质条件。这意味着:一方面,企业需要让自身的技术、生产部门顺利运转起来,行政部门初步形成。只有企业具有一定的经济资本后,才能配套相应的法务/合规制度。另一方面,企业初期必须先解决生存问题,即保证技术、生产制度的成熟发展。只有企业具有一定的资本累积,甚至出现了法律问题之后,才会考虑配套相应的法务/合规制度。

中小企业的规模和成长阶段,决定了自身的守法能力;而这种有限的守法能力与企业规模、成长阶段又导致了它们对法律风险的负担能力较低。同样的法律风险,对于大型企业来说可能就是能够承受的日常风险,而对于没有发展成熟的大部分中小企业来说,可能就是"致命一击"。例如,2020 年 6 月被爆出的"腾讯诉'老干妈'拖欠 1 600 万元广告费一案",虽然最终发现是有人以"老干妈"公司的名义实施的诈骗,双方也于 2020 年 7 月 10 日和解,但腾讯于 2020 年 4 月 24 日就向深圳南山区人民法院申请了财产保全,查封、冻结老干妈相关企业名下价值 16 240 600 元的银行存款及其他财产。②先不讨论法院裁定是否合理合法,这个过程中值得关注的一点就是,如果不是"老干妈"这种"财大气粗"的企

---

① 当然,即使是集团企业的平均寿命也为仅 7—8 年,与欧美企业平均寿命 40 年相比相距甚远。参见 CHINA HRKEY:《中国中小企业人力资源管理白皮书》,载 https://www.prnasia.com/lightnews/lightnews-1-77-5340.shtml,2020 年 12 月 6 日访问。

② 广东省深圳市南山区人民法院(2020)粤 0305 执保 1106 号裁定书。

业,而是一个中小企业被突然冻结1600万元的流动资金或企业资产将近三个月,那么很可能就会终止企业的正常生产运转。在很多调查中中小企业都是在最大负荷地进行运转,短期的资金流中断都可能影响企业的生死存亡。相比较大企业而言,中小企业可以说无法承受任何预期之外的法律风险。

如果有成熟的法务/合规制度,则可以吸收、规避掉一定的法律风险,但由于中小企业自身规模、成长阶段的限制而缺乏相应的制度配套,使得自己缺乏可以对抗法律风险的"武器"。这同样可以通过与大企业合规制度所发挥的重要作用进行对比而凸显出来。例如,2016年雀巢公司郑某等人被兰州市城关区人民检察院公诉"侵犯公民个人信息案"中,兰州市城关区人民法院一审认定雀巢公司6名员工"为抢占市场份额,推销雀巢奶粉",通过"拉关系""支付好处费"等各种方式,多次从兰州多家重点、知名医院的医务人员手中不合法地获取大量公民的个人信息,构成侵犯公民个人信息罪。对此,多名被告辩护人都提出,其当事人行为是公司行为,本案应属单位犯罪,请求法院轻判缓判。而雀巢公司则出具公司内部的合规文件(《雀巢指示》以及《关于与保健系统关系的图文指引》等)对此进行了抗辩,指出公司已经在其中明确禁止了该类行为,并且要求所有营养专员接受培训并签署承诺函。最终,法院在审理中认可了雀巢公司提供的合规证据,并认为相关合规文件和合规培训充分证明雀巢公司已尽到合规管理的义务,而被告人属于违规操作而非单位意志体现,应属个人行为;二审原判也对此予以维持。[①]可以看出,完善的合规制度成为切割企业责任与员工责任的依据,成为企业无罪抗辩的理由;而如果缺乏相应的合规

---

① 参见甘肃省兰州市城关区人民法院(2016)甘0102刑初605号刑事判决书;甘肃省兰州市中级人民法院(2017)甘01刑终89号刑事裁定书。

制度,则很难规避掉员工个人行为所带来的企业法律风险。

综上可知,中小企业守法选择存在着一个内在的矛盾困境:一方面,企业规模与成长阶段决定了企业法务/合规制度不足,守法能力弱,从而缺乏对抗法律风险的"武器"与能力;另一方面,企业规模与成长阶段又决定了自身很难承受法律风险,守法风险负担能力不足,急需相应的法律资源与法务/合规制度。由此,其自身带来了守法选择过程中的矛盾甚至"死结"。

二、中小企业面对守法预期不确定性时的两难选择

从上文分析可以看出,中小企业具有相应的动力和机制促使自身遵守法律;但是,由于自身守法能力的相对不足,使得它们在作出守法选择时需要承担或克服一些阻碍因素——因自身守法能力的限制而存在的超过其承受能力的守法风险。这种冲突常常会给中小企业带来两种矛盾的守法选择:一种情况就是中小企业承担了守法权益受损的守法风险,选择面对这种守法预期的不确定性却仍坚持守法;另外一种情况则是一些中小企业有时候可能会通过规避法律的方式规避可能存在的守法风险,即选择性守法(也即选择性不守法)。这种两难困境有时是在不同企业中的表现,但更多是不同程度地存在于一个企业身上;它与中小企业自身的主体特性有关,但是守法预期不确定性的制度环境会放大这一内在矛盾,从而进一步造成了中小企业的营商守法困境。在这种两难选择的过程中,新的不确定性就被生产出来:守法者要么是接受既有的不确定性,从而强化了这种环境特征;要么是也进行选择性守法(也就是选择性不守法),为环境制造出新的不确定性。

(一)面对预期不确定性仍坚持守法

从我们的调研材料中可以发现,守法预期不确定性是各类中

小企业在不同程度上面临的法律风险之一。对于这种合法经营却仍然遭受权益损失风险的情况,缺乏法务/合规制度保障的中小企业是更难承受的。一方面,对于中小企业而言,自身的经济资本既要能够保障其不被"瞬间击垮",又要能够"挺住",并继续维持到法律权益得到救济或经济损失恢复的时候,即能够消化得了一定的法律风险;另一方面,中小企业还要有包括自身法务人员在内的充足的法律资源,去维护自己的合法权益,即能够对抗得了法律风险。这两点对于中小企业来说都是不完全具备的,因此,它们更难承受守法所带来的包括守法预期不确定在内的一系列风险。

但是,正如我们在前文看到的,即使守法伴随着自己利益受损(守法利益不确定性)的困境,很多企业仍然会选择坚持守法。影响这种选择的因素,首先有企业家自己的选择(自身的道德因素与心理因素)与法律的规范性、强制性逻辑(法律自身内在的拘束力与惩罚性)的影响。其次,还有来自企业的生存逻辑,即只要没有因为权益受损而垮掉,就得继续干下去。再次,还因为中小企业与比自己规模更大、力量更强的市场主体交往时,因为市场地位的不平等或交易地位的不对等,而不得不接受守法预期不确定带来的权益受损风险,这也是一种生存逻辑下的选择。例如,在调研中,有企业就指出,自己在与大企业、政府合作中,虽然外聘的律师指出了合同的诸多风险点,但公司还是得"顶着风险走"。此外,还有很多中小企业在面临守法权益可能受损的情况时,即使有规避法律或违反法律而不受到惩罚的"对等机会",它们却仍然更倾向于权益受损也要坚持守法。这种动力分别来自长期利益的预期与对法律资源的"被迫"依赖。

其一,中小企业的增长预期。此处并不是指企业考虑到未来的反复博弈而将目光放在长远的收益上,或者说建立自己的商誉而获得隐性财富,而是指企业鉴于未来可能面临的合规审查而防范出现会阻碍自己进一步成长的法律风险。尤其是未来要进行并购或准备上市的企业,会面临详细的尽职调查,此时的一些违规操作很可能会成为未来的"定时炸弹"。中小企业在成长初期,自己所处的组织场域有可能受到监管失灵、短期利益诱惑、同行或合作企业违规违法行为影响的情形,但成长为大企业或者成为上市公司后,所处的组织场域会发生变化,所牵涉的(员工、股东)利益变多,监管也更为规范严格。因而,中小企业如果有想做大做强的目标与预期,那么在一开始就要注意行为的合法性,保证自己在"跨过成长的门槛"前没有合规漏洞、法律风险。这意味着,这些企业会给自己更多的"束缚",即使面临守法困境与风险也要坚持守法。当然,并不是所有中小企业都有这种明确或强烈的成长预期,只有那些可能成长起来的企业会自然而然地产生这种预期,例如已经成长到一定阶段的企业,或者有一定技术积累的企业,它们比不了已经发展成熟的大型企业,但又好于一些处于中间"腰部位置"①的发展前景有限、规模受限的企业。

笔者所调研的对象中有很多是经济园区的中小企业,它们可以说是这种有增长预期的"腰部企业"的典型。因为经济园区有经济指标与政策指标的追求与考核,所以,它们也会考察企业的资质与发展潜力,引优质的企业入园;经济园区同时也会为园区内的企业提供很多政策优惠与公共服务,这也使得很多企业想要努力符合标准,入驻园区。值得一提的是,笔者在 Z 园区进行调研时,园区的法务负责人是我们的联络人,而参加座谈的中小企业也是由该法务负责人"带队"。当我们询问是否可以录音时,企业代表还

① 可以合理推断的是,一些刚刚跨过门槛的规模较大的企业,也仍会处于这种状态,因为它们刚刚站稳脚跟,正要以新的"身份"开始进一步谋求发展。

没有作出反应,这位法务负责人略带抱歉但言语专业的回答道:
"问题可以随便问,但不能录音,因为我们这里很多企业未来都是
要上市的,万一一些东西留下材料就不好了。"(SMZ181224A1)对
此,企业代表们都表示同意,我们也表示理解,识趣地收起了录音
笔。而在其他调研中,虽然没有遇到过这种情况,但我们也都要事
先向联系人解释并保证自己的录音用途。由此可以看出,他们对
企业相关法律问题的格外注意。

其二,中小企业对法律资源的依赖。对于包括企业在内的各
类社会主体来说,法律是一种行动交往中可以利用的重要的社会
资源。法律制度作为国家提供的"公共产品",具有非排他性与非
竞争性,只要国家供给了相应的法律制度,无论其意愿如何都不能
排除其他人对该产品的消费和使用;并且,将法律制度分配给一个
法律"消费者"的边际成本为零,只要法律制度建立,即使有新增的
"消费者"也不需要额外增加法律制度的供给。①因而,法律规范就
构成了中小企业所能拥有的"社会资本",即一种个人可以作为资
本财产所拥有的"社会结构资源"。②但是,面对法律问题和法律风
险,法律并不是唯一的可以借助的资源。除了法律,不同的企业可
能还会借助自身所拥有的其他资源,例如,依靠自身雄厚的经济资
本自行"消化"风险,利用社会关系网络进行谈判或者反制,利用媒
体资源施加压力,利用政治资源求助政府部门或者影响立法等等。
然而,对于大部分中小企业来说,自身并不具有雄厚的资金积累,
也没有其他社会资源可以利用,更缺乏稀缺的政治资源,法律资源

---

① 参见程浩、管磊:《对公共产品理论的认识》,载《河北经贸大学学报》
2002 年第 6 期;周义程、闫娟:《什么是公共产品:一个文献评述》,载《学海》2008
年第 1 期。

② 参见[美]詹姆斯·S. 科尔曼:《社会理论的基础》,邓方译,社会科学文献
出版社 1999 年版,第 354 页。

反而成了最能够便利获取的资源。当然,利用法律资源本身也需要相应的代价,市场也提供了不同价位的利用法律资源的法律服务。但是,一方面,法律制度所提供的行为指引性与拘束力、国家公权救济等制度内容都是非歧视性的,每个守法者都可以要求他人按照法律行事,同时在受到利益侵害时寻求国家公权力救济;另一方面,获取法律资源的途径是公开、开放的,是每个人付出相应的代价就可以得到的,而其他类型的资源却往往是想要支付都"无门可寻"。

此外,法律制度为人与人之间的交往提供了基本的规范与行为准则,具有普遍适用性,并且是国家法定的。这意味着,如果想要改变这种行为规则或者在规则外行事,例如为自己争取政策、获得新的市场资格、在合法范围内的特事特办、游说立法、制定新的行业标准以及非法的"走后门"等,必然需要耗费额外的非法律资源,需要具备其他的资本。对于中小企业来说,这显然是不现实的。相反,遵循大家普遍适用的规则,在规则内积极作为,某种程度上才是最理性的选择。因此,虽然中小企业的守法能力相对较弱,法律资源获取能力也相对较弱,但是相比于其他资源,法律资源却是它们最能够依赖的资源。因为自身发展规模的限制,中小企业的经济资本本身就相对不足,如果不考虑企业老板自身的情况,大部分中小企业对政治资本以及法律之外的其他社会资本更是难以获得。它们这种对法律资源的依赖以及对其他资源的重视,在调研中也有着比较明显的表现。在笔者跟随地方政府相关人员一同前往 Z 经济园区、X 经济园区调研时,虽然该园区也有很多大型企业甚至国际知名企业,园区联络人也向它们发出了座谈邀请,但来参加座谈的全部都是中小企业。中小企业往往把这次座谈当作是向政府反映问题、寻求法律与政策帮助的好机会;对于大型企业来说,它们并不是没有法律问题,也不是不需要与政府建立联系,而是因为,它们有自己解决法律风险的能力,同时也有自己与政府进行联络、协商政策的渠道(对于园区特别引进的、国内外知名企业更是如此)。这当然也是很好理解的,因为它们为当地政府带来了更多的就业、贡献了更多的经济增长与税收增长,甚至还关系到整个城市的发展升级。对于重点企业的发展,相关职能部门都会重点关注,会个别性地解决问题。在行政管理中,政府多部门还会通过"联席会议制度"协商为重点企业解决实际问题。[①]这都是中小企业难以获得的资源优势。[②]

从以上分析可以看出,由于中小企业在守法选择过程中存在的内在矛盾,导致可能会出现"面临守法权益受损(不确定性)仍要守法"的吊诡现象。对此,中小企业有其特有的原因或"苦衷":(1)为了跨过更高的增长门槛而不想留下违法记录;(2)法律资源是企业可以利用的最容易获取的资源。因此,这种现象会更加典型地表现在处于"腰部位置"的企业身上,即有了一定的发展从而想继续保持或未来有更好的发展的企业。[③]而如果守法预期不确定现象(守法权益受损风险)普遍发生,这将成为中小企业进一步发展的营商困境:要想生存,面对权益受损就只能承受,直到公司无法生存为止。显然,如果守法预期不确定性问题发展到这一步,对于中小企业、市场经济、法治秩序而言,都是极大的破坏。

---

① 参见 SPF190910A2。

② 参见 SMX181227E1、SPF190910A3。

③ 这实际上与社会中个人、家庭的发展类似,那些处于小康或刚刚步入中产的个人及其家庭,他们在既有制度框架下已经获得了一定的成功,因而不违反这一框架、在该制度框架中保持已有的地位并继续努力就是其最现实、最合理的选择;同时,由于缺少额外的社会资本、文化资本或经济资本等,他们不具备改变制度框架的能力,也没有其他途径,只有凭借个人最大程度利用好公共规则,因此也依赖公共规则。

(二) 面对预期不确定性而选择性守法

中小企业守法选择过程所内含的张力与矛盾,除了会使得中小企业选择面对守法不确定性困境与风险仍要守法外,还可能会带来另外一个行为影响:有些企业在有些时候会选择性地遵守法律。

对此,我们以一种假设情境来说明中小企业的这种选择,即面对权益受损的守法企业不会得到补偿或赔偿的情形。正如我们在概念界定中指出的,守法预期不确定性的现实存在,就意味着守法企业一些合理、合法的法律权益没有得到及时有效的保护与救济。如表8-2所示,笔者借用博弈理论中经典的博弈模型①来分析这种特定情境中的不同守法选择的利益博弈。

表8-2　损失不会得到补偿(赔偿)下的守法博弈

		B	
		守法	不守法
A	守法	1, 1	−1, 2
	不守法	2, −1	0, 0/2, 2

对于A、B两个企业来说,如果它们都按照法律规定展开经济活动,那么双方都可以各获利"1";但如果一方不遵守法律则会额外获利为"2",而另一方面意味着额外的亏损为"−1";如果双方都选择不守法,则互相都不会占到彼此的"便宜",即"0,0",或者它们共同侵占了第三方的利益,进而共同额外获利,即"2,2"。显然,在这种情境选择中,选择守法就意味着别人获利且自己亏损,而不守法才更是"明智"的选择。

因此,面对可能存在的守法预期不确定性的普遍化风险时,有些企业可能放弃对长远前景以及规范约束的考量,而会在某些特

---

① 参见周雪光:《组织社会学十讲》,社会科学文献出版社2003年版,第55页。

定的场景下选择回避法律规范或选择违法。除了个别情况下是企业一时冲动的结果,大部分情况下这种选择性守法都是企业在特定情境下理性考量的行动。首先,这种情境中存在选择性守法的动力,经济目标是企业最根本的组织目标,如果回避法律或违法会带来足够的额外利益,或者企业坚持守法就会因为损失而破产,那么,就可能促使企业作出这种决定;其次,这种情境中存在选择性守法的条件,这种条件往往就是指一些交易过程中法律制度及其实施过程存在漏洞,或者法律制度不会有效发挥作用。此外,特定情境中的法律漏洞如果没有及时得到"修补"。法律实施中的问题没有及时得到修正,就会形成"破窗效应",就可能促使本来不想选择性守法的企业产生回避法律或违法的想法;而当某个行业有大量的企业因此而选择性守法时,就可能会在特定场域形成普遍违法的风气,从而影响更多的企业尤其是新加入企业的认知与行为,最终可能导致该法律制度失去实效,形同虚设。

选择性守法意味着选择性不守法,意味着选择性地回避法律或违反法律能够让自己获得额外的利益,但往往也会同时损害到其他的利益:首先,上面提到的对法律制度的长期破坏;其次,对政府监管、税收、许可认证的逃避与违反,也意味着对国家公共利益的损害;最后,更为直接的表现则是对其他市场主体的利益侵害。这最后一种情形实际上就会导致其他守法企业面临本书所探讨的守法预期不确定性困境,而选择性守法行为则就是一种"用法获利"或"违法得利"的行为。由此可见,守法预期不确定性困境的普遍发生,还可能导致原来的守法者变成一个法秩序的破坏者、导致其他守法企业权益受损的法律漏洞利用者或违法者,这样将会对中小企业整体的营商环境造成严重的破坏,所有潜在的守法企业都会因此而面对营商守法上的不确定性。

（三）中小企业守法预期不确定性的再生产

从以上分析可以看出，制度环境带来的守法预期不确定性又会进一步带来新的不确定性，即中小企业守法营商者在两难选择之间的不确定性。在制度环境与企业守法能力不发生根本变化的情况下，这种守法预期的不确定性会反复发生、互相关联影响，并且原本的守法者也会变成一种选择性守法者（即选择性违法者或利用法律漏洞者），这又会进一步造成他人守法预期的不确定性。

如图 8-1 所示，这一过程就体现出了中小企业守法预期不确定性的再生产机制。当制度环境存在不确定性时，会引发营商守法主体认知、筹划上的不确定性，并且往往还会让其遭受不确定性发展而导致的负面后果，即守法利益获取的不确定性。而这一切都发生在法律关系的互动过程中，即关系相对方并没有严格遵守法律；二者之间的互动一方面会反过来成为制度环境特征的一部分，增加环境的不确定性，另一方面还会进一步影响守法营商者未来的守法选择。

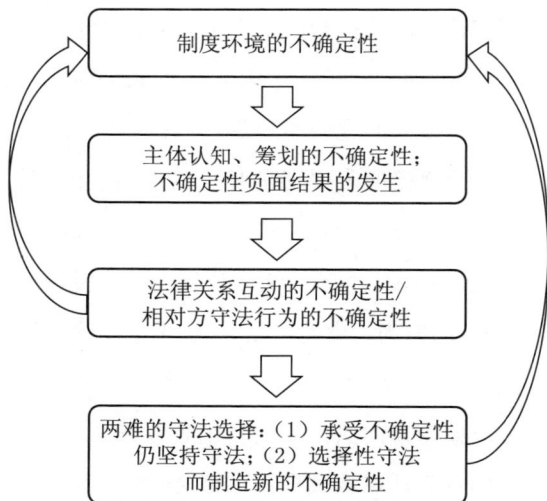

图 8-1　中小企业守法预期不确定性的再生产机制

214

特别对于中小企业来说,当其面对这种不确定性环境或者已经遭受过守法预期不确定性困境后,往往会陷入一个两难的守法选择之中:要么面对不确定性而仍坚持守法(此时同时要承担不确定性带来的负面后果),要么因为不确定性而选择性守法(同时也就是选择性不守法);前者是承受、接受了环境的不确定性,后者则是制造了新的不确定性。这就会进一步强化既有的制度环境的不确定性,导致守法预期不确定性的再生产。除非守法者的主体特性(守法能力)不断提升或制度环境持续优化,否则这种再生产机制就会形成一种循环。

从守法预期不确定性的再生产机制也可以发现,对于中小企业而言,由于守法预期不确定性而导致的现实的营商困境,包含了三个层次的实践内涵,它们之间互相关联、互相叠加、互相影响:

第一,中小企业在营商守法过程中处于一种不确定的认知、筹划状态。企业的营商行为是一种经济行为,一种以经济利益为目的、工具理性的行为。这种行为性质期望一种目的实现的可计算性与可预期性,因而需求一种相关知识、信息获取的确定性。而这其中,就包含着相关法律规则遵守效果的确定性。当然,在营商过程中,市场的风险在所难免,但是,如果已经公布的法律或应当实施的法律制度,没有稳定发挥出其自身的效力与效果,那么自然就对企业的营商谋划、预期产生了困扰,即一种对营商主体而言的困境。

第二,中小企业所处的不确定性环境状态发展出一种法定效果之外的负面结果,这些负面状况的存在是中小企业主体认知陷入不确定性的客观、现实原因。具体来说又包括三个方面:(1)自身守法权益没有因为遵守法律而得到有效保障或获取,而是发生了权益损害的情形;(2)市场交往的相对方没有严格遵守法律,而是可以钻法律漏洞、违反法律(却也无法被法律有效禁止与制裁);(3)公开的法律并没有像其宣称的得到稳定、有效实施,而是存在不足与不确定性。这三者源自守法预期不确定性的三个维度,而这三个维度发展出的负面状况、结果正是中小企业守法预期不确定性困境的现实内容与问题表现。

第三,当中小企业守法预期不确定性作为一种现象成为环境特征的一部分时,还会衍生出进一步的不确定性困境:中小企业守法选择上的两难问题。第二点提到的不确定性负面发展结果的持续存在,是这种困境出现的原因,即守法预期不确定性的客观发生在成为环境要素的一部分后,对中小企业营商可能会带来进一步的影响。因为中小企业在守法主体特性上具有依赖作为公共资源的法律制度与守法能力低、守法风险承受能力弱的矛盾性,因而,当守法预期不确定性困境相对普遍性发生时,中小企业就可能因为自身的守法主体特性而出现一种守法选择上的矛盾:要么面对守法预期不确定仍然坚持守法,要么因为存在不确定性而选择性守法。无论哪种选择,对于中小企业而言都会面临不同程度的困境,而这种两难选择的存在本身也是一种困境。

第九章
守法预期确定性与营商环境法治化

近几年来,优化企业营商环境一直是我国经济治理、市场改革的重要政策方针与目标之一。2017年7月,习近平总书记在重要会议上强调:"要营造稳定公开透明、可预期的营商环境。"①可见,"可预期"被认为是我国营商环境的重要属性与建设目标。"制度在社会中的主要作用,是通过建立一个人们互动的稳定结构来减少不确定性。"②现代市场经济中,主要的经济治理规则、市场秩序规则都以正式的法律制度为表征和建构③,法律体系的各个部门都与市场经济活动密切相关④,因此,"法治是最好的营商环境"。⑤

---

① 《习近平主持召开中央财经领导小组第十六次会议》,载 http://www.gov.cn/xinwen/2017-07/17/Content_5211349.htm,2022年10月15日访问。

② [美]道格拉斯·C.诺思:《制度、制度变迁与经济绩效》,杭行、韦森译,上海人民出版社2016年版,第6页。

③ "现代理性的资本主义需要的不仅是生产的技术手段,同时还需要一个可靠的法律体系和依照规章制度办事的行政机关。"([德]马克斯·韦伯:《新教伦理与资本主义精神》,马奇炎、陈婧译,北京大学出版社2012年版,第15—16页。)

④ See Avinash Dixit, *Lawlessness and Economics*: *Alternative Modes of Governance*. Princeton University Press,2004:2.

⑤ 《习近平主持召开中央全面依法治国委员会第二次会议并发表重要讲话》,载 http://www.gov.cn/xinwen/2019-02/25/content_5368422.htm,2022年10月15日访问。

营商环境的"可预期性"首先就指向了法律制度环境或营商法治环境的确定性问题。

承接前文论述,本章中笔者将首先从法理角度对守法预期确定性的三个维度进行梳理分析,然后再从反面分析企业守法预期不确定性在何种意义上成为一种企业营商的困境。由此指出:营商环境优化一方面是通过增强法律制度确定性,提升企业守法预期的确定性,另一方面还通过各项"赋能制度",提升企业守法时在营商环境中的自主嵌入能力;而这两个方面,也可以为我们类型化分析营商环境优化问题补充一种新的思路。

一、守法预期确定性:一种法律的制度功能

随着现代市场经济的快速发展,复杂的经济活动建构与经济交往秩序越来越离不开现代法律制度的保障,现代商业需要"其功能可以预期的法律制度"。[①]现代法律制度的形式理性化、系统性、一般性以及强制性特征也保证了法律系统的"可被预期性""可被计算性";这一特性也许不是绝对的,但一定是客观的、普遍的。守法者期望自己依照公开的法律进行社会交往,并能够产生相应的法定的行为效果。尤其对于面对市场风险和市场不确定性的企业而言,法律制度的确定性更是它们营商活动可筹划性的前提和基础。具体而言,这种遵守法律、依循法律制度规定行动时产生的守法预期,包括三个方面:第一,自己遵守法律后所实现的法律所赋予的权益的合理预期,即自身守法利益的预期;第二,社会交往过程中,自己

---

① ［德］马克斯·韦伯:《经济与社会》(第一卷),阎克文译,上海人民出版社2010年版,第456页。有学者指出,韦伯认为,现代(西方)资本主义的产生,有三个与法律相关的先决条件,其中之一就是"可计算的法律秩序",其他还包括"发达的商业契约"与"现代法人团体的法律概念"。(参见［瑞典］理查德·斯威德伯格:《马克斯·韦伯与经济社会学思想》,何蓉译,商务印书馆2007年版,第135—143页。)

遵守法律的同时,也合理预期他人会遵守法律,即对相对方守法行为的预期;第三,对法律制度规定及其实施效力的合理预期。

(一)自身守法利益的预期确定性

社会主体关于自身守法利益的预期包括三个方面:法律制度所规定和保护的权益,守法行为完成后附随的有利的事件后果,遵守法律所减少的社会交往成本。其中前两点描述的是一种积极利益(增加的利益),第三点描述的是一种消极利益(降低的成本)。不过,第二点所描述的利益并不能够由守法行为及相关法律制度单独决定,还会受到其他相关事件要素的影响,因此不能算作是纯粹的守法利益。

1. 法律制度所规定和保护的权益

法律规范是利益的载体,"利益是人们寻求满足的需求、欲望或期望"。①法律权利虽不能等同于利益,但是权利人可以通过对法律权利的行使实现某些法律规范所承载的利益。②法律影响着人们的生活,在一个动态的、不断提出要求的生活世界中,利益就是其中各种各样的生活要求;法律结合自身的价值目标,关注并表达生活中的本质利益。③

法律制度对于相关利益的规定与表达是守法利益期待合理存在的前提。未经法律评价、认定的利益是不具有可普遍化与可期待性的,也难以要求大家统一遵循,彼此尊重对方的利益;④而经

---

① 参见[美]罗斯科·庞德:《法理学》(第三卷),廖德宇译,法律出版社2007年版,第14页。

② 参见张恒山:《法理要论》(第三版),北京大学出版社2009年版,第369—370页。

③ 参见[德]菲利普·黑克:《利益法学》,傅广宇译,商务印书馆2016年版,第13页,脚注3。

④ 参见刘睿、张继成:《立法评价方法初探——立法过程中价值评价的理性分析》,载《法制与社会发展》2018年第6期,第157—173页。

过法律统一评价、认定的利益,就能够在规范上要求他人对自己的利益主张予以尊重,这时对自身守法利益的期待才能具有社会性与规范性。

这种规定与表达有时并不要求一定是明确的、面面俱到的。法律是动态发展的,法律的文本表达不一定是完美无缺的;利益概念所指代的"生活要求"意味着,即使某种生活上的利益要求由于立法的疏漏或滞后,还没有被正式表述进制定法中,但只要它依据相关法律价值或法律原则,或类比已有的法律规定,被认为应当属于法律性的利益,那么这种情况也是守法者所应享有的法定利益。

2. 守法行为完成后附随的有利的事件后果

实际上,并不存在一个专门的、纯粹的守法行为,社会主体都是在完成某个社会活动的同时,依照法律实施其行为。因而,守法行为都是发生在某个特定的事件之中,在这个事件中,当事主体有其专门追求的事件后果。因此,守法者所期待的利益不仅包括特定情境中法律规范具体规定的当事人权益的实现,同时还包括当本应取得的法定效果实现后,事件本身所附随的行动利益的获取。例如,在一次经济合作中,双方依照合同约定,履行了各自的权利义务后,各自基于合同规定所享有的权益都得到了保障,同时,因为该合同的顺利履行,双方的经济合作取得了成功,进而促进了各自的生意业务、经济绩效的发展,从而带来了双方预期的经济收益。前者(守法权益保障)是只要双方遵守了法律就能实现的(各自享有了合同明文规定的权益),后者(进一步的经济收益)建立在前者的基础之上(双方通过履约成功进行了合作),但同时还受到其他市场因素、各自能力因素等的影响,并不是由单一的守法行为就可以决定,但确实是可以在守法过程中预先筹划与期待的。由此可见,企业营商中的守法利益并不等同于其在事件中获得的全部经济利益,前者只是后者的一部分或必要条件之一。对此,韦伯也有类似的区分,他将法律效力实现为市场主体带来的利益(机遇)分为两类:其一,规范为某种个体或某类主体明确提供了一种保障,即赋予了他们一种可享有的"权利",这些权利就承载着一种具体的利益;其二,是规范有效实施的副产品,一种规范良好实施后的"溢出"效果——该规范体系并没有明确承诺或保障这一机会。①

3. 遵守法律所减少的社会交往成本

制度能够"模式化"社会主体的行为,法律制度通过强制力进一步保证了其所规定的行为方式与模式的稳定性,这在某种程度上就减少了社会主体彼此之间的交往成本。社会主体在具体交往情境中不必再进行个别性的衡量与猜测,也无需再额外建立情境性的交往规则,只需要依据一般性的法律规定,就可以实施相应的行动,并期待对方相应的行动反应。这个过程中,守法者实际上减少了因为法律制度存在而需要付出的认知、交往成本。这在某种程度上就是一种潜在的消极利益的获得。

另外,守法行为本身也需要守法者付出相应的成本,包括遵循相关法律程序、法律规定时所要付出的时间、精力(人力)、金钱成本等。例如,依照法律规定办理相关的企业资质证明或产权证明时,企业都需要专门派人、花时间、准备相关材料去相关部门完成相关程序。这种守法成本对于守法者而言也是一种"支出"。但是,换个角度来说,法律的确定性保证了守法者在完成相关法律程序时,只需要依照法律规定付出确定的守法成本,而无需反复"折

---

① 参见[德]马克斯·韦伯:《经济与社会》(第一卷),阎克文译,上海人民出版社 2010 年版,第 433 页。

腾"，减少了额外的不确定成本的付出。这时，因为制度确定性而节省下来的额外的、无法预估的守法成本就可以理解为一种守法者消极利益的获得。这种消极的守法利益主要体现在守法主体与法律实施主体（政府及其官员）交往时，由于法律实施主体（政府/官员）所规定的法律程序不明确，使得守法主体无所适从、反复交涉，进而导致的企业守法利益的损失（守法成本的额外增加）。

（二）相对方守法行为的预期确定性

社会主体的守法行为是发生在社会关系交往过程中的，作为经济交往关系的营商活动亦是如此。守法不仅是个体的行为，同时也受到社会关系互动中其他主体行为的影响，因而，守法者往往还期望着交往相对方也同时遵守相应的法律，即有对相对方守法行为的预期。在现代社会中，广泛存在的法律简化了社会交往过程中的复杂性，让人们能够依据法律的规定对交往中他人的行为产生理性的预期，并对其做出这种预期行动抱有合理的期待与要求，从而能够安排自己的行为与生活。

人类解决共存过程中的意义取向问题伴随着一种偶在性与复杂性，即出现一些指向其他可能性的迹象。因此，社会行动与交往过程中，既要形成共同的世界认知，建构各类不同意义（事物、人、事件、符号、价值、概念、规范等）的同一性，还要同时考虑他人的视角、他人的体验，以及预见他人的期望，即对（他人的）期望进行期望；以此类推，复杂交往中甚至还有对期望的期望的期望，或更多重的偶在性问题。为了控制这种复杂性与偶在性带来的过度负荷，以及因此而不断增大的出错风险，人们需要简化和减负，发展出期望结构予以控制。①这一过程既包括心理系统层面的，即由心

---

① 参见［德］卢曼：《法社会学》，宾凯、赵春燕译，上海人民出版社 2013 年版，第 70—76 页。

理系统自身执行对他人的期望进行期望的、对其环境作出的反应；也包括社会系统层面的，即在客观上稳定化有效的期望，从而使得人们可以据此引导自己。于后者而言，期望可以被转换为应然的语言形式，还可以依附于特征界定、行动定位和经验法则等，在此过程中，化简是通过概括性缩略而实现的（如"此处不可抽烟"）；同时，这些规则也是匿名的，因而是非人格的，无须考虑谁期望谁没有期望的问题。由此，便创造出期望的确定性，并产生了自我行为的确定性与他人行为的可预见性。社会系统层面建构出的社会规范体系，形成"匿名符号复合体"，指向规则的取向取代了指向期望的取向，并在很大程度上吸收了来源于期望的出错风险。此时，违反规则的人就是行动上出错的人，违反规则现象的发生就不再是某人自身的期望出错，而是他人的行为出错。[1]

（三）法律制度及其实施的预期确定性

社会交往过程中总是存在其他可能性，因而也会出现期望落空、遭遇失望的可能。如果遭遇失望就去适应现实，根据眼下令人失望的现实进行调整，这种反应或态度就体现为一种认知性期望；与此相对的还有规范性期望，即某人没有依照期望行事时，面对这种失望仍继续维持期望。规范构成了后一种期望的基础，规范的有效性与制度化使得即使它在现实中没有被遵守，人们仍然可以对该行为继续保持期望。法律是一种典型的被制度化的规范性期望结构，[2]守法者对自身守法利益的期望以及对于相对方守法行为的期望，都来源于、依赖于法律这一被制度化的规范性期望结

---

[1] 参见［德］卢曼：《法社会学》，宾凯、赵春燕译，上海人民出版社 2013 年版，第 77—78 页。

[2] 即得到被期望的第三方共识（如现代社会中的国家、议会、人民代表大会等）的支持，从而转化为一种对假定的第三方的期望的期望。（参见［德］卢曼：《法社会学》，宾凯、赵春燕译，上海人民出版社 2013 年版，第 80—82、101 页。）

构。这就转向了守法者对法律制度本身的预期确定性问题。作为一种社会结构的法律(制度),依赖于规范性期望的一致性的一般化;并且,法律的一般化相较于其他社会规范更为重要和独特:它既在时间维度是稳定化的(能够超越当下对未来行为产生期望),也是制度化的(能够通过第三方制度化地生产),还通过文本化、程序化等方式在事实维度对意义同一性进行外在固定。[1]

守法者对法律制度及其实施的预期确定性,本质上是对法律制度的应有特性、"品质"或"内在道德性"[2]的预期,期待法律制度能够稳定、充分具备相关特性并且有效实施。具体而言,法律要以令人易懂的方式表达出来,以合适的方式予以公布,要具有能被人获取并清晰掌握的可能,从而在社会交往中提供清晰的指引与明确的行为预期。[3]法律体系的内容还要具有可行性与效率性。法律的可行性决定了守法的成本,对法律适用对象来说,法律规范的要求是要能够被接受、被具体执行的。法律的效率性也会影响行为主体对法律的选择,如果被要求遵守的法律过于繁复、耗费精力,从而效率过低甚至无效率,守法者可能会选择"逃逸"至其他社会规范,失去对法律的认同。[4]此外,法律不仅是静态的书面条文,还依赖于一整套法律制度的正常运转。立法制度要能够制定出合理、正当的法律规范,建构科学、完备的法律体系。司法与执法机构要有效实施法律,并为法律得到遵守提供国家强制力,对违法行

① 参见[美]费雷德里克·肖尔:《依规则游戏:对法律与生活中规则裁判的哲学考察》,黄伟文译,中国政法大学出版社 2015 年版,第 23—24 页。

② [美]富勒:《法律的道德性》,郑戈译,商务印书馆 2005 年版,第 40 页。

③ [德]托马斯·莱塞尔:《法社会学导论》(第 6 版),高旭军等译,上海人民出版社 2014 年版,第 232 页。

④ 参见李娜:《守法社会的建设:内涵、机理与路径探讨》,载《法学家》2018 年第 5 期。

为进行制裁,产生法律威慑力。法律实施产生的威慑也有利于社会守法信任的产生与发展,违法受到纠正、守法得到保护自然会提高法律的信用,提升人们对法律的预期与认可,进而促进人们对法律的遵守意愿。[①]

二、作为企业营商困境的守法预期不确定性

企业在营商守法过程中存在预期确定性的需求,反过来,当一些企业的守法预期面临不确定时,这就会成为它们遭受的一种营商困境,而营商环境的优化则需要针对性地解决这种困境。

(一) 企业守法预期不确定性营商困境之内涵

"不确定性"是"确定性"的否定形式,表达了客体发展的不稳定状态以及主体对客体发展状态认知的不肯定、不明确。"不确定性"意味着事物发展存在两种无法判断的可能性:正向的与负向的。[②]对于主体而言,一方面畏惧、烦恼不确定性认知状态本身的存在,另一方面更是害怕不确定性所可能指向的负面发展后果的出现。"不确定性"困扰行动者的一个重要原因就是因为其指向了一种未预期的、负面后果发生的可能性。

守法预期不确定性描述的则是,守法者依据客观有效的法律规范而形成的合理守法预期存在一种不确定的状态。当守法预期不确定性出现时,一方面意味着行动主体处在了一种守法认知上的不确定状态,另一方面还意味着守法过程中出现了预期之外的负面结果的发生。对于企业而言,这两方面都是守法预期不确定

① 参见李娜:《守法社会的建设:内涵、机理与路径探讨》,载《法学家》2018 年第 5 期。

② 参见文军、刘雨航:《不确定性:一个概念的社会学考评——兼及构建"不确定性社会学"的初步思考》,载《天津社会科学》2021 年第 6 期。

225

性成为一种营商困境的表现:(1)一种不确定的守法预期状态无法让企业做出确定的营商筹划;(2)营商过程中发生了企业选择守法却无法实现法定守法效果、获得法定守法利益的负面结果。实际上,对于守法企业而言,恰恰是因为遭遇了多次守法利益受损、守法预期落空的不利后果之后,其原本依据法律规定所形成的合理预期才出现了不确定性。法律制度原本应当为守法营商者提供合理的守法预期,但是实践中守法预期落空、守法利益受损等负面情形的发生却破坏了这种本应普遍享有的守法预期确定性,进而让它们遭遇了守法预期不确定性困境。因此,守法预期的不确定性困境也可以理解为一种遵循制度时的风险,即一种"守法风险"。①

(二)企业守法预期不确定性营商困境之内容

结合前面针对守法预期具体内容的讨论,守法预期不确定性困境也可以分别从三个方面进一步讨论:

第一,企业营商过程中自身守法利益预期的不确定性。当这种不确定性现实发生时,意味着守法者的守法利益遭受了实际的损失,即:(1)守法者的相关法律权益没有得到保障或受到了实际的侵害,如前文所述,这里的"法律权益"既包括制定法规范明确规定的法律权利中的相关利益,也包括虽没有明确规定,但是依据法律原则或类比已有法律权益而应受到保护,应当被视为的法律利益;(2)由于守法权益没有得到保护,而导致整体事件中不利后果的发生,由此产生了其他相关利益的损失,对于企业而言,就是相关的经济活动、生意合作中潜在的经济利益的损失;(3)守法成本

---

① 参见郭忠:《守法风险与守法信任》,载《南京社会科学》2015年第10期;汪全军:《论公民守法风险的负担——以"失独"为例》,载《西北大学学报(哲学社会科学版)》2017年第2期。

或负担的额外增加,这种情形往往与权威性法律程序(例如法律监管、处罚)等的不当实施有关,如果一个要求过高的法律程序或者错误实施的法律程序施加到守法主体身上,那么造成的时间成本、精力成本、经济成本等都会引发额外的守法负担,这也是一种利益损失。

第二,经济交往相对方守法行为的不确定性。关系交往相对方守法行为不确定性指向的负面现实后果是,他们并没有实际遵守法律,而是利用了法律的漏洞或者说违反了法律。这种不预期的行为往往会造成守法者一方的利益损失,会让守法者一方的法律权益以及由此产生的利益无法实现,同时也造成了相关的生活、经济安排出现混乱,需要改变原有的计划,进而产生额外的成本与负担。

第三,法律制度及其实施的不确定性。法律制度实施状态不确定性的负面结果发生,指向的是法律制度规定及其运行状态存在着相关的制度性问题,法律规定不够完备,法律实施没有发挥出应有的效力,从而无法有效规制不守法的行为,同时无法保障守法者的守法利益。制度是能力有限的人类所建构的解决环境复杂性的重要工具,因此,面对现实世界的复杂性,人类往往会对制度抱有一定的期待与信任;这也意味着,人们对环境复杂性的主观感知也会"影响着人类对制度环境的理解,甚至影响着人们对制度环境是否公正的感觉"。①

如图 9-1 所示,这三者之间,"自身守法利益的损失"是守法预期不确定性困境的直接的现实后果;"相对方未遵循法律规定"是该现实后果发生的表面原因或直接原因;"法律制度及实施的不确

---

① [美]道格拉斯·C. 诺思:《制度、制度变迁与经济绩效》,杭行、韦森译,上海人民出版社 2016 年版,第 30 页。

定性"则是上述困境关系形成的结构性原因。因为结构性因素的存在,所以相对方未预期的守法行为在某些类案中会普遍性发生,所以企业守法利益不确定性的发生存在主体自身不可控的因素(尤其对于需要在市场中追求经济筹划确定性的企业而言,这种"不可控"更具有问题张力),由此便构成了企业守法预期不确定性的营商困境。

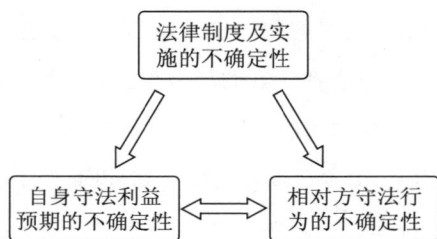

图 9-1 企业守法预期不确定性困境的三个维度及其关系

(三)企业守法预期不确定性困境与营商环境优化

通过分析企业守法预期确定性/不确定性的理论内涵与内容维度,我们可以看出企业守法权益与法律制度之间的内在关系,企业守法预期不确定性的营商困境内含着法律制度确定性的提升、优化要求,从而也成为了企业营商环境优化(法治化)的重要内容。

首先,由于守法的强制性,公民在理论上并不具有选择守法或者违法的自由,也就是说,法律制度为公民施加了一种"守法义务"。①与这种守法义务同时存在的,自然就是公民对于法律制度

———————

① 当然,公民的守法义务也不是绝对的,而是有限的。人们有权利改造甚至推翻不正义的腐朽制度;在一个接近正义的社会,面对确实发生的对正义的严重侵犯,公民可以不服从。(参见[美]约翰·罗尔斯:《正义论》(修订版),何怀宏等译,中国社会科学出版社 2009 年版,第 284—288 页。)

更高的期待甚至依赖。这也意味着，当包括企业在内的社会主体遭遇守法预期不确定性困境时，公民对法律制度的"失望"会更大，造成的实际影响也会更大。①因此，作为法律制度的制定、实施者，国家具有优化法律制度、保证法律制度确定性的义务，这种义务的履行是守法强制性的道义来源，也构成了法治的内在道德。

其次，现代性的法律制度离不开国家的理性建构，其目标之一就在于建立稳定可预期的行为秩序，而守法者守法预期的不确定性，则是国家有意图行为（法律秩序的建构）所造成的未预期后果（Unintended Consequences）。②这种国家政策的有意图性与实践后果的未预期性之间的张力与冲突，在社会发展的各个具体领域都有不同程度的存在，③因此需要针对性的具体改革优化措施。从这个意义上来说，企业守法预期不确定性困境的存在，进一步说明了我国优化营商环境的必要性。

再次，制度在降低人类交往活动的不确定性方面，包含着一种潜在的悖论：制度的规定与实施本身也存在一种不确定性，制度在降低社会复杂度的同时，也作为一个不确定因素而可能增加社会交往的复杂度。更何况，制度的建立与运作都离不开相关主体的实施。现代法治所要求的法律制度的公正、有效、自我约束的运行原则，以及法治所施加给公民的守法义务，都在为公民提供社会交往确定性的同时还承担着社会主体更高的信任与期待。因此，法

---

① 这同时也与现代法律制度所蕴含的信任机制有关，法律制度所包含的象征标志和专家系统的建立，都离不开信任的存在。（参见[英]安东尼·吉登斯：《现代性的后果》，田禾译，译林出版社 2011 年版，第 23 页。）

② 参见[英]安东尼·吉登斯：《现代性的后果》，田禾译，译林出版社 2011 年版，第 39 页；[英]安东尼·吉登斯：《社会的构成：结构化理论纲要》，李康、李猛译，中国人民大学出版社 2016 年版，第 5—13 页。

③ 文军：《城市化建设与居民生活结构的未预期后果》，载《重庆社会科学》2004 年第 1 期。

律制度确定性的建构不会是一劳永逸的,而是需要在面对不确定性的过程中不断追求、建立法律制度的确定性,即一种法制/法治的自我优化过程。

最后,国家(政府)作为现代性社会系统中高度能动的治理主体,具有一种经济治理的政治性责任与驱动力,例如对营商环境政策的优化,就是一种公共服务型政府的重要职责,而实施"优化"的责任主体就是国家。①因此,对于作为一种制度环境的营商环境而言,建构、优化制度的国家的"能动性"是不应当被忽视的,作为法律实施者与经济治理者的国家的视角也是不能被忽视的。从这一角度出发,国家既是实施制度、建构制度的主体,也是受到制度约束的主体。引发守法预期不确定性的制度环境因素,本身就需要通过制度建构者的行动进行优化。这也是"优化营商环境"的隐含前提与应有之义。

三、增强企业守法预期确定性的营商环境优化

从上文分析可以看出,法律制度及其实施的确定性在根本上影响了企业守法预期的确定性。反过来,守法预期的不确定性,对企业而言是一种影响自身经济效益、商业筹划的营商困境,这时,国家作为法律制度的建构者、实施者,有必要也有义务解决这一困境,这就指向了对营商法治环境进行优化的问题,即营造"可预期的营商环境"。在本节中,笔者将进一步指出,企业守法预期的确定性不仅取决于法律制度的确定性,同时还要考虑企业自身的守法能动性,以及营商环境优化如何能够提升这种能动性? 在此基础上,我们能够对营商环境优化问题提出一种新的认识。

---

① 张国勇、娄成武:《基于制度嵌入性的营商环境优化研究——以辽宁省为例》,载《东北大学学报(社会科学版)》2018 年第 3 期。

（一）企业营商守法的嵌入能力

正如上一章分析指出的,市场中企业的经济行为是一种社会行为,其所处的经济系统也属于更大的宏观社会系统,因而,企业的经济行为也被认为是"嵌入"进社会之中的,社会环境中的其他因素(例如法律制度)都会深刻影响到经济行动的实施,这些社会因素都可以看作是一种广义的营商环境。[①]但同时,企业自身的主体性因素也会影响其嵌入社会环境的自主能力:主体的规模与发展程度决定了其资源获取的方式与能力,这些资源不仅是与生产经营相关的物质资源,同时包括各类社会资本与制度性资源。

不过,法律制度作为国家提供的"公共产品",构成了包括中小企业在内的所有企业所能拥有的"社会资本",一种可以作为资本财产所拥有的"社会结构资源"。[②]虽然,法律并不是唯一可以借助的资源,不同的企业自身还拥有其他资源,例如,依靠自身雄厚的经济资本自行"消化"风险,利用社会关系网络进行谈判或者反制,利用媒体资源施加压力,利用政治资源求助政府部门或者影响立法等等。但是,这些资源的拥有和获得完全依赖于企业自身的经济规模与资源禀赋,法律制度资源却是对所有社会主体平等开放的。当然,利用法律资源本身也需要相应的成本,市场也提供了不同价位的利用法律资源的法律服务。不过,一方面,法律制度所提供的行为指引性与拘束力、国家公权力救济等制度内容都是非歧视性的,每个守法者都可以要求他人按照法律行事,同时在受到利益侵害时可寻求国家公权力救济;另一方面,获取法律资源的途

[①] 张志铭、王美舒:《中国语境下的营商环境评估》,载《中国应用法学》2018年第5期。

[②] 参见[美]詹姆斯·S.科尔曼:《社会理论的基础》,邓方译,社会科学文献出版社1999年版,第354页。

径是公开、开放的,是每个人都可以付出相应的代价就可以得到的,而其他类型的资源却往往是想要支付获取都"无门可寻"。因此,如果一个企业发展规模有限,那么它往往缺少个体的社会资本获取渠道与能力,而更多地依赖于社会公共资源的使用,这决定了它们会更加深入地嵌入进法律制度等社会结构中,并且因此而缺乏一定程度的行动自主性。

由此可以看出,企业并不是被动"嵌入"环境之中,完全由制度环境的确定性决定自身守法预期的确定性,而是在制度环境中保持着自身的"嵌入能力"。嵌入能力强调了主体嵌入进制度环境之中时的自主性,这种自主性是一种目的性而非程度性的衡量;其"目的"指的就是:主体在制度环境中获取自身需要的制度性资源,提升自己遵循制度、抵御制度性风险的能力。这种嵌入能力虽然被企业经济规模、资源禀赋所限制,但也会被外部制度环境所影响。如果营商环境中存在各种"赋能制度",那么就会进一步提升企业的嵌入能力,并且减小不同企业因自身原因而造成的嵌入能力的差距。

从守法预期确定性的角度看,企业在营商环境中的嵌入能力具体可以总结概括为三方面:守法能力、法律资源获取能力和法律风险承受能力。第一,守法能力是企业在进行守法时所要付出的必要的金钱、时间、人力成本。①例如,依法纳税需要企业有相应的人员花费相应的时间准备相关材料,履行相关程序;要达到法定排污标准,就要购买相应的排污设备。正如前文提到的,如果法律制度及其实施具有确定性,那么会增强企业的守法确定性,减少不必要的制度履行成本。此外,如果相关制度能够通过优化降低守法

———————
① 参见李娜:《守法社会的建设:内涵、机理与路径探讨》,载《法学家》2018年第5期。

的复杂性,并且建立相关的法律服务制度指导企业更加熟悉相关程序,那么也能够进一步提升企业(特别是中小企业)的守法能力。①第二,法律资源获取能力是指企业获取外界法律服务的能力,这一方面需要企业有专业的法务人员、法务部门,以及购买法律服务的资金,另一方面也需要外部环境中存在高质量、可获取的法律服务供给。这种供给主要由市场上的法律服务机构提供,但也包括专门针对中小企业的政府公共法律援助、帮扶、指导项目。第三,法律风险承受能力是指企业遭受法律风险时的承受度,这一能力建立在前两个能力的基础之上,一般来说与前两个能力的强弱成正比。

"嵌入能力"概念更有利于分析在面对相同的法律制度环境时,不同企业之间的差异。因为企业的经营规模、资源禀赋不同,从外部环境所能够购买的人力资源与法律资源也会有所不同。缺少专业的法务资源,企业就更容易遭遇相关的市场风险,也会因为缺乏专门的人员而在面对相关法律监管程序时花费更多的精力与面临更多的守法负担,相应地,它们防范、应对、承受守法预期不确定性风险的能力也会越弱。与此同时,企业资源禀赋越是有限,针对守法预期不确定性等法律风险的应对、承受能力也就越有限,就会越依赖法律公共产品——正式的法律制度体系,依赖于法律制度运行的确定性;并且,它们即使遭受权益损失、面临不确定性风险,也往往会选择继续遵循法律制度规定,否则连公共法律资源的支持都可能会失去。可见,这种依赖性既意味着获取法律资源的便利性,同时也意味着遭受守法预期不确定性的风险性。

---

① 参见刘本:《合规:从法律和社会学角度的解读》,载蒋姮主编:《合规——全球公司发展新趋势》,中国经济出版社2012年版,第97—98页。

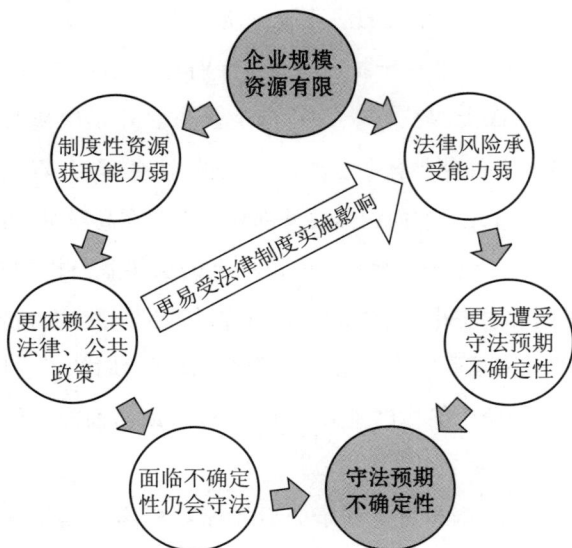

图 9-2　嵌入能力与守法预期不确定性的生成

　　由此,如图 9-2 所示,在守法预期不确定性的生成过程中就形成一种逻辑上的循环困境:企业的规模和资源越有限,其制度资源获取能力也越弱、法律风险承受能力也越弱,同时又越是依赖法律资源、坚持遵守法律,忍受法律预期不确定性困境,进而限制企业守法利益的获得、经济规模的增长。此时,如果企业在自身规模、资源禀赋不变的情况下,想要打破这种循环困境的最佳方法就是增强企业在守法方面的嵌入能力。所以,营商环境需要不断优化的另一重意义还在于,营商环境的优化能够为守法主体赋能,提升其在营商环境中的自主嵌入能力。

（二）企业守法预期确定性与营商环境的类型分析

　　通过以上分析,本书指出,营商环境的优化要能够提升企业的守法预期确定性,而企业自主嵌入能力与法律制度的确定性,都影响了企业营商的守法预期。如图 9-3 所示,依据两个因素之间的强弱关系,可以划分出四种不同的企业守法预期确定性类型,不同的守法预期确定性类型又分别对应着四种不同的营商环境发展状况。

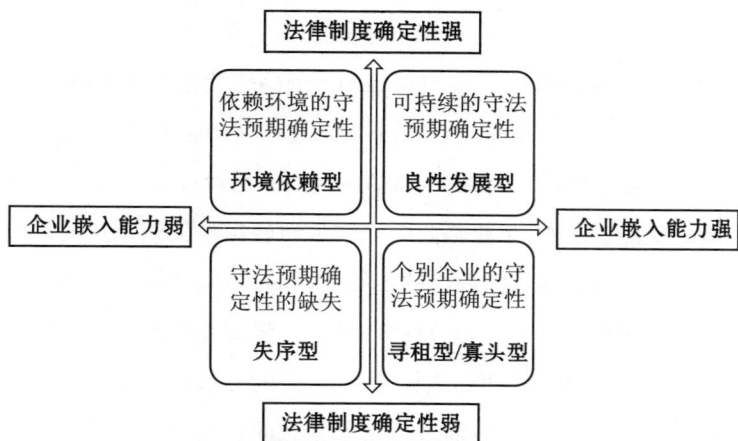

图 9-3 守法预期确定性与营商经济类型坐标系

第一,失序型。如果在一个营商环境中,企业的嵌入能力弱,法律制度确定性也弱,那么企业营商的守法预期确定性实际上是缺失的,这不同于本书所论述的守法预期的不确定性,因为后者意味着既有确定性的一面,又有不确定性的一面,而前者则意味着几乎不存在一种守法的确定性。这种情况下相应的法律制度实际上是完全失效的,所对应的营商环境可以说是一种完全缺失法律秩序的状况。

第二,寻租或寡头型。如果法律制度确定性弱,但是企业嵌入能力强,就意味着法制环境无法为企业的嵌入能力赋能,企业只能依靠自身资源、实力来确保自己的嵌入能力。这种情况下,往往只是部分经济实力强或拥有其他社会、政治资源的企业,因为自身的个体性因素而在弱确定性的法律制度环境中拥有了一种强嵌入能力。此时的守法预期确定性类型就只是一种"个别企业的守法预期确定性",其所对应的往往是一种寡头型(个别拥有超强经济实力或垄断性市场地位的企业)或寻租型(通过非正式的政治关联而获取经济资本的企业)营商环境状况。

第三,环境依赖型。如果法律制度的确定性比较强,但是营商主体的嵌入能力比较弱,则说明制度环境通过国家推动、优化而不断提升了确定性,但是营商主体的嵌入能力相对较弱,还需要制度环境的赋能。此时,企业营商的守法预期确定性依赖于法治环境的确定性程度以及营商环境的赋能。同时,不同区域的营商环境发展水平也存在级差,国家营商环境优化建设相对深入的领域或地区,守法预期确定性就更强。企业营商的守法预期确定性依赖于营商环境的建设水平,而某地或某领域的营商环境建设水平也同时依赖国家和地方政府的推动、改革的程度。

第四,良性发展型。如果主体嵌入能力较强,其所嵌入的制度环境确定性也强,则意味着营商主体拥有明确的守法预期确定性,并且这种确定性是可持续的。因为强嵌入能力与强制度环境确定性之间能够互相影响,形成良性互动,进而形成守法预期确定性的再生产机制;同时还意味着制度环境在持续优化,在动态发展中提升了自己的制度确定性,并且在持续为营商主体赋能,提升其嵌入能力。因此,这种守法预期确定性类型对应的是一种能够持续优化发展的营商环境状态。

当然,以上划分只是一种"理想类型",实践中相应的营商环境发展状况更多是在整体上表现为接近其中某种类型的趋势。总的来说,我国当前的企业守法预期确定性依赖于法律确定性的提升,整体的营商环境状况也表现为环境依赖型。伴随着我国市场经济制度、法律体系的建立与完善,当前我国的营商制度环境已经具备了整体的制度框架与制度实施水平,各个企业所关注的制度预期不再是是否允许市场经济、是否允许民营企业经济、是否允许某个行业存在、是否能够顺利注册成立公司等关乎企业存在、生存的制度预期问题。在此基础上,在发展过程中,企业更加关注的是如何进一步获得良好的发展环境的问题。关于制度的可预期性问题是个别性的而非普遍化的,是关于个别类型的法律问题以及相关的制度问题,而非整体的法制体系与制度性质问题;是更加关注到了自身权益的保障与平等对待问题,而非权益的有无问题。在这个过程中,各区域之间营商环境优化的程度不同,会影响到企业守法预期确定性的实现程度。并且,以中小企业为代表的大部分企业都没有充分形成自身的自主嵌入能力,国家相关的"赋能"制度(如政企协商机制、法律服务机制、多元纠纷解决机制、企业合规制度等)还没有建设成熟。因此,当前营商环境优化、企业守法预期确定性提升,突出表现为以国家推动为主,取决于政府的优化建设水平、建设程度。可以说,我国当前营商环境的优化正在推动企业守法预期确定性由环境依赖型向可持续型变化,由此实现良性发展型营商环境。

结　语

企业守法与营商环境的法治化治理

　　守法是法治运行的重要环节之一。动态层面的法治本身就包含着治理的内涵，而当前包括中国在内的各国政府对法治化治理的强调，更加突出了治理的法治属性。在党的执政理念中，法治运行、法治化治理的理想状态也被表述为"科学立法、公正司法、严格执法、全民守法"；这四个方面实际上是内在统一、相辅相成的，尤其是对于良好的守法状态来说，离不开国家和政府良好的立法、司法与执法，它们正是国家治理的重要内容与方式。因此，当"守法吃亏"的问题出现时，实际上是因为国家的立法、司法或执法中或多或少出现了一些问题。一直以来，学者对于"治理"概念都存在一种规范性主张，即一种"新自由主义的主张"，但归本溯源，回到英文"governance"与中文"治理"原初的含义，它就指的是公共管理（包括治国理政）的方式、方法、途径、能力，而没有特指某种特定的公共管理（治国理政）的方式、方法与途径或"多一些治理，少一些统治"等理念。党的十八大以来突出强调的"国家治理体系和治理能力现代化"中的"治理"也是在这种原初意义上所使用的，即一种"非规范性的"内涵。①

国家法治化治理离不开国家法律制度。制度建设是推进国家治理体系和治理能力现代化最基本的路径,而国家治理能力主要是指国家制度建设能力。②首先,国家制度建设就是国家构建的一部分,国家构建所面对的问题及其价值都是国家制度建设所要面对的问题和所要遵循的价值。比如,在国家职能层面,国家制度建设也要处理国家、社会、市场之间的关系;在价值层面,它也要遵循自由、民主价值。③其次,本质上讲,国家治理体系的建设就是国家法律制度体系的建设。国家治理的各项制度总体上最终都要汇总表现为法律制度体系,即法制化的制度体系。国家治理制度只有通过法制化,才能定型化、精细化,把国家治理制度的"分子结构"精细化为"原子结构",从而增强其执行力和运行力。再次,国家治理能力,既指各主体对国家治理体系的执行力,又指国家治理体系的运行力,还包括国家治理的方式方法。善用法治思维和法治方式治国理政,就要把法治理念、法治精神、法治原则和法治方法贯穿到政治治理、经济治理、社会治理、文化治理、生态治理、治党治军等国家治理实践之中,逐步形成办事依法、遇事找法、解决问题用法、化解矛盾靠法的良好法治习惯。④因此,国家制度与法律制度是"体"与"形"、内容与形式、实体与载体的关系,所有的国家制度,在其建立之前都需要有宪法法律上的依据以获得合法性和正当性。进一步地,依法治国与国家治理也具有内在关联性,法治体系是国家治理体系的重要依托,是其制度载体,没有作为依托和载

①　参见王绍光:《治理研究:正本清源》,载《开放时代》2018 年第 2 期。

②　参见宋世明:《推进国家治理体系和治理能力现代化的理论框架》,载《中共中央党校(国家行政学院)学报》2019 年第 6 期。

③　参见霍春龙:《国家制度建设的涵义探析》,载《前沿》2008 年第 1 期。

④　参见张文显:《法治与国家治理现代化》,载《中国法学》2014 年第 4 期。

体的法治体系就没有国家治理体系的存在。在法治轨道上推进
国家治理现代化,总体上就是要把法治理念、法治思维、法治方
式、法律制度贯通于国家治理的各个领域、各个方面、各个环节,
以法律体系为依据、以法治体系为保障、以法治化为目标。①因
而,当前社会中的守法实践就是在国家法律制度、法治体系中的
守法,良好的守法状态就是国家法治体系建构、法治化治理良好
实施、运行的结果。法治自身品质的降低、法治在实际生活中运
转的偏差,或者法治权威在国家治理中的缺乏,都可能导致守法
问题的出现。达到一定程度的"守法吃亏"现象的出现,就是守法
问题的类型之一,从而也会成为法治问题、法治化治理问题的表
现与"病灶"。

"守法吃亏"本质上是一个实践问题,因而是情境性的、具体性
的,所以体现出的问题也是局部性的。此外,国家自身的制度建构
与政策实施也会引发"守法吃亏"问题,"守法吃亏"也与国家制度
实践相关。理想的法治运转,从立法制度、司法制度、执法制度到
守法实践,理应是一个自我生产、自我完善的循环,守法实践中出
现了反常或者守法者出现了"失能",也意味着立法、司法或执法的
某个环节没有作出及时地调整。公民的守法实践与国家的制度实
践在法治再生产过程中是相互影响、相辅相成、共同进退的;国家
在法治化治理过程中的失误或失责,本身作为一种法治实践,会影
响到我国法治结构的再生产,而这种法治实践也可能会向下传递,
引发不同的守法实践问题(例如"守法吃亏"问题),同时也影响到
我国法治结构的再生产。

在当前我国优化营商环境建设已经取得一定成效的现实背景

---

① 参见张文显:《国家制度建设和国家治理现代化的五个核心命题》,载《法
制与社会发展》2020 年第 1 期。

下,我国仍然存在一些有待进一步优化建设的问题。对此,本书以中小企业的"守法吃亏"营商经验作为研究对象,以社会学与法学的交叉视角作为研究径路,从制度嵌入性理论切入,聚焦探究了中小企业在营商过程中的守法预期不确定性以及中小企业营商环境法治化问题。

当然,聚焦于"中小企业"这一企业类型,并不意味着大型企业不存在类似的营商问题,而是因为中小企业与大型企业在营商、守法经验上存在明显的不同,研究中小企业具有相对特殊的现实与理论意义。首先,相较于大型企业,中小企业在守法问题上面临着更重的负担和更大的困境。在经济学理论中,经济主体都被视作一样的"理性人",法律只是经济活动外在的制度,为经济决策分析提供客观的分析性条件。但是,在实践中,不同经济主体对法律的认识是不同的,对法律的获取能力是不同的,遵守法律所实现的效果也是不同的,相对而言,中小企业存在一定的不足与劣势。相比中小企业的守法能力与资源禀赋,大型企业往往更能够消化掉由守法预期不确定性所引起的损失。其次,一些市场规制法律不分企业大小而一视同仁的规定,实际上对中小企业特别是小微企业造成了潜在的不公平。由于这些行政法规在制定过程中主要针对的是所有规模企业的平均守法负担水平,这实际上是没有考虑到大型企业与小型企业之间的巨大差距,从而对小微企业制定了更高的守法标准,造成了不对等的守法负担。最后,不仅相对于大型企业,有时相对于个人(劳动者、维权者),中小企业也会处于法律博弈的劣势,这与一些社会学的研究观察也不相符合,例如有研究指出,"相较于个人,组织无论是原告还是被告,都更具优势"①,组

① Galanter Marc, "Afterword: Explaining Litigation," *Law & Society Review*, 1975, 9(2): 347—368.

织与个体打官司的胜诉率远高于组织与组织打官司。①这种观点显然忽视了不同组织的规模、能力问题。就本书的观察可以看出，中小企业有时在面对个人劳动者、维权者时也会权益受损，这种"例外"自然需要经验观察、理论解释上的专门关注。

守法问题在传统法学研究中往往处在边缘位置，因为其更关注法律的内容以及法律的运作过程，而不够重视法律的实施结果与效果。原因在于对法律实施结果与效果的关注首先需要经验上的考察与总结，这与传统法学规范性的立场并不相符。不过，经验取向的法律社会学研究也对这一问题关注得不够，主要表现为缺乏专门主题的实证研究。相应地，关于企业守法问题的研究则更加少见，本书的关注点实际上在一定程度上有利于这方面研究的推进与丰富。此外，本书的研究是从"守法吃亏"这样一个更加具有张力的现象出发，切入这一主题的研究之中，这既关注了现实中一个较为典型且较为"反常"的现象，同时也在分析过程中展现出守法研究的更多可能与张力。

营商环境作为当下的热点问题，在国家经济发展背景下有着重要的现实意义。然而，这种现实意义的鲜明性，似乎让国内相关理论研究缺乏一个前提性的探讨，即国内研究普遍以营商环境的内容以及如何优化营商环境为主要主题，而忽视了营商环境为何重要的理论澄清。当然，前者的理论意义是不言而喻的，但是后者对于理论逻辑的完整性也是必不可少的。我们不能只关注是什么、怎么做，而忽视了为什么的问题。本书通过对"守法吃亏"的现象以及其中包含的"营商的制度嵌入性""企业守法预期确定性"等

① 参见〔美〕史蒂文·瓦戈：《法律与社会》，梁坤、邢朝国译，中国人民大学出版社 2011 年版，第 224 页。

原理的研究,很好地说明了这一点,即企业与其营商环境之间的关系问题。由此我们可以看出,企业营商行为是嵌入以法律制度为主的营商环境之中的,法律制度及其实施的制度结构,会对企业营商活动产生重要的影响。这实际上也提示我们,关于营商环境的研究,不能仅仅停留在具体指标的评估以及具体内容的优化层面,而是要关注整体性的制度实施与制度改革问题,并且,对于相关制度完善的关注要能够考虑到其背后的"政治—文化"结构语境,从而让这一问题的研究根据有理论上的全面性与广延性。

附　　录

中小企业营商状况的访谈提纲

1. 受访企业与企业代表基本情况：

1.1　请简要介绍一下企业的业务内容与基本经营情况。

1.2　受访代表具体的职位与业务内容是什么？

2. 企业经营过程中遇到的法律方面问题、纠纷或典型案件：

2.1　在劳动法方面，是否遇到过用工、签订劳动合同、职工假期、保险等方面的法律问题？

2.2　在知识产权法律方面，是否遇到过知识产权侵权情况？或者遇到过知识产权"陷阱"？或其他知识产权法律问题？

2.3　在订立商务合同的过程中是否遇到过一些法律问题、法律纠纷？

2.4　在广告法、消费者保护法方面，是否遇到过职业打假人、职业举报人等法律问题？

2.5　是否有其他（如环境污染、税收法规、金融政策等）法律方面的问题与困境？

2.6　企业在遵守法律的过程中是否出现过"力不从心"的情况？是否有一些因素"干扰"自己对法律的遵守？

2.7　是否认为一些与企业经营相关的法律制度存在不合理的地方？这些不合理的地方会影响自己对法律的遵守吗？如果是,是如何影响的？

3.企业自身管理经营中的法律运用情况与法律需求情况：

3.1　企业是否有专门的法务专员与法律合规制度,大致是怎样的法律合规制度？企业是基于何种考虑设置法务专员或部门的？

3.2　企业在何种情况下会选择咨询或求助法律顾问？法律服务者给出的法律建议,企业会完全采纳吗？是否有出于经营中的其他考虑而选择性采纳或不采纳的情形？

3.3　企业如何获取法律服务？通过哪些方式或渠道？在获取法律服务方面有何困难？如何评价当地的法律服务市场？

3.4　政府是否为企业合规需求提供过服务和帮助,具体有哪些？

3.5　法律顾问或政府提供的法律服务解决方案,能否解决企业实际问题？

4.企业对国家经济治理各领域的想法与意见：

4.1　在企业经营过程中,是否遇到过对政府在行政管理、行政执法中不满意的或认为存在问题的地方？有何建议意见？

4.2　法院在破产、执行、合同保障履行等方面有无问题？有何建议意见？

4.3　企业经营过程中是否遇到过集体性事件？政府是否参与、协助解决？如何参与、协助解决的？

4.4 对于产业园(工业园)中的企业,产业园(工业园)对企业经营有何帮助? 有何建议意见?

4.5 对公司所在的城市法治氛围是否满意? 政府、企业、公检法执法部门、本地企业、社会大众等主体的行为是否对城市法治氛围存在负面影响?

5. 对于国家、政府优化营商环境政策的一般性看法:

5.1 怎样看待和评价国家的优化营商环境战略?

5.2 怎样评价地方政府对国家优化营商环境政策的落实情况?

5.3 地方政府在优化营商环境方面做了哪些工作是让企业有切身感受的?

5.4 对于地方政府的优化营商环境政策还有哪些意见和建议?

5.5 如何看待中小民营企业在国家市场法治化治理、营商环境建设中的地位与位置?

相关政府部门优化法治营商环境状况的访谈提纲

1. 政府部门推动与落实国家优化营商环境政策的基本情况:

1.1 请简要介绍一下本部门已经推出的优化营商环境举措有哪些?

1.2 这些营商环境举措的实施效果如何? 是否收集了市场主体相关的反馈意见? 反馈意见如何?

1.3 本部门在推进优化营商环境政策的过程中是否遇到过一些问题与困难?

2. 行政管理/执法过程中的营商法治问题:

2.1 本部门在行政管理/行政执法过程中,经常遇到、处理的涉及企业的法律问题、法律纠纷有哪些？是否有一些典型案例？

2.2 本部门遇到过哪些比较典型、集中的与市场主体相关的行政诉讼、行政复议、信访类案件？

2.3 本部门是否为市场主体提供了一些法律服务，具体有哪些？实施过程中是否遇到过一些问题与困难？

2.4 政府自身有哪些法律服务需求？是否与外部律师展开过相关的合作？政府购买过哪些法律服务？效果如何？

2.5 本部门是否建立了政企沟通、诉求处理、政务服务监督、政务服务评价等相关机制？

2.6 本部门在行政管理/行政执法过程中，是否遇到过一些政策、法律制定并不太合理或不符合地方实际情况的情形？对此是如何应对和处理的？

3. 中小企业发展与政府优化营商环境政策：

3.1 本部门是否对中小民营企业推出一些针对性的优化营商环境措施？

3.2 是否收集、调研过中小民营企业关于营商环境政策的意见、要求与反馈？比较普遍、典型的有哪些？

3.3 如何看待中小民营企业在国家市场法治化治理、营商环境建设中的地位与位置？

4. 对于国家、政府优化营商环境政策的一般性看法：

4.1 怎样看待和评价国家的优化营商环境战略？

4.2 怎样评价地方政府（本市及本区/县）对国家优化营商环境政策的落实情况？

4.3 对于地方政府的优化营商环境政策还有哪些意见和建议？

附录二：访谈对象编码

编　码	受访对象	访谈时间	企业/政府	市/区	省/直辖市
SMF181214A1	区政法委 A1	2018.12.14	闵行区营商环境相关政府部门 F	闵行区 M	上海市 S
SMF181214A2	区政法委 A2				
SMF181214B1	区发改委 B1				
SMF181214C1	区法制办 C1				
SMF181214D1	区司法局 D1				
SMF181214E1	区法院 E1				
SMF181214F1	区公安分局 F1				
SMF181214G1	区人力资源与社会保障局 G1				
SMF181214H1	区检察院 H1				
SMF181214I1	区金融办 I1				
SMF181214J1	区科学技术委员会 J1				
SMF181214K1	区税务局代表 K1				
SMF181214L1	区市场监督局 L1				
SMF181214L2	区市场监督局 L2				
SMF181214M1	区环保局 M1				
SMZ181224A1	紫竹高新技术产业开发区投资服务中心法务总监 A1	2018.12.24	紫竹高新技术产业开发区中小企业 Z	闵行区 M	上海市 S
SMZ181224B1	企业代表 B1				
SMZ181224C1	企业代表 C1				
SMZ181224D1	企业代表 D1				
SMX181227A1	企业法务负责人 A1	2018.12.27	上海莘庄工业区中小企业及相关政府部门代表 X	闵行区 M	上海市 S
SMX181227B1	企业法务负责人 B1				
SMX181227C1	企业人事负责人 C1				
SMX181227D1	企业外聘法务 D1				
SMX181227E1	莘庄工业区管委会 E1				
SMX181227F1	区政法委代表 F1				
SMX181227F2	区政法委代表 F2				
SMX181227G1	区公安分局代表 G1				

（续表）

编　码	受访对象	访谈时间	企业/政府	市/区	省/直辖市
SSH190420A1	企业代表 A1	2019.04.20	上海市侨商会中小企业 SH		上海市 S
SSH190420B1	企业代表 B1				
SSH190420C1	企业代表 C1				
SSH190420D1	企业代表 D1				
SSH190420E1	企业代表 E1				
SSH190420F1	企业代表 F1				
SSH190420G1	企业代表 G1				
SSH190420H1	企业代表 H1				
BHZ190822A1	企业人事负责人 A1	2019.08.22	中关村能源与安全科技园中小企业 Z	海淀区 H	北京市 B
BHZ190822A2	企业执行董事 A2				
BCW190822A1	企业人事负责人 A1	2019.08.22	望京科技园中小企业 W	朝阳区 C	北京市 B
BCW190822A2	企业财务部负责人 A2				
BCW190822A3	企业产品设计部门负责人 A3				
BCG190822A1	企业外聘律师 A1	2019.08.22	生化科技中小企业 G	朝阳区 C	北京市 B
BMS190823A1	企业执行董事 A1	2019.08.23	石龙经济开发区中小企业 S	门头沟区 M	北京市 B
BMS190823A2	企业人事/法务负责人 A2				
STA190824A1	企业董事长 A1	2019.08.24	中小企业 A	泰安市 T	山东省 S
STA190824A2	企业分管市场、法务副总经理 A2				
STA190824A3	企业人事负责人 A3				
STD190825A1	企业副总经理 A1	2019.08.25	中小企业 D	泰安市 T	山东省 S
STP190825A1	企业总经理 A1	2019.08.25	中小企业 P	泰安市 T	山东省 S
STP190825A2	企业分管人事、法务副总经理 A2				

■ 守法吃亏？

（续表）

编　码	受访对象	访谈时间	企业/政府	市/区	省/直辖市
SPF190910A1	区投资促进办公室招商中心主任 A1				
SPF190910A2	区投资促进办公室地区指导科科长 A2	2019.09.10	政府部门 F	普陀区 P	上海市 S
SPF190910A3	区投资促进办公室企业服务科科长 A3				
SPF190911B1	区人力资源与社会保障局 B1	2019.09.11	政府部门 F	普陀区 P	上海市 S
SPG190911L1	普陀区工商联副主席、律师 L1	2019.09.11	工商联/律师 G	普陀区 P	上海市 S

参 考 文 献

一、英 文 文 献

1. Avinash Dixit, *Lawlessness and Economics*: *Alternative Modes of Governance*. Princeton University Press, 2004.

2. Bian Yanjie, "Bringing Strong Ties Back in: Indirect Ties, Network Bridges, and Job Searches in China." *American Sociological Review*, 1997, 62(3):366—385.

3. Brian Arthur, *Increasing Returns and Path Dependence in the Economy*. University of Michigan Press, 1994.

4. Brian Uzzi, "Social Structure and Competition in Interfirm Networks: The Paradox of Embeddedness." *Administrative Science Quarterly*, 1997, 42(1):35—67.

5. Christian Grootaert, "Social Capital: the Missing Link?" *in Social Capital and Participation in Everyday Life*, edited by Paul Dekker and Eric M. Uslaner, Routledge, 2001.

6. Davidsson P. and Henrekson M., "Determinants of the

Prevalance of Start-ups and High-Growth Firms." *Small Business Economics*, 2002, 19(2):81—104.

7. DiMaggio Paul, "Cultural Aspects of Economic Action and Organization." in *Beyond the Marketplace: Rethinking Economy and Society*, edited by Friedland and Robertson, Aldine de Gruyter, 1990.

8. DiMaggio, Paul J., "Structural Analysis of Organizational Fields: A Block Model Approach." *Organizational Behavior*, 1986, 8:355—370.

9. Fabro G. and Aixalá J., "Economic Growth and Institutional Quality: Global and Income-Level Analyses." *Journal of Economic Issues*, 2009, 43(4):997—1023.

10. Fisher, P., *Grading Places: What Do the Business Climate Rankings Really Tell Us?* Economic Policy Institute, 2005.

11. Galanter Marc, "Afterword: Explaining Litigation." *Law & Society Review*, 1975, 9(2):347—368.

12. Galbraith, J. R., "Organization Design: An Information Processing View." *Interfaces*, 1974, 4(3):28—36.

13. Georgeanne M. Artz, Kevin Duncan, Arthur Hall, Peter Orazem, "Do State Business Climate Indicators Explain Relative Economic Growth at State Borders?" *Journal of Regional Science*, 2016, 56(3):395—419.

14. Granovetter, "A Theoretical Agenda for Economic Sociology." in *Economic Sociology at the Millennium*, edited by Guillen, Collins, England and Meyer, Russell Sage Foundation,

2001:35—60.

15. Granovetter, "Economic Institution as Social Construction: A Framework of Analysis." *Acta Sociologica*, 1992, 35:3—11.

16. Granovetter, "NET-society: Mark Granovetter on Network, Embeddedness and Trust." *Sosiologiidag* (*Norway*), 1998, 4:87—113.

17. Granovetter, "Programmatic Statement on Structural Analysis in the Social Sciences." In *Intercorporate Rekations: The Structural Analysis of Business*, edited by Mark Mizruchi and Michael Schwartz. Cambridge University Press, 1987.

18. Granovetter, "Structural Analysis in the Social Sciences." In *Legalizing Gender Inequality*, edited by Robert Nelson and William Bridges. Cambridge University Press, 1999.

19. Granovetter, "The Old and the New Economic Sociology: A History and an Agenda." in *Beyond Marketplace: Rethinking Economy and Society*, edited by Aldine de Gruyter, 1990:95—99.

20. Guillén, et al., "The Revival of Economic Sociology." in *The New Economic Sociology: Developments in an Emerging Field*, New York: Russell Sage Foundation, 2002:1—34.

21. Halvor Mehlum, Karl Moene, and Ragnar Torvik, "Predator or Prey? Parasitic Enterprises in Economic Development." *European Economic Review*, 2003, 47(2):275—294.

22. James S. Coleman, "Social Capital in the Creation of Human Capital." *American Journal of Sociology*, 1988, 94:S95—S121.

23. Joel A.C. Baum "Organizational Ecology," in *Handbook of Organization Studies*, ed. Stewart R. Clegg, Cynthia Hardy, and Walter Nord. Sage Press, 1996.

24. Johannes Feest, "Compliance with Legal Regulations: Observation of Stop Sign Behavior." *Law & Society Review*, 1968, 2(3):447—462.

25. Johnson, Simon, John McMillan, and Christopher Woodruff, "Property Rights and Finance." *The American Economic Review*, 2002, 92(5):1335—1356.

26. Kali, "Endogenous Business Networks." *Journal of Law, Economics and Organization*, 1999, 15(3):615—636.

27. Karl Polanyi, "Our Obsolete Market Mentality." in *Primitive, Archaic and Modern Economies: Essays of Karl Polanyi*, edited by Karl Polanyi, Conrad Arensberg, and Harry Pearson. Chicago: Regnery, 1947/1971.

28. Kolko, J., Neumark, D. and Mejia, M. C., "What do Business Climate Indexes Teach Us about State Policy and Economic Growth?" *Journal of Regional Science*, 2013, 53(2):220—225.

29. Lauren B. Edelman and Mark C. Schuman. "The Legal Environments of Organizations." *Annual Review of Sociology*, 1997, 23:479—515.

30. Meyer J. W., Rowan B. "Institutionalized Organizations: Formal Structure as Myth and Ceremony." *American Journal of Sociology*, 1977, 83(2):340—363.

31. Michael Lipsky, *Street-Level Bureaucracy: Dilemmas of*

the Individual in Public Services. Russell Sage Foundation, 2010.

32. Michael T. Hannan and John Freeman, "Organizational Ecology." *Administrative Science Quarterly*, 1990, 10(4):71—93.

33. Murphy Kevin M. et al, "The Allocation of Talent: Implications for Growth." *The Quarterly Journal of Economics*, 1991, 106(2):503—530.

34. Neil Fligstein. *The Transformation of Corporate Control*. Harvard University Press, 1990.

35. Neil Fligstein and Mara-Drita, "How to Make a Market: Reflections on the Attempt to Create a Market in the European Union." *American Journal of Sociology*, 1996, 102(1):1—33.

36. Murphy Kevin M. et al, "The Allocation of Talent: Implications for Growth." *The Quarterly Journal of Economics*, 1991, 106(2):503—530.

37. Othman M. Yunus et al, "Conducive Business Environment: Local Government Innovative Work Behavior." *Procedia-Social and Behavioral Sciences*, 2014, 129:214—220.

38. Pamela S. Tolbert and Lynne G. Zucker. "Institutional Sources of Change in the Formal Structure of Organizations: The Diffusion of Civil Service Reform, 1880—1935." *Administrative Science Quarterly*, 1983, 28(1):22—39.

39. Paul DiMaggio, "Culture and Economy." in *Handbook of Economic Sociology*, edited by N. J. Smelser and Swedberg. Princeton University Press, 1994.

40. Robert C. Hughes, "Breaking the Law under Competitive Pressure." *Law and Philosophy*, 2019, 38:169—193.

41. Sambharya R. and Musteen, M., "Institutional Environment and Entrepreneurship: An Empirical Study across Countries." *Journal of International Entrepreneurship*, 2014, 12(4):314—330.

42. Selznick, Philip, Philippe Nonet, and Howard M. Vollmer. *Law, Society, and Industrial Justice*. Russell Sage Foundation, 1969.

43. Sharon Zukin and Paul Dimaggio, "Introduction." In *Structures of Capital: The Social Organization of the Economy*, edited by Sharon Zukin and Paul Dimaggio. Cambridge University Press, 1990:1—36.

44. Tan J. Justin and Robert J. Litschert, "Environment-Strategy Relationship and Its Performance Implications: An Empirical Study of the Chinese Electronics Industry." *Strategic Management Journal*, 1994, 15(1):1—20.

45. Tom Tyler, "Procedural Justice, Legitimacy, and the Effective Rule of Law." *Crime and Justice*, 2003, 30:283—357.

46. Thomas R. Plaut and Joseph E. Pluta, "Business Climate, Taxes and Expenditures, and State Industrial Growth in the United States." *Southern Economic Journal*, 1983, 50(1):99—119.

47. Thompson, *Organizations in Action*. McGraw-Hill, 1967.

48. William Roy Roy. *Socializing Capital: The Rise of the Large Industrial Corporation in America*. Princeton University Press, 1997.

49. Zelizer, "Beyond the Polemics on the Market: Establis-

hing a Theoretical and Empirical Agenda." *Sociological Forum*，1988，3(4)：614—634.

50. Zelizer，"Enter Culture." In *the New Economic Sociology*：*Developments in an Emerging Field*. Russell Sage Foundation，2005：101—125.

51. Zelizer，*Morals and Markets*：*The Development of Life Insurance in the United States*. Columbia University Press，2017.

52. Zhiqiang Dong，Xiahai Wei and Yongjing Zhang，"The Allocation of Entrepreneurial Efforts in a Rent-seeking Society：Evidence from China." *Journal of Comparative Economics*，2016，44(2)：353—371.

二、中 文 译 作

1.〔德〕阿列克西：《法律论证理论》，舒国滢译，中国法制出版社 2002 年版。

2.〔美〕奥斯汀·萨拉特编：《布莱克维尔法律与社会指南》，高鸿钧等译，北京大学出版社 2011 年版。

3.〔英〕安东尼·吉登斯：《社会的构成：结构化理论纲要》，李康、李猛译，中国人民大学出版社 2016 年版。

4.〔英〕安东尼·吉登斯：《现代性的后果》，田禾译，译林出版社 2011 年版。

5.〔英〕安东尼·吉登斯、菲利普·萨顿：《社会学基本概念》，王修晓译，北京大学出版社 2019 年版。

6.〔美〕保罗·J.迪马吉奥、沃尔特·W.鲍威尔：《关于"铁笼"的再思考：组织场域中的制度性同形与集体理性》，载〔美〕沃尔特·W.鲍威尔、保罗·J.迪马吉奥主编：《组织分析的新制度主义》,姚伟译,上海人民出版社 2008 年版。

　　7.[美]保罗·J.迪马吉奥:《作为专业工程的组织场域的建构:20 世纪 20—40 年代的美国艺术博物馆》,载[美]沃尔特·W.鲍威尔、保罗·J.迪马吉奥主编:《组织分析的新制度主义》,姚伟译,上海人民出版社 2008 年版。

　　8.[法]布迪厄、[美]华康德:《反思社会学导引》,李猛、李康译,商务印书馆 2015 年版。

　　9.[法]布迪厄:《经济人类学原理》,载[美]尼尔·斯梅尔瑟、[瑞典]理查德·斯威德伯格主编:《经济社会学手册》,罗教讲、张永宏等译,华夏出版社 2014 年版。

　　10.[法]布迪厄:《资本的类型》,载[美]马克·格兰诺维特、[瑞典]理查德·斯威德伯格编著:《经济生活中的社会学》,瞿铁鹏、姜志辉译,上海人民出版社 2014 年版。

　　11.[法]布迪厄:《法律的力量——迈向司法场域的社会学》,强世功译,载《北大法律评论》1999 年第 2 辑。

　　12.[美]彼得·布劳、理查德·斯科特:《正规组织:一种比较方法》,夏明忠译,东方出版社 2006 年版。

　　13.[日]川岛武宜:《日本人的法律意识》,胡毓文、黄凤英译,吉林人民出版社 1991 年版。

　　14.[日]川岛武宜:《现代化与法》,王志安等译,中国政法大学出版社 2004 年版。

　　15.[美]道格拉斯·C.诺思:《制度、制度变迁与经济绩效》,杭行、韦森译,上海人民出版社 2016 年版。

　　16.[美]德博拉·S.戴维斯:《关于当代中国家庭产权制度的讨论》,载[美]弗兰克·道宾主编:《经济社会学》,冯秋石、王星译,上海人民出版社 2008 年版。

17.〔美〕弗兰克·道宾主编:《经济社会学》,冯秋石、王星译,上海人民出版社2008年版。

18.〔美〕弗兰克·道宾:《打造产业政策:铁路时代的美国、英国和法国》,张网成、张海东译,上海人民出版社2008年版。

19.〔德〕菲利普·黑克:《利益法学》,傅广宇译,商务印书馆2016年版。

20.〔美〕费雷德里克·肖尔:《依规则游戏:对法律与生活中规则裁判的哲学考察》,黄伟文译,中国政法大学出版社2015年版。

21.〔美〕弗兰克·道宾:《为什么经济反映政体:英国、法国和美国的早期铁路政策》,载〔美〕马克·格兰诺维特、〔瑞典〕理查德·斯威德伯格:《经济生活中的社会学》,瞿铁鹏、姜志辉译,上海人民出版社2014年版。

22.〔美〕弗雷德·布洛克、彼得·埃文斯:《国家与经济》,载〔美〕尼尔·斯梅尔瑟、〔瑞典〕瑞查德·斯威德伯格主编:《经济社会学手册》(第二版),罗教讲、张永宏等译,华夏出版社2014年版。

23.〔美〕格尔茨:《文化的解释》,韩莉译,译林出版社2014年版。

24.〔美〕高柏:《政府与行会经济秩序:卡特尔和产业行会在日本的制度化,1931年至1945年间》,载〔美〕弗兰克·道宾主编:《经济社会学》,冯秋石、王星译,上海人民出版社2008年版。

25.〔英〕哈里森·C.怀特:《机会链:组织中流动的系统模型》,张文宏、魏永峰等译,上海人民出版社2009年版。

26.〔英〕哈特:《法律的概念》(第二版),许家馨、李冠宜译,法律出版社2011年版。

27.〔英〕哈特:《是否存在自然权利》,张志铭译,载夏勇编:《公法》(第一卷),法律出版社1999年版。

28.［美］杰弗里·菲佛、杰勒尔德·R.萨兰基克:《组织的外部控制——对组织资源依赖的分析》,闫蕊译,东方出版社 2006年版。

29.［美］乔治·克洛斯科:《公平原则与政治义务》,毛兴贵译,江苏人民出版社 2009 年版。

30.［美］基兰·希利:《器官移植的神圣市场和世俗仪式》,载［美］弗兰克·道宾主编:《经济社会学》,冯秋石、王星译,上海人民出版社 2008 年版。

31.［英］卡尔·波兰尼:《巨变:当代政治与经济的起源》,黄树民译,社会科学文献出版社 2017 年版。

32.［英］卡尔·波兰尼:《经济——有制度的过程》,载［美］马克·格兰诺维特、［瑞典］理查德·斯威德伯格编著:《经济生活中的社会学》,瞿铁鹏、姜志辉译,上海人民出版社 2014 年版。

33.［德］卡尔·拉伦茨:《法学方法论》,陈爱娥译,商务印书馆 2003 年版。

34.［奥］凯尔森:《纯粹法理论》,张书友译,中国法制出版社 2008 年版。

35.［奥］凯尔森:《法与国家的一般理论》,沈宗灵译,商务印书馆 2013 年版。

36.［法］克罗戴特·拉法耶:《组织社会学》,安延译,社会科学文献出版社 2000 年版。

37.［瑞典］理查德·斯威德伯格:《经济社会学原理》,周长城等译,中国人民大学出版社 2005 年版。

38.［瑞典］理查德·斯威德伯格:《马克斯·韦伯与经济社会学思想》,何蓉译,商务印书馆 2007 年版。

39.［瑞典］理查德·斯威德伯格:《作为一种社会结构的市

场》,吴苡婷译,载《社会》2003年第2期。

40.[德]卢曼:《社会的经济》,余瑞先、郑伊倩译,人民出版社2008年版。

41.[德]卢曼:《法社会学》,宾凯、赵春燕译,上海人民出版社2013年版。

42.[美]罗伯特·埃里克森:《无需法律的秩序——相邻者如何解决纠纷》,苏力译,中国政法大学出版社2016年版。

43.[美]罗纳德·S.伯特:《结构洞》,任敏等译,上海人民出版社2017年版。

44.[美]罗斯科·庞德:《法理学》(第三卷),廖德宇译,法律出版社2007年版。

45.[美]罗斯科·庞德:《法律史解释》,邓正来译,商务印书馆2013年版。

46.[美]罗格尔·弗利南德、罗伯特·R.阿尔弗德:《把社会因素重新纳入研究之中:符号、实践与制度矛盾》,[美]沃尔特·W.鲍威尔、保罗·J.迪马吉奥主编:《组织分析的新制度主义》,姚伟译,上海人民出版社2008年版。

47.[美]罗纳尔德·L.杰普森:《制度、制度影响与制度主义》,载[美]沃尔特·W.鲍威尔、保罗·J.迪马吉奥主编:《组织分析的新制度主义》,姚伟译,上海人民出版社2008年版。

48.[美]劳伦·B.埃德尔曼:《私人组织的法律生活》,刘毅译,载[美]萨拉特编:《布莱克威尔法律与社会指南》,赵彩凤译,北京大学出版社2011年版。

49.[美]劳伦·B.埃德尔曼、罗宾·斯瑞克:《法律与经济的社会学探索》,载[美]尼尔·斯梅尔瑟、[瑞典]理查德·斯威德伯格主编:《经济社会学手册》,罗教讲、张永宏等译,华夏出版社

2014 年版。

　　50. [德]拉德布鲁赫:《法哲学》,王朴译,法律出版社 2013
年版。

　　51. [美]默顿:《社会理论和社会结构》,唐少杰、齐心等译,译
林出版社 2015 年版。

　　52. [英]迈克尔·格伦菲尔编:《布迪厄:关键概念》,林云柯
译,重庆大学出版社 2018 年版。

　　53. [德]马克斯·韦伯:《经济与社会》(第一卷),阎克文译,上
海人民出版社 2010 年版。

　　54. [德]马克斯·韦伯:《经济与社会》(第二卷),阎克文译,上
海人民出版社 2010 年版。

　　55. [德]马克斯·韦伯:《社会科学方法论》,韩水法、莫茜译,
商务印书馆 2018 年版。

　　56. [德]马克斯·韦伯:《新教伦理与资本主义精神》,马奇炎、
陈婧译,北京大学出版社 2012 年版。

　　57. [美]马克·格兰诺维特、[瑞典]理查德·斯威德伯格编
著:《经济生活中的社会学》,瞿铁鹏、姜志辉译,上海人民出版社
2014 年版。

　　58. [美]马克·格兰诺维特:《镶嵌——社会网与经济行动》,
罗家德译,社会科学文献出版社 2007 年版。

　　59. [美]马克·格兰诺维特:《经济行动与社会结构:镶嵌问
题》,载《镶嵌:社会网与经济行动》,罗家德译,社会科学文献出版
社 2007 年版。

　　60. [美]马克·格兰诺维特:《社会与经济:信任、权力与制
度》,罗家德、王水雄译,中信出版社 2019 年版。

　　61. [美]尼尔·弗雷格斯坦:《市场的结构——21 世纪资本主

义社会的经济社会学》,甄志宏译,上海人民出版社 2008 年版。

62.[美]尼尔·弗雷格斯坦:《美国产业结构转型:1919—1979 年大公司多部门化的制度解释》,载[美]沃尔特·W. 鲍威尔、保罗·J. 迪马吉奥主编:《组织分析的新制度主义》,姚伟译,上海人民出版社 2008 年版。

63.[美]尼尔·斯梅尔瑟、[瑞典]理查德·斯威德伯格主编:《经济社会学手册》,罗教讲、张永宏等译,华夏出版社 2014 年版。

64.[英]尼尔·麦考密克、[奥]奥塔·魏因贝格尔:《制度法论》,周叶谦译,中国政法大学出版社 2004 年版。

65.[美]诺内特、塞尔兹尼克:《转变中的法律与社会:迈向回应型法》,中国政法大学出版社 2014 年版。

66.[美]帕特丽霞·埃维克:《意识与意识形态》,赖骏楠译,载[美]奥斯汀·萨拉特编:《布莱克维尔法律与社会指南》,北京大学出版社 2011 年版。

67.[美]帕特丽夏·尤伊克、苏珊·S. 西尔贝:《日常生活与法律》,陆益龙译,商务印书馆 2015 年版。

68.[美]史蒂文·布林特、杰罗姆·卡拉贝尔:《制度的起源与转型:以美国社区学院为例》,载[美]沃尔特·W. 鲍威尔、保罗·J. 迪马吉奥主编:《组织分析的新制度主义》,姚伟译,上海人民出版社 2008 年版。

69.[美]萨利·安格尔·梅丽:《诉讼的话语——生活在美国社会底层人的法律意识》,郭星华等译,北京大学出版社 2007 年版。

70.[美]史蒂文·瓦戈:《法律与社会》,梁坤、邢朝国译,中国人民大学出版社 2011 年版。

71.[美]斯科特·戈登:《控制国家——西方宪政的历史》,应奇等译,江苏人民出版社 2001 年版。

72.〔美〕斯科特·夏皮罗:《合法性》,郑玉双、刘叶深译,中国法制出版社 2016 年版。

73.〔美〕斯托弗·沃尔夫:《司法能动主义——自由保障还是安全的威胁?》,黄金荣译,中国政法大学出版社 2004 年版。

74.〔德〕托马斯·莱塞尔:《法社会学导论(第 6 版)》,高旭军等译,上海人民出版社 2014 年版。

75.〔德〕托马斯·莱塞尔:《法社会学基本问题》,王亚飞译,法律出版社 2014 年版。

76.〔美〕塔尔克特·帕森斯、尼尔·斯梅尔瑟:《经济与社会——对经济与社会的理论统一的研究》,刘进等译,华夏出版社 1989 年版。

77.〔美〕汤姆·R.泰勒:《人们为什么遵守法律》,黄永译,中国法制出版社 2015 年版。

78.〔美〕沃尔特·W.鲍威尔、保罗·J.迪马吉奥主编:《组织分析的新制度主义》,姚伟译,上海人民出版社 2008 年版。

79.〔美〕W.理查德·斯科特:《制度与组织——思想观念与物质利益》(第 3 版),姚伟、王黎芳译,中国人民大学出版社 2010 年版。

80.〔美〕W.理查德·斯科特、杰拉尔德·F.戴维斯:《组织理论:理性、自然与开放系统的视角》,高俊山译,中国人民大学出版社 2011 年版。

81.〔美〕W.理查德·斯科特:《医疗保健业中的竞争性逻辑:职业群体主导、政府主导和市场主导》,载〔美〕弗兰克·道宾主编:《经济社会学》,冯秋石、王星译,上海人民出版社 2008 年版。

82.〔美〕W.理查德·斯科特:《制度理论剖析》,载〔美〕沃尔特·W.鲍威尔、保罗·J.迪马吉奥主编:《组织分析的新制度主义》,姚伟译,上海人民出版社 2008 年版。

83.[美]W.理查德·斯科特、约翰·W.迈耶:《社会部门组织化:系列命题与初步论证》,载[美]沃尔特·W.鲍威尔、保罗·J.迪马吉奥主编:《组织分析的新制度主义》,姚伟译,上海人民出版社 2008 年版。

84.[美]薇薇安娜·A.泽利泽:《亲密关系的购买》,姚伟、刘永强译,上海人民出版社 2009 年版。

85.[美]薇薇安娜·A.泽利泽:《人的价值与市场:19 世纪美国人寿保险和死亡案例》,载[美]马克·格兰诺维特、[瑞典]理查德·斯威德伯格:《经济生活中的社会学》,瞿铁鹏、姜志辉译,上海人民出版社 2014 年版。

86.[美]希瑟·A.海弗曼、丽莎·A.凯斯特:《领域重叠与非重叠对组织绩效、增长和存亡的影响》,载[美]弗兰克·道宾主编:《经济社会学》,冯秋石、王星译,上海人民出版社 2008 年版。

87.[美]约翰·W.迈耶、布利安·罗恩:《制度化的组织:作为神话与仪式的正式结构》,载[美]沃尔特·W.鲍威尔、保罗·J.迪马吉奥主编:《组织分析的新制度主义》,姚伟译,上海人民出版社 2008 年版。

88.[美]约翰·坎贝尔:《制度变迁与全球化》,姚伟译,上海人民出版社 2010 年版。

89.[美]约翰·罗尔斯:《正义论》(修订版),何怀宏等译,中国社会科学出版社 2009 年版。

90.[美]约翰·塞尔:《社会实在的建构》,李步楼译,上海人民出版社 2008 年版。

91.[美]约翰·塞尔:《人类文明的结构:社会世界的构造》,文学平、盈俐译,中国人民大学出版社 2014 年版。

92.［英］约瑟夫·拉兹:《实践理性与规范》,朱学平译,中国法制出版社 2011 年版。

93.［俄］伊·亚·伊林:《法律意识的实质》,徐晓晴译,清华大学出版社 2005 年版。

94.［美］詹姆斯·S.科尔曼:《社会理论的基础》,邓方译,社会科学文献出版社 1999 年版。

三、中 文 著 作

1.陈林生:《市场的社会结构——市场社会学的当代理论与中国经验》,中国社会科学出版社 2015 年版。

2.胡国辉:《企业合规概论》,电子工业出版社 2017 年版。

3.蒋姮主编:《合规——全球公司发展新趋势》,中国经济出版社 2012 年版。

4.强世功:《法制与治理——国家转型中的法律》,中国政法大学出版社 2003 年版。

5.黎建飞:《劳动法与社会保障法:原理、材料与案例》,北京大学出版社 2019 年版。

6.刘旺洪:《法律意识论》,法律出版社 2001 年版。

7.仇立平:《社会研究方法》,重庆大学出版社 2008 年版。

8.沈原:《市场、阶级与社会》,社会科学文献出版社 2007 年版。

9.吴晓波:《激荡三十年:中国企业 1978—2008》,中信出版社 2017 年版。

10.夏勇主编:《走向权利的时代——中国公民权利发展研究》,中国政法大学出版社 1995 年版。

11.张恒山:《法理要论》(第三版),北京大学出版社2009年版。

12.张文显主编:《法理学》(第三版),高等教育出版社2007年版。

13.张文显:《法哲学范畴研究》(修订版),中国政法大学出版社2001年版。

14.张志铭:《司法沉思录》,北京大学出版社2019年版。

15.张志铭:《中国法治实践的法理展开》,人民出版社2018年版。

16.郑永流等:《农民法律意识与农村法律发展——来自湖北农村的实证研究》,中国政法大学出版社2004年版。

17.周雪光:《组织社会学十讲》,社会科学文献出版社2003年版。

18.周永坤:《法理学——全球视野》(第四版),法律出版社2016年版。

19.朱国宏、桂勇主编:《经济社会学导论》,复旦大学出版社2005年版。

20.朱景文主编:《法社会学(第三版)》,中国人民大学出版社2013年版。

21.邹彩霞等:《守法论》,上海社会科学院出版社2014年版。

四、中文期刊论文

1.边燕杰、丘海雄:《企业的社会资本及其功效》,载《中国社会科学》2000年第2期。

2.蔡道通:《政府法治:全民守法意识形成的关键》,载《苏州大学学报(哲学社会科学版)》2015年第1期。

3. 廖福崇:《"放管服"改革、行政审批与营商环境——来自企业调查的经验证据》,载《公共管理与政策评论》2019 年第 6 期。

4. 廖福崇:《审批制度改革优化了城市营商环境吗? ——基于民营企业家"忙里又忙外"的实证分析》,载《公共管理学报》2020 年第 1 期。

5. 廖福崇:《"互联网 + 政务服务"优化了营商环境吗? ——基于 31 省的模糊集定性比较分析》,载《电子政务》2020 年第 12 期。

6. 曹正汉:《中国上下分治的治理体制及其稳定机制》,载《社会学研究》2011 年第 1 期。

7. 陈恩才:《美国降低小企业守法成本的措施及对我国的启示——基于制度移植的分析》,载《江苏商论》2008 年第 10 期。

8. 陈海嵩:《环保督察制度法治化:定位、困境及其出路》,载《法学评论》2017 年第 3 期。

9. 陈金钊:《法治与改革思维的冲突及消解》,载《南京师大学报(社会科学版)》2014 年第 3 期。

10. 陈军华:《"守法吃亏"是环保陷于困境的根源》,载《环境经济杂志》2006 年第 10 期。

11. 陈甦:《构建法治引领和规范改革的新常态》,载《法学研究》2014 年第 6 期。

12. 陈瑞华:《论企业合规的中国化问题》,载《法律科学》2020 年第 3 期。

13. 陈瑞华:《企业合规的基本问题》,载《中国法律评论》2020 年第 1 期。

14. 陈宇峰:《冷眼看"亩产税收"》,载《西部论丛》2008 年第 8 期。

15. 陈宗仕、郑路:《制度环境与民营企业绩效——种群生态学和制度学派结合视角》,载《社会学研究》2015 年第 4 期。

16. 陈卫东:《司法"去地方化":司法体制改革的逻辑、挑战及其应对》,载《环球法律评论》2014 年第 1 期。

17. 程浩、管磊:《对公共产品理论的认识》,载《河北经贸大学学报》2002 年第 6 期。

18. 程金华、柯振兴:《中国法律权力的联邦制实践——以劳动合同法领域为例》,载《法学家》2018 年第 1 期。

19. 程颖:《守法的道德依据》,载《行政与法》2008 年第 11 期。

20. 程波辉:《制度—能力:优化营商环境的治理框架及其检验》,载《行政论坛》2020 年第 2 期。

21. 崔卓兰、刘福元:《论行政自由裁量权的内部控制》,载《中国法学》2009 年第 4 期。

22. 戴昕:《"守法作为借口":通过社会规范的法律干预》,载《法制与社会发展》2017 年第 6 期。

23. 丁启明、赵静:《论企业环境守法激励机制的建构》,载《学术交流》2011 年第 3 期。

24. 丁以升、李清春:《公民为什么遵守法律?——评析西方学者关于公民守法理由的理论(上)》,载《法学评论》2003 年第 6 期。

25. 董志强、魏下海、汤灿晴:《制度软环境与经济发展——基于 30 个大城市营商环境的经验研究》,载《管理世界》2012 年第 4 期。

26. 董保华:《锦上添花抑或雪中送炭——析〈中华人民共和国劳动合同法(草案)〉的基本定位》,载《法商研究》2006 年第 3 期。

27. 董保华:《论劳动合同法的立法宗旨》,载《现代法学》2007 年第 6 期。

28. 董保华、邱婕:《劳动合同法的适用范围应作去强扶弱的调整》,载《中国劳动》2006年第9期。

29. 董政:《改革与法治的理论审思——"全面深化改革、全面依法治国学术研讨会"综述》,载《法制与社会发展》2015年第5期。

30. 杜运周等:《什么样的营商环境生态产生城市高创业活跃度?——基于制度组态的分析》,载《管理世界》2020年第9期。

31. 杜辉:《论制度逻辑框架下环境治理模式之转换》,载《法商研究》2013年第1期。

32. 杜伟泉、朱力:《示弱型过度维权现象解析——以基层信访调研资料为例》,载《江苏社会科学》2020年第5期。

33. 杜悦英:《重构企业合规》,载《中国发展观察》2016年第9期。

34. 杜华:《社会网络支持、制度环境嵌入与中小企业创新绩效》,载《河南师范大学学报(哲学社会科学版)》2018年第6期。

35. 范愉:《自贸区建设与纠纷解决机制的创新》,载《法治研究》2017年第1期。

36. 冯彦君等:《社会公正和谐的六十年求索——中国劳动和社会保障法的发展轨迹》,载《社会科学战线》2009年第11期。

37. 冯玉军、方鹏:《〈劳动合同法〉的不足与完善——〈劳动合同法〉在中小企业适用的法经济学分析》,载《法学杂志》2012年第2期。

38. 符平:《迈向市场社会学的综合范式——评弗雷格斯坦〈市场的结构〉兼议其范式修正》,载《社会学研究》2010年第2期。

39. 葛岩等:《为什么自愿守法?——自动化社会行为的发生机制》,载《法律和社会科学》2015年第1期。

40. 顾冰清:《吃亏是福》,载《探索与争鸣》1994年第12期。

41. 顾艳辉等:《交易成本视角下的法治化营商环境分析——一个动态博弈的解释》,载《技术经济与管理研究》2019 年第 3 期。

42. 郭星华:《走向法治化的中国社会——我国城市居民法律意识与法律行为实证研究》,载《江苏社会科学》2003 年第 1 期。

43. 郭忠:《守法风险与守法信任》,载《南京社会科学》2015 年第 10 期。

44. 郭燕芬、柏维春:《营商环境建设中的政府责任:历史逻辑、理论逻辑与实践逻辑》,载《重庆社会科学》2019 年第 2 期。

45. 郭燕芬:《营商环境协同治理的结构要素、运行机理与实现机制研究》,载《当代经济管理》2019 年第 12 期。

46. 高丙中:《社会团体的合法性问题》,载《中国社会科学》2000 年第 2 期。

47. 苟学珍:《地方法治竞争:营商环境法治化的地方经验》,载《甘肃行政学院学报》2020 年第 4 期。

48. 贺欣:《合同判决执行在经济发展中的角色——两个基层法院的比较》,袁方等编译,载《思想战线》2013 年第 4 期。

49. 黄振饶:《"一带一路"国家战略视野下的广西营商环境建设》,载《社会科学家》2015 年第 10 期。

50. 黄新华、曾昭腾:《建构政府与市场关系良性互动的营商环境》,载《中国高校社会科学》2020 年第 4 期。

51. 胡玉鸿:《全民守法何以可能?》,载《苏州大学学报(哲学社会科学版)》2015 年第 1 期。

52. 霍春龙:《国家制度建设的涵义探析》,载《前沿》2008 年第 1 期。

53. 韩业斌:《我国法治化营商环境的区域差异及其影响因素》,载《领导科学》2019 年第 8 期。

54. 韩博天、奥利佛·麦尔敦：《规划：中国政策过程的核心机制》，载《开放时代》2013 年第 6 期。

55. 后向东：《论营商环境中政务公开的地位和作用》，载《中国行政管理》2019 年第 2 期。

56. 后小仙等：《地方官员任期与营商环境优化》，载《经济与管理评论》2020 年第 6 期。

57. 江必新：《法律行为效力：公法与私发之异同》，载《法律适用》2019 年第 3 期。

58. 江静：《制度、营商环境与服务业发展——来自世界银行〈全球营商环境报告〉的证据》，载《学海》2017 年第 1 期。

59. 姜伟：《全面深化改革与全面推进依法治国关系论纲》，载《中国法学》2014 年第 6 期。

60. 姜峰：《央地关系视角下的司法改革：动力与挑战》，载《中国法学》2016 年第 4 期。

61. 纪莺莺、范晓光：《财大气粗？——私营企业规模与行政纠纷解决的策略选择》，载《社会学研究》2017 年第 3 期。

62. 纪海龙：《世行营商环境调查背景下的中国动产担保交易法》，载《法学杂志》2020 年第 2 期。

63. 蓝寿荣：《休息何以成为权利——劳动者休息权的属性与价值探讨》，载《法学评论》2014 年第 4 期。

64. 赖先进：《哪些优化营商环境政策对经济增长影响更有效？——基于全球 162 个经济体的证据》，载《中国行政管理》2020 年第 4 期。

65. 娄成武、张国勇：《基于市场主体主观感知的营商环境评估框架构建——兼评世界银行营商环境评估模式》，载《当代经济管理》2018 年第 6 期。

66. 娄成武、张国勇:《治理视阈下的营商环境:内在逻辑与构建思路》,载《辽宁大学学报(哲学社会科学版)》2018年第2期。

67. 罗天正、关皓:《政治关联、营商环境与企业创新投入——基于模糊集定性比较分析》,载《云南财经大学学报》2020年第1期。

68. 罗培新:《世界银行营商环境评估方法论:以"开办企业"指标为视角》,载《东方法学》2018年第6期。

69. 罗培新:《世行营商环境评估之"保护少数投资者"指标解析——兼论我国公司法的修订》,载《清华法学》2019年第1期。

70. 李本灿:《法治化营商环境建设的合规机制——以刑事合规为中心》,载《法学研究》2021年第1期。

71. 李磊:《劳动者权利的基本范畴研究——以法律解释学为视角》,载《政治与法律》2008年第4期。

72. 李林:《建设法治社会应推进全民守法》,载《法学杂志》2017年第8期。

73. 李娜:《守法社会的建设:内涵、机理与路径探讨》,载《法学家》2018年第5期。

74. 李明哲:《地方立法中的反思理性——以G省〈优化营商环境条例〉为例》,载《辽宁大学学报(哲学社会科学版)》2019年第6期。

75. 李猛:《营建粤港澳大湾区良好法治营商环境——以对接国际高标准投资贸易规则为视角》,载《当代经济管理》2018年第4期。

76. 李洪雷:《营商环境优化的行政法治保障》,载《重庆社会科学》2019年第2期。

77. 李秋香:《论守法的成本与效益》,载《兰州学刊》2005年第

3 期。

78. 李小萍:《论法院的地方性》,载《法学评论》2013 年第 3 期。

79. 李路路、朱斌:《效率逻辑还是合法性逻辑?——现代企业制度在中国私营企业中扩散的社会学解释》,载《社会学评论》2014 年第 2 期。

80. 李清池:《营商环境评价指标构建与运用研究》,载《行政管理改革》2018 年第 9 期。

81. 李颖轶:《中国营商环境评估的进路策略与价值选择——以法国应对世行〈营商环境报告〉为例》,载《华东师范大学学报(哲学社会科学版)》2020 年第 1 期。

82. 龙小宁、王俊:《中国司法地方保护主义:基于知识产权案例的研究》,载《中国经济问题》2014 年第 3 期。

83. 林嘉:《〈劳动合同法〉的立法价值、制度创新及影响评价》,载《法学家》2008 年第 2 期。

84. 刘磊:《基层法院对县域经济发展的回应形态及其形塑机理——兼评司法地方保护主义话语》,载《华中科技大学学报(社会科学版)》2019 年第 5 期。

85. 刘俊生:《少数地方政府失信行为及其治理策略——兼论优化民营企业营商环境》,载《人民论坛》2020 年第 29 期。

86. 刘刚、梁晗:《外部性视角下营商环境的优化——基于企业需求导向的研究》,载《中国行政管理》2019 年第 11 期。

87. 刘海德:《群体性突发事件中政府机会主义行为的演化博弈分析》,载《中国管理科学》2010 年第 1 期。

88. 刘华、黄金池:《我国消费者知识产权知行现状及政策应对——基于知识产权文化政策视角》,载《中国软科学》2018 年第

9 期。

89. 刘华、周洪涛:《论我国知识产权制度的困境与出路——基于知识产权文化视角的分析》,载《华中师范大学学报(人文社会科学版)》2007 年第 1 期。

90. 刘旺洪:《法律意识之结构分析》,载《江苏社会科学》2001 年第 6 期。

91. 刘军、付建栋:《营商环境优化、双重关系与企业产能利用率》,载《上海财经大学学报》2019 年第 4 期。

92. 刘军、关琳琳:《营商环境优化、政府职能与企业 TEP 增长新动力——"窗口亮化"抑或"亲上加清"》,载《软科学》2020 年第 4 期。

93. 刘志彪:《平等竞争:中国民营企业营商环境优化之本》,载《社会科学战线》2019 年第 4 期。

94. 刘作翔:《中国司法地方保护主义之批判——兼论"司法权国家化"的司法改革思路》,载《法学研究》2003 年第 1 期。

95. 刘忠:《司法地方保护主义话语批评》,载《法制与社会发展》2016 年第 6 期。

96. 李军鹏:《十九大后深化放管服改革的目标、任务与对策》,载《行政论坛》2018 年第 2 期。

97. 陆幸福:《权利话语的批判与反批判——围绕批判法学展开》,载《法制与社会发展》2014 年第 4 期。

98. 卢万青、陈万灵:《营商环境、技术创新与比较优势的动态变化》,载《国际经贸探索》2018 年第 11 期。

99. 卢纯昕:《粤港澳大湾区法治化营商环境建设中的知识产权协调机制》,载《学术研究》2018 年第 7 期。

100. 吕普生:《我国制度优势转化为国家治理效能的理论逻辑

与有效路径分析》,载《新疆师范大学学报(哲学社会科学版)》2020年第 3 期。

101.倪外:《有为政府、有效市场与营商环境优化研究——以上海为例》,载《上海经济研究》2019 年第 10 期。

102.庞凤喜、杨雪:《优化我国税收营商环境研究——基于世界银行 2008—2018 年版营商环境报告中国得分情况分析》,载《东岳论丛》2018 年第 12 期。

103.潘越等:《公司诉讼风险、司法地方保护主义与企业创新》,载《经济研究》2015 年第 3 期。

104.裴洪辉:《合规律性与合目的性:科学立法原则的法理基础》,载《政治与法律》2018 年第 10 期。

105.彭向刚、马冉:《政企关系视域下的营商环境法治化》,载《行政论坛》2020 年第 2 期。

106.仇慎齐:《守法吃亏吗》,载《中国法治文化》2015 年第5 期。

107.齐晔、董红卫:《守法的困境:企业为什么选择环境违法?》,载《清华法治论衡》2010 年第 1 辑。

108.钱丹宁、徐卫东:《论我国中小企业的营业权制度》,载《当代法学》2014 年第 4 期。

109.钱玉文:《我国法治化营商环境建构路径探析——以江苏省经验为研究样本》,载《上海财经大学学报》2020 年第 3 期。

110.容志、陈奇星:《"稳定政治":中国维稳困境的政治学思考》,载《政治学研究》2011 年第 5 期。

111.任敏:《技术应用何以成功?——一个组织合法性框架的解释》,载《社会学研究》2017 年第 3 期。

112.任恒:《优化营商环境的政府责任探讨:现实价值与推进

路径》，载《北京工业大学学报（社会科学版）》2020 年第 4 期。

113. 阮舟一龙、许志端：《县域营商环境竞争的空间溢出效应研究——来自贵州省的经验证据》，载《经济管理》2020 年第 7 期。

114. 沈木珠：《国际金融危机下我国产业法的作用、问题与完善——以中小企业促进法为例》，载《法学论坛》2010 年第 2 期。

115. 沈伟：《法律可以促进中小企业发展吗？——基于〈上海市促进中小企业发展条例〉立法后评估的实证分析》，载《政法论丛》2018 年第 2 期。

116. 沈同仙：《〈劳动合同法〉中劳资利益平衡的再思考——以解雇保护和强制缔约规定为切入点》，载《法学》2017 年第 1 期。

117. 施立栋：《绝对化广告用语的区分处罚》，载《法学》2019 年第 4 期。

118. 舒国滢、艾群：《法律行为概念与结构：一个学理的探讨》，载《研究生法学》1998 年第 4 期。

119. 宋华琳：《基层行政执法裁量权研究》，载《清华法学》2009 年第 3 期。

120. 宋世明：《推进国家治理体系和治理能力现代化的理论框架》，载《中共中央党校（国家行政学院）学报》2019 年第 6 期。

121. 宋湘绮：《守法激励的经济分析》，载《社会科学战线》2014 年第 12 期。

122. 宋林霖、何成祥：《优化营商环境视阈下放管服改革的逻辑与推进路径——基于世界银行营商环境指标体系的分析》，载《中国行政管理》2018 年第 4 期。

123. 宋林霖、何成祥：《从招商引资至优化营商环境：地方政府经济职能履行方式的重大转向》，载《上海行政学院学报》2019 年第 11 期。

124. 石佑启、陈可翔:《法治化营商环境建设的司法进路》,载《中外法学》2020 年第 3 期。

125. 石佑启、陈可翔:《合作治理语境下的法治化营商环境建设》,载《法学研究》2021 年第 2 期。

126. 孙伟增等:《环保考核、地方官员晋升与环境治理——基于 2004—2009 年中国 86 个重点城市的经验证据》,载《清华大学学报(哲学社会科学版)》2014 年第 4 期。

127. 唐鑛、刘华:《新中国劳动关系 70 年:发展、变革和迭代》,载《求索》2020 年第 3 期。

128. 唐皇凤:《"中国式"维稳:困境与超越》,载《武汉大学学报(哲学社会科学版)》2012 年第 5 期。

129. 唐辉等:《吃亏是福:择"值"选项而获真利》,载《心理学报》2014 年第 10 期。

130. 唐天伟:《我国政府效率与营商环境的趋同性及作用机理》,载《中国高校社会科学》2021 年第 1 期。

131. 佟明亮:《法制环境、金融市场化程度与民营企业贷款——来自 2012 年世界银行中国营商环境企业调查的证据》,载《技术经济与管理研究》2015 年第 10 期。

132. 童星、张海波:《群体性突发事件及其治理——社会风险与公共危机综合分析框架下的再考量》,载《学术界》2008 年第 2 期。

133. 童之伟:《执政党模范守法是实现法治之关键》,载《法学》2000 年第 7 期。

134. 汪全军:《论公民守法风险的负担——以"失独"为例》,载《西北大学学报(哲学社会科学版)》2017 年第 2 期。

135. 王晖:《美国中小企业立法体制改革及启示》,载《江海学刊》2005年第2期。

136.王凌皞、葛岩、秦裕林:《多学科视角下的守法行为研究——兼论自动守法中的高效认知界面优化》,载《浙江社会科学》2015年第8期。

137.王全兴:《劳动合同立法争论中需要澄清的几个基本问题》,载《法学》2006年第9期。

138.王绍光:《治理研究:正本清源》,载《开放时代》2018年第2期。

139.王绍乐、刘中虎:《中国税务营商环境测度研究》,载《广东财经大学学报》2014年第3期。

140.王士如、陈春梅:《论依法治国中的政府守法》,载《理论探索》1998年第6期。

141.王晓烁、刘庆顺:《守法行为的心理因素分析》,载《河北大学学报(哲学社会科学版)》2010年第6期。

142.王卓玥等:《中国环境法治发展四十年:成效与经验》,载《环境与可持续发展》2018年第6期。

143.王美舒:《世界银行〈营商环境报告〉述评》,载《师大法学》2018年第1期。

144.王美舒:《营商环境评估:国际实践及其中国启示》,载《师大法学》2018年第1期。

145.王伟:《非正常经营企业强制性市场退出机制研究——优化营商环境背景下的行政规制路径》,载《行政法学研究》2020年第5期。

146.吴汉东:《论商誉权》,载《中国法学》2001年第3期。

147.吴汉东等:《"先行先试"立法模式及其实践——以"武汉城市圈""两型"社会建设立法为中心》,载《法商研究》2009年第

1 期。

148. 吴汉东：《知识产权法律构造与移植的文化解释》，载《中国法学》2007 年第 6 期。

149. 吴汉东：《中国知识产权法制建设的评价与反思》，载《中国法学》2009 年第 1 期。

150. 吴建南等：《环保考核、公众参与和治理效果：来自 31 个省级行政区的证据》，载《中国行政管理》2016 年第 9 期。

151. 吴亚辉：《论守法的逻辑——基于法经济学分析范式》，载《广东商学院学报》2011 年第 2 期。

152. 吴亚辉、王存：《法律缘何被遵守？一个法经济学进路的阐释》，载《北京工业大学学报（社会科学版）》2011 年第 10 期。

153. 文宏、杜菲菲：《借势赋能："常规"嵌入"运动"的一个解释性框架——基于 A 市"创文"与营商环境优化工作的考察》，载《中国行政管理》2021 年第 3 期。

154. 文军：《城市化建设与居民生活结构的未预期后果》，载《重庆社会科学》2004 年第 1 期。

155. 文军、刘雨航：《不确定性：一个概念的社会学考评——兼及构建"不确定性社会学"的初步思考》，载《天津社会科学》2021 年第 6 期。

156. 夏勇：《民本与民权——中国权利话语的历史基础》，载《中国社会科学》2004 年第 5 期。

157. 夏后学等：《营商环境、企业寻租与市场创新——来自中国企业营商环境调查的经验证据》，载《经济研究》2019 年第 4 期。

158. 肖唐镖：《当代中国的"维稳政治"：沿革与特点——以抗争政治中的政府回应为视角》，载《学海》2015 年第 1 期。

159. 谢海定：《中国法治经济建设的逻辑》，载《法学研究》2017

年第 6 期。

160. 谢红星:《法治化营商环境的证成、评价与进路——从理论逻辑到制度展开》,载《学习与实践》2019 年第 11 期。

161. 谢众、张杰:《营商环境、企业家精神与实体企业绩效——基于上市公司数据的经验证据》,载《工业技术经济》2019 年第 5 期。

162. 解洪涛等:《法治政府建设降低了企业制度性成本吗——基于世界银行营商环境调查数据的实证研究》,载《财经科学》2018 年第 10 期。

163. 熊万胜:《市场里的差序格局——对我国粮食购销市场秩序的本土化说明》,载《社会学研究》2011 年第 5 期。

164. 向静林:《市场纠纷与政府介入——一个风险转化的解释框架》,载《社会学研究》2016 年第 4 期。

165. 向静林:《市场治理的制度逻辑——基于风险转化的理论视角》,载《社会学评论》2017 年第 5 期。

166. 徐冠群:《守法激励的博弈分析》,载《广西大学学报(哲学社会科学版)》2008 年第 2 期。

167. 徐晓波、汪凤炎:《"吃亏是福"现象的心理学分析》,载《社会心理科学》2010 年第 6 期。

168. 徐换歌、蒋硕亮:《政府效能、腐败规制对营商环境的优化效应研究——来自跨国面板数据的经验证据》,载《公共管理与政策评论》2020 年第 1 期。

169. 许希霁:《"绝对化用语"执法困境及对策思考》,载《工商行政管理》2017 年第 23 期。

170. 许志端、阮舟一龙:《营商环境、技术创新和企业绩效——基于我国省级层面的经验证据》,载《厦门大学学报(哲学社会科学版)》2019 年第 5 期。

171. 薛泉:《从权力中心主义到法律中心主义:地方政府治理改革模式的实践探索及其制度性建构》,载《行政论坛》2017 年第 5 期。

172. 燕继荣:《制度、政策与效能:国家治理探源——兼论中国制度优势及效能转化》,载《政治学研究》2020 年第 2 期。

173. 杨典:《国家、资本市场与多元化战略在中国的兴衰——一个新制度主义的公司战略解释框架》,载《社会学研究》2011 年第 6 期。

174. 杨春福:《全民守法的法理阐释》,载《法制与社会发展》2015 年第 5 期。

175. 杨建顺:《行政裁量的运作及其监督》,载《法学研究》2004 年第 1 期。

176. 杨力:《中国企业合规的风险点、变化曲线与挑战应对》,载《政法论丛》2017 年第 2 期。

177. 杨雪冬:《压力型体制:一个概念的简明史》,载《社会科学》2012 年第 11 期。

178. 杨志壮:《营商环境优化的"监管"与"去监管"权衡》,载《政法论丛》2020 年第 4 期。

179. 阳军、刘鹏:《营商环境制度完善与路径优化:基于第三方视角》,载《重庆社会科学》2019 年第 2 期。

180. 于建嵘:《利益、权威和秩序——对村民对抗基层政府的群体性事件的分析》,载《中国农村观察》2000 年第 4 期。

181. 于丽平、穆丽霞:《探究行政自由裁量权》,载《行政法学研究》2007 年第 2 期。

182. 于文超、梁平汉:《不确定性、营商环境与民营企业经营活力》，载《中国工业经济》2019 年第 11 期。

183．袁碧华：《有限责任的扩张与限制——以有限责任向中小企业的扩张为视角》，载《现代法学》2009 年第 1 期。

184．翟学伟：《从社会资本向"关系"的转化——中国中小企业成长的个案研究》，载《开放时代》2009 年第 6 期。

185．张邦辉等：《在线政务服务的营商环境优化效应探析——"数字红利"与"数字鸿沟"》，载《中国行政管理》2021 年第 4 期。

186．张季平等：《营商环境对制造业与物流业联动发展影响研究》，载《管理学刊》2017 年第 5 期。

187．张三保等：《中国省份营商环境评价：指标体系与量化分析》，载《经济管理》2020 年第 4 期。

188．张国勇、娄成武：《基于制度嵌入性的营商环境优化研究——以辽宁省为例》，载《东北大学学报（社会科学版）》2018 年第 3 期。

189．张国钧、张新芬：《守法：利益的外驱、良心的内生及其统一》，载《华中科技大学学报（社会科学版）》2005 年第 5 期。

190．张红：《行政赔偿责任与民事赔偿责任之关系及其处理》，载《政法论坛》2009 年第 2 期。

191．张克：《全面深化改革顶层设计与基层探索互动机制》，载《中国党政干部论坛》2018 年第 9 期。

192．张莉：《"一带一路"战略下中国与东盟营商环境差异与协同构建研究》，载《经济与管理》2017 年第 2 期。

193．张美莎等：《营商环境、关系型借贷与中小企业技术创新》，载《山西财经大学学报》2019 年第 2 期。

194．张书维等：《相对剥夺与相对满意：群体性事件的动因分析》，载《公共管理学报》2010 年第 3 期。

195. 张钦昱：《我国破产法的系统性反思与重构——以世界银行〈营商环境报告〉之"办理破产"指标为视角》，载《法商研究》2020年第6期。

196. 张文显：《国家制度建设和国家治理现代化的五个核心命题》，载《法制与社会发展》2020年第1期。

197. 张文显：《法治与国家治理现代化》，载《中国法学》2014年第4期。

198. 张应武、刘凌博：《营商环境改善能否促进外商直接投资》，载《国际商务——对外经济贸易大学学报》2020年第1期。

199. 张志铭：《转型中国的法律体系建构》，载《中国法学》2009年第2期。

200. 张志铭、王美舒：《中国语境下的营商环境评估》，载《中国应用法学》2018年第5期。

201. 张志铭、于浩：《共和国法治认识的逻辑展开》，载《法学研究》2013年第3期。

202. 赵万一：《合规制度的公司法设计及其实现路径》，载《中国法学》2020年第2期。

203. 郑春燕：《行政裁量中的政策考量——以"运动式"执法为例》，载《法商研究》2008年第2期。

204. 郑少华：《中国（上海）自由贸易试验区的司法试验》，载《法学》2013年第12期。

205. 郑烨等：《"放管服"改革、政府透明度与区域营商环境——基于国内城市面板数据的实证研究》，载《软科学》2020年第9期。

206. 周超等：《营商环境与中国对外直接投资——基于投资动机的视角》，载《国际贸易问题》2017年第10期。

207. 周黎安：《中国地方官员的晋升锦标赛模式研究》，载《经济研究》2007 年第 7 期。

208. 周显志、邬俊：《我国中小企业守法现状与对策研究》，载《华南师范大学学报（社会科学版）》2003 年第 2 期。

209. 周雪光、练宏：《中国政府的治理模式：一个"控制权"理论》，载《社会学研究》2012 年第 5 期。

210. 周叶中、庞远福：《论法治与改革之关系的演进及其未来面向》，载《江汉论坛》2015 年第 9 期。

211. 周义程、闫娟：《什么是公共产品：一个文献综述》，载《学海》2008 年第 1 期。

212. 周刚志、李琴英：《"两法衔接"的制度法理——基于"优化营商环境"的视角》，载《法学评论》2021 年第 2 期。

213. 周婷、沈开艳：《性别平等对营商环境的影响研究——基于跨国数据的实证分析》，载《复旦学报（社会科学版）》2021 年第 3 期。

214. 周尚君：《地方法治竞争范式及其制度约束》，载《中国法学》2017 年第 3 期。

215. 钟飞腾、凡帅帅：《投资环境评估、东亚发展与新自由主义的大衰退——以世界银行营商环境报告为例》，载《当代亚太》2016 年第 6 期。

216. 朱福林：《中国特色自由贸易港建设问题与探究》，载《当代经济管理》2020 年第 1 期。

217. 曾宪聚等：《深圳优化营商环境的实践经验和理论启示：制度逻辑与制度融贯性的视角》，载《经济体制改革》2019 年第 2 期。

218. 展江、殷东贵：《微信公众号在商誉侵权纠纷中不堪一

击？——基于农夫山泉、娃哈哈 2015—2016 年系列诉讼的分析》，
载《新闻界》2017 年第 11 期。

五、学 位 论 文

1. 陈和芳:《守法行为的经济学分析——以甲企业对劳资关系的处理为例》，西南政法大学 2012 年博士学位论文。

2. 马冉:《政务营商环境研究——基于企业需求的视角》，对外经济贸易大学 2019 年博士学位论文。

3. 夏瑜杰:《当代中国守法问题研究》，南京大学 2012 年博士学位论文。

4. 宋湘绮:《守法激励研究》，吉林大学 2015 年博士学位论文。

5. Watanabe，"Job-Searching：A Comparative Study of Male Employment Relations in the United States and Japan"，Unpublished Ph. D. dissertation，1987. Department of Sociology，University of California，Los Angeles.

六、报 刊 文 章

1. 鲍亚飞:《听证会后 50 天，方林富被罚 20 万，15 天内须缴清罚款》，载《钱江晚报》2016 年 3 月 23 日，第 11 版。

2. 傅达林:《别让守法者吃亏》，载《检察日报》2015 年 12 月 16 日，第 7 版。

3. 胡之群等:《对新〈广告法〉绝对化用语规定条款的理解与适用》，载《中国工商报》2016 年 11 月 16 日，第 6 版。

4. 胡印斌:《让守法企业不吃亏要严查监督》，载《法制日报》2013 年 7 月 18 日，第 7 版。

5. 刘双舟:《〈广告法〉中绝对化用语禁令的理解与适用》，载

《中国工商报》2016 年 8 月 9 日,第 7 版。

6.廖海金:《治理医闹不能让守法者吃亏》,载《天津政法报》2015 年 6 月 8 日,第 6 版。

7.莉莎、宁宁:《探访发源地　浙江绍兴:亩均如何论英雄》,载《四川日报》2020 年 9 月 11 日,第 5 版。

8.袁亚平:《以"亩产"论英雄——浙江省绍兴县节约集约用地纪实》,载《人民日报》2006 年 7 月 30 日,第 1 版。

9.朱军华:《"送胖老公最好的礼物"广告用语违法吗?——再谈新〈广告法〉对绝对化用语的定性与处罚》,载《中国工商报》2017 年 2 月 28 日,第 6 版。

10.邹伟明:《新〈广告法〉语境下绝对化用语的执法路径》,载《中国工商报》2016 年 5 月 24 日,第 7 版。

11.张维、罗聪冉:《职业打假灰色产业链调查》,载《法制日报》2019 年 9 月 13 日,第 4 版。

12.张志铭:《以科学评价方法促营商环境优化》,载《社会科学报》2019 年 1 月 17 日,第 1 版。

后　　记

　　本书是根据我的博士学位论文调整、删减、修改而成,很感谢也很荣幸能够借用上海师范大学法律系这次学术丛书汇编的机会,让它公开出版。

　　这本书的研究交叉运用了法学与社会学的思维、理论、方法,这离不开我四年社会学的训练。实际上,学习社会学对我而言是个"意外"。我本科、硕士接受的是法学教育,博士也想追随张志铭教授,继续进行法学相关的训练。然而,由于彼时,华东师范大学法学院还没有取得博士点,我的导师是在社会发展学院进行招生,很自然地,我就成为社会发展学院社会学专业的一员,并由此限定了我的研究方向:法律社会学。不得不说,法学与社会学在理论基础、思维方式以及研究方法上都存在很多不同,甚至说有很大的隔膜。这个转型过程是不容易的,但由此也开拓了我的视野,启发了我的研究思路。

　　在完成博士学位论文写作的过程中,我得到了很多人的帮助。首先,最需要感谢的就是我的博士生导师张志铭教授,他不仅是在学习上,而且还在生活中,都以其言传身教,对我进行全方位的指

288

导,令我耳濡目染,获益良多。他常常说,博士学位论文的合格完成,标志着学生向学者的真正转变。作为张老师在华师大所带的第一个博士,我希望能够不负众望,顺利实现这一成长。除了自己的导师,我还要感谢社会发展学院的诸多老师,特别是文军老师,他就像我的第二导师一样,经常能够在我写作的关键时刻一针见血地为我提供宝贵的修改意见。

其次,我还要感谢求学期间的同门、同学。于浩师兄、李帅师兄、王美舒师姐为我的博士学位论文调研、写作、答辩提供了很多帮助。在这四年的学习时光中,钟欣、刘玥等同门师弟师妹,罗阳、刘敏等同学也都在学习生活、论文写作过程中与我互相交流讨论,互相鼓励打气。师门之内、同学之间良好的学习、生活氛围,是我学习、写作的重要支持。

最后,还应该感谢的是我的家人——我的父亲、母亲、妹妹与妻子,他们是我能够跋涉至此的无形的动力来源。作为一个“小镇做题家”的我,已到而立之年,却仍然待在象牙塔中,虽然从本科毕业之后就再也没有向父母要过读书的费用,但是也无法在经济上回馈我的家庭。我的父亲和母亲一直都在默默支持着我,对我抱有耐心,也视我为他们的骄傲,这份理解和认可,支撑着我耐着性子一路走到现在。读博四年,我与我的妻子,从相恋到结婚,却一直分隔两地,聚少离多。但她也一直支持我留在学校中认真学习,给予我理解与鞭策,这是可遇而不可求的。在学位论文遇到波折的时期,正是有了他们,让我能够克服心中的焦虑和恐慌,保持一股韧劲,走得更远。

在通过博士论文答辩后,我顺利入职上海师范大学,同时还迎来了儿子的出生。这近一年的时间是我多重身份转变的阶段,也是我在新身份下适应成长的阶段。希望这本书可以成为我总结过去、开启未来的一个小的学术成果。当然,本书的研究仍有很多不足,也希望能够得到读者的批评指正。

图书在版编目(CIP)数据

守法吃亏?：守法视角下中小企业营商法治问题研
究/蒋传光主编；刘睿著.—上海：上海人民出版社，
2023
ISBN 978 - 7 - 208 - 18076 - 5

Ⅰ.①守…　Ⅱ.①蒋…②刘…　Ⅲ.①中小企业-商
业环境-社会主义法治-建设-研究-中国　Ⅳ.
①D922.294

中国版本图书馆 CIP 数据核字(2022)第 241881 号

责任编辑　冯　静
封面设计　一本好书

守法吃亏?
——守法视角下中小企业营商法治问题研究
蒋传光 主编　刘　睿 著

出　　版　上海人民出版社
　　　　　（201101　上海市闵行区号景路 159 弄 C 座）
发　　行　上海人民出版社发行中心
印　　刷　上海商务联西印刷有限公司
开　　本　635×965　1/16
印　　张　18.75
插　　页　2
字　　数　213,000
版　　次　2023 年 3 月第 1 版
印　　次　2023 年 3 月第 1 次印刷
ISBN 978 - 7 - 208 - 18076 - 5/D·4056
定　　价　85.00 元